中國城市最優規模：
定義、形成及測算

何 悅 ○ 著

崧燁文化

序

改革開放以來，隨著中國經濟社會的發展，人的空間選擇和流動性也逐漸增強，個體可以依據自身職業規劃以及生活方式選擇進入城市或鄉村生活，大量農村轉變為城鎮，大量農業戶籍人口也流向城市地區，城鎮化率由1978年的17.92%提高到2013年的53.7%。城鎮化已經成為保持經濟持續健康發展的強大引擎。

而城市發展又是城鎮化的重點。由中國國家統計局統計信息網的數據可知，中國城市人口在新中國成立時為5,765萬人，經歷起起伏伏的發展和改革開放後的迅速增長，城鎮人口到2015年已達到74,916萬人。而城市數量也由改革開放之初的190個增加到2014年的649個。城市成為引領國家發展的重要推動力，是國家經濟與社會發展的標誌。

然而，城市在促進經濟發展、匯聚人口的同時也出現了一系列城市問題：資源消耗、城市污染、霧霾、城市病以及房地產市場的非正常發展嚴重影響了城市的可持續發展進程。在轉變經濟發展方式的大背景下，城市發展何去何從成為社會關注的重要議題。2015年12月14日，中央城市工作會議在北京舉行，會議提出要「堅持以人為本、科學發展、改革創新、依法治市，轉變城市發展方式，完善城市治理體系，提高城市治理能力，著力解決城市病等突出問題，不斷提升城市環境質量、人民生活質量、城市競爭力，建設和諧宜居、富有活力、各具特色的現代化城市」。對城市發展的新要求使得尋找經濟、社會、生態協調的城市發展模式成為城市發展乃至國家發展的重要課題。

此外，中國城市發展呈現出極化現象。超大與特大城市人口集聚更加迅速，使得城市的人口規模不斷擴大。小城市數量雖多，但發展潛力較差，穩定

性不夠，難以形成聚集優勢。一方面，這使得特大與超大城市人口集聚，城市資源緊張；另一方面，中小城市缺少人氣，城市之間協調性較差，難以形成可持續發展路徑。優化城市結構也成為協調區域發展和可持續發展的重要課題。

在城市實現可持續發展和城市協調發展的背景下，探索城市發展的最優規模成為一個有益的嘗試。城市最優規模的研究，不僅僅是對城市效率的追求，更是對城市資源可持續發展能力的評估。本書在城市生產效率的基礎上，融入城市可持續發展理念，尋找城市發展的最優邊界，為形成具有持久競爭力、生命力的城市提供有益的借鑑。

前　言

　　城市，作為人類文明的象徵和經濟發展的排頭兵，在經濟社會發展中扮演著重要的角色。城市不僅僅是人類活動的空間，更是資源聚集和消費的空間，人類在城市中的生產、生活都伴隨著城市資源的消耗和環境的改變。長期以來，中國城市的興起和發展為提高經濟水平起到了重要的推動作用，但同樣也產生了許多問題，如資源的過度消耗、城市環境的惡化以及「城市病」突出等。為了解決這些問題，中國在2015年的「十三五」規劃綱要（草案）和2016年發布的「十三五」規劃綱要中均提出了「根據資源環境承載力調節城市規模」的新型城市規劃思路。國家層面的一系列城市建設的指導思想和原則的提出，表明中國城市發展已經從單純的經濟增長向城市可持續發展轉變。

　　如何向城市可持續發展轉變呢？根據「十三五」規劃提出的思想，要「根據資源環境承載力調節城市規模」，表明未來的城市發展並不是越大越好，而是要尊重城市發展規律，以城市的資源環境條件來確定健康的城市發展邊界。這裡就主要涉及兩個問題：一是怎樣評估城市的資源環境條件；二是如何確定城市的發展邊界。前一個問題涉及城市發展基礎的測算，而後一個問題則涉及城市發展標準的確定。

　　針對第一個問題，本書認為城市作為資源的聚集空間，對資源的使用不僅影響城市的資源存量也會影響城市吸納資源消耗後產生的廢棄物的能力。這就使得資源環境問題統一為資源的使用問題，而對資源環境的測算也可以歸結為對城市資源承載力的測算問題。在前人研究的基礎上，本書將城市資源承載力定義為在特定生產方式、生活方式以及貿易條件下，城市在不損害後代發展權利的前提下所能提供的自然資源、經濟資源以及社會資源能夠維持的城市最大人口數量。本書的第一章至第三章將對城市資源承載力的理論基礎、概念以及特點進行界定，明晰城市最優規模的研究對象。

　　針對第二個問題，本書認為單純地考慮資源的約束性而不考慮城市聚集帶

來的收益，便無法確定城市健康發展的邊界。因此，本書將城市聚集與城市資源承載力相結合：以城市聚集為動力、以城市資源承載力為約束構建城市健康發展的邊界，獲得基於資源承載力約束下的城市最優規模。本書認為此時的城市最優規模是指在生產方式保持不變的情況下，考慮區域資源可持續利用前提下的城市產出最大化的人口規模。只有同時考慮城市生產效率與資源承載力，才能實現可持續發展下的城市優化產出，並確定城市發展的合理邊界。

因此，在以聚集經濟為動力的城市最優產出規模求解基礎上，以城市資源承載力為約束確定城市最優規模，對中國城市發展現狀進行評價和分析是本書的目的。本書從理論上著重討論一些問題：

1. 從理論角度構建城市發展的邊界

學術界對城市邊界的討論由來已久，城市是否存在最優規模？城市最優規模的形式如何？都是學界討論的重點。本書利用文獻梳理的方法，結合城市發展的現實，對城市發展邊界進行論證，認為城市發展在長期內無確定的最優規模，但在短期內存在一個最優規模範圍。本書還會對已有的城市最優規模的研究方法進行改進，將僅從城市生產效率最大化出發的城市最優規模研究拓展為以資源承載力為約束的城市最優效率規模研究。將以城市聚集為動力的城市規模擴張與以城市資源承載力為約束的城市發展邊界納入統一的分析框架，通過兩者的相互關係確定城市可持續發展下的城市最優規模。

2. 構建適合中國國情的城市最優規模理論

過去的城市聚集研究都是以西方國家城市研究為基礎，更多地關注城市生產的效率而極少關注城市的資源約束。而中國的城市發展過程中，資源約束問題越來越突出，與西方城市發展路徑存在明顯差別，因此有必要構建適合中國國情的城市聚集路徑。本書正是以中國城市發展現實為依據，構建符合中國國情的城市最優規模理論，對傳統最優規模理論進行擴展，將中國城市按照產業結構進行分級，求解出不同等級城市的最優產出規模，再根據資源占用和資源存量情況構建各個城市的資源承載力，根據兩者的關係確定不同城市的最優規模。

3. 完善了城市資源承載力評價體系

本書通過構建包含自然-經濟-社會資源的開放城市資源承載力體系來對城市資源存量以及承載情況進行全面評估。除了自然資源會影響城市承載力外，經濟資源和社會資源同樣具有重要作用。因此本書將城市資源承載力中的資源概念從單純的自然資源概念擴展為集自然資源、經濟資源以及社會資源於一體的廣義資源概念。而城市資源承載力也包含了城市自然資源承載力、城市

經濟承載力以及城市社會承載力三個方面，囊括了城市發展所需要的生態資源、經濟發展潛力以及社會容納力的基本要素，完善了城市資源承載力評價體系。

從內容上看，本書主要圍繞著城市最優產出規模的形成、城市資源承載力的測算以及二者的相互關係而展開。本書主要由概念解析，形成機制，測算、評價、路徑選擇三部分共十章內容組成。

第一部分為城市最優規模的概念解析，主要解決什麼是城市最優規模的問題，包含第一章「城市最優規模研究的理論基礎」、第二章「城市最優規模的理論爭論」、第三章「城市最優規模的研究對象與特點」。第一部分從理論上將城市發展與可持續發展相結合，在經濟發展和資源利用中尋求城市最優規模存在的必要性和特徵，明確城市最優規模的研究對象。

第二部分為城市最優規模的形成機制探討，包含第四章「城市最優規模形成的理論探索」、第五章「城市最優規模動力機制分析：城市最優產出規模」、第六章「城市最優規模約束機制分析：城市資源承載力」以及第七章「城市最優規模的確定」。這一部分從理論層面搭建城市最優規模的分析路徑：首先對城市最優規模的概念進行界定，並與其他易混淆的概念進行區分，然後刻畫城市最優規模的特徵和基本表現形式，最後搭建以聚集經濟為動力的城市擴張和以城市資源承載力為約束的城市穩態之間的橋樑，分析城市最優規模的內涵和外延，並從城市發展軌跡出發研究兩者之間的互動關係。

第三部分為中國城市最優規模的測算、評價及道路選擇。第八章「中國城市最優規模測算及評價」，主要利用現有數據設計科學的測算方法，針對不同城市的情況測算主要城市的最優規模水平，對城市真實規模進行比較，評價中國主要城市的城市規模優化效率。第九章「城市最優規模治理的國內外經驗分析」、第十章「城市最優規模實踐道路選擇」，包含選取不同地區不同國家不同城市的發展經驗，為中國城市發展提供經驗教訓；同時針對中國特殊的發展道路，構建適合中國國情的城市最優規模發展道路。

目　錄

第一部分　什麼是城市最優規模

第一章　城市最優規模研究的理論基礎／3
　　第一節　可持續發展理論／3
　　第二節　城市發展理論／11
　　第三節　聚集經濟理論／19
　　第四節　人口遷移理論／24
　　第五節　城市公共管理理論／27

第二章　城市最優規模研究的理論爭論／30
　　第一節　關於城市最優規模的理論研究／30
　　第二節　城市資源承載力研究／36
　　第三節　城市規模與資源環境關係的研究／45
　　第四節　城市最優規模與資源承載力結合的問題與突破／48
　　第五節　本章小結／49

第三章　城市最優規模的研究對象與特點／51
　　第一節　城市相關概念辨析／51
　　第二節　城市規模相關概念辨析／53
　　第三節　城市適度規模與城市最優規模／57
　　第四節　最優規模城市基本特徵／58

第二部分　城市最優規模的形成

第四章　城市最優規模形成的理論探索 / 67

第一節　城市最優規模形成的動力因素 / 67

第二節　城市最優規模形成的約束條件 / 71

第三節　城市資源承載力與城市規模的互動分析 / 77

第四節　城市最優規模形成路徑模擬 / 82

第五節　本章小結 / 84

第五章　城市最優規模動力機制分析：城市最優產出規模 / 86

第一節　模型假設 / 87

第二節　模型建立 / 90

第三節　模型估計 / 99

第四節　計量結果 / 105

第五節　城市實際規模與最優產出規模比較分析 / 108

第六節　本章小結 / 112

第六章　城市最優規模約束機制分析：城市資源承載力 / 113

第一節　城市資源承載力評價體系建立的基本思路 / 114

第二節　城市資源承載力的指標體系的選擇與確定 / 120

第三節　城市資源承載力的指標測算 / 128

第四節　城市資源承載力評價結果 / 141

第五節　本章小結 / 148

第七章　城市最優規模的確定 / 150

第一節　資源承載力約束下的城市最優規模比較分析 / 150

第二節　外部衝擊對城市最優規模的影響 / 155

第三節　本章小結 / 158

第三部分　城市最優規模的測算、評價及道路選擇

第八章　中國城市最優規模測算及評價 / 161

　　第一節　城市最優規模測算 / 161

　　第二節　中國城市實際規模發展評價及分析 / 165

　　第三節　中國城市規模失衡因素分析 / 169

　　第四節　本章小結 / 174

第九章　城市最優規模治理的國內外經驗分析 / 176

　　第一章　中國城市發展進程 / 176

　　第二節　國外城市規模治理經驗 / 182

　　第三節　中國城市規模治理的特殊性 / 188

　　第四節　本章小結 / 191

第十章　城市最優規模實踐道路選擇 / 192

　　第一節　提高城市宏觀管理水平，轉變城市發展觀念 / 193

　　第二節　提高城市微觀管理水平，協調人口與資源的關係 / 195

　　第三節　提高城市間的協調發展水平 / 202

　　第四節　本章小結 / 204

第十一章　結語 / 207

　　第一節　研究總結 / 207

　　第二節　研究展望 / 211

參考文獻 / 213

後記 / 220

第一部分
什麼是城市最優規模

第一章　城市最優規模研究的理論基礎

　　面對城市發展與城市資源環境間日益加深的矛盾，如何將城市效率與城市資源承載力納入一個統一的框架，並以此為基礎探尋城市發展的最優規模，需要以生態經濟學、城市經濟學、人口理論、聚集經濟等多種理論為支撐。本書以可持續發展理論為基礎，探尋在資源承載力制約下的城市最優規模的形成路徑：從聚集經濟的角度出發構建城市發展的動因，再從資源承載力的角度測算城市發展的靜態邊界與動態擴張路徑，根據兩者的關係確定城市發展的最優規模，為城市生態、經濟與社會協同發展提供理論依據。

第一節　可持續發展理論

　　可持續發展理論（Sustainable Development Theory），其主要概念是指在「不破壞後代人利用地球資源滿足其需要的能力的前提下，實現滿足當代人需求的發展」[1]。可持續發展理論是在經濟發展以及對社會發展的反思中提出的，是本書基礎理論的核心。其理論發展主要以學科交叉為特點，包含經濟學、生態學以及社會學相關理論，提倡一種體現代際公平的、資源永續利用的以及環境友好的發展方式，其理論發展伴隨著人類社會的進步以及環境問題的凸顯。該理論是對已有的經濟增長方式以及增長觀念進行修正，並為未來社會發展提出新的增長理念。

一、可持續發展理論的由來

　　可持續發展理論的成型經歷了漫長的發展進程。第二次世界大戰結束後，

---

[1]　在1987年由世界環境及發展委員會在日本東京召開的世界環境與發展委員會上發表的《我們共同的未來》（布倫特蘭報告）中提出。

世界進入快速發展期，財富累計的同時，由經濟增長、城市化、人口流動以及資源消耗所帶來的環境問題也愈加突出。1962年，美國生物學家萊切爾·卡森（Rachel Carson）發表了引起世界關注的環境學著作《寂靜的春天》。在該書中，作者描繪了一幅由於農藥濫用而造成土地與環境污染的生態破壞圖景，警示人類，如果不改變現有的經濟增長方式，將會失去「明媚的春天」。該書一經發表，便在世界範圍內引發了廣泛的關注，也引發了社會關於經濟發展觀念的爭論和對環境問題的關注。

隨著社會對環境與經濟增長問題的重視，越來越多的學者開始構建新的經濟增長方式。後來享譽全球的國際非正式學術團體——羅馬俱樂部在著名的研究報告《增長的極限》中提出對傳統增長的反思。該俱樂部在此書中進行了嚴謹的數據研究，分析了目前的經濟增長方式將會帶來的嚴重後果，並正式明確了「合理的持久的均衡發展」和「持續增長」的概念，進一步引起社會關注。隨後，可持續發展概念逐漸成為一個國際公認的、政府接受的概念。20世紀80年代末，聯合國世界與環境發展委員會在日本發表了一份報告《我們共同的未來》，提出了可持續發展理念，並在該主題下對環境和社會發展問題進行介紹，贏得了社會各界和各國政府的極大重視。

後來，聯合國環境與發展大會於1992年在巴西里約熱內盧再次召開。這一次，180多個國家共同參與大會討論並通過了《里約環境與發展宣言》（《地球憲章》）、《二十一世紀議程》和《關於森林問題的原則聲明》。其中《二十一世紀議程》對可持續發展戰略、經濟的可持續發展、社會的可持續發展、資源的可持續利用與環境的保護等內容進行了詳細的闡述，並制定了相應的行動綱要，可持續發展概念正式成為全球性、公共性的發展理念。

二、可持續發展理論的理論要素

可持續發展理論是一門跨學科的研究，從廣泛的視角研究了社會整體經濟發展模式，並對人與自然、人與社會以及人類經濟發展的關係進行了研究。因此，該理論包含了豐富的生態學、經濟學以及社會學理論。

（一）生態學理論

生態學理論由德國生物學家恩斯特·海克爾（E. Haeckel）於1869年率先提出。在其研究中，他將生態學（Ecology）定義為「研究生物體與其周圍環境（包括非生物環境和生物環境）的相互關係的科學」。在可持續發展理論中，生態學主要關注人與周圍環境間的相互關係，涉及環境與經濟發展、人地關係、人口承載力等內容。

人地系統論是在亞歷山大・馮・洪堡（Alexander Von Humboldt）和卡爾・李特爾（Carl Ritter）的研究基礎上發展而來的。洪堡認為地理學主要研究人文現象與自然現象在地域上的相互作用與影響，人類也是地球這個自然系統的一部分，需要相互聯繫。李特爾同樣將自然環境與人類活動相結合，認為地球是人類開展生產、生存活動的平臺，所有的地理現象都與人類活動相關，反過來，人類活動也會影響自然系統的表現和形態。因此，他認為人的活動才是地理學研究的主要內容之一，要將人的活動與之進行融合研究。

在人地系統論中，首先就是要將人類活動看作是地球系統的一部分，因此衍生而來的人類社會也是地球系統的一個組成部分，而人類作為生物也是生物圈的重要組成。人類社會僅僅是地球系統的子系統，與地球系統的其他各個子系統之間存在相互聯繫、相互制約、相互影響的密切關係。這些系統包括生物系統、地理系統以及氣候系統等。總體來說，地球系統是人類維持生存以及支持經濟社會發展的物質基礎和必要條件。人類社會的一切活動，包括生產、生活活動，都受到地球系統中的其他子系統的影響。反之，人類的社會與經濟活動，又會直接或間接影響地球系統中的各個子系統，例如，對岩石圈的影響體現為土地改造、土壤退化、礦產資源枯竭以及荒漠化等問題，對生物圈的影響體現為植被的破壞、森林的減少以及物種的滅絕，對大氣圈的影響則表現為大氣污染、溫室效應帶來的氣候變暖以及臭氧空洞等，而對水資源的影響則體現為水污染、海洋污染等問題。要實現人地系統的良性發展就需要人類社會與其他子系統之間實現良性互動，這也是可持續發展理論的研究基礎。

為了實現人類社會與其他環境之間的和諧發展關係，學者們提出自然環境所提供的資源要能夠永續利用。資源永續利用理論是在森林的可持續利用理論的基礎上發展而來的。森林永續利用理論首先體現在國家政策當中，1669年，在法國頒布的《森林與水法令》中，明確提出「森林經營原則是既要滿足木材生產，又不得影響自然更新」。這體現了資源永續利用的思想，並且是首次將其納入國家法規中。之後，關於資源永續利用問題便引起學界的關注，喬治・路德維希・哈爾蒂希（Georg Ludwig Hartig）首先明確提出了森林永續利用理論，為資源永續利用理論進行鋪墊。資源永續利用理論認為人類要實現可持續發展必須以地球資源的永續利用為前提，同時該理論流派還對資源的永續利用方法進行理論和現實的探索，後來更是派生出了一系列特定資源的永續利用問題，包括土地資源、水資源、生物資源等，為可持續發展理論提供了實現路徑。

在尋找資源永續利用的過程中，是否存在一個人類活動的「上限」成為

可持續發展視角下的另一大重要內容，人口承載力理論由此而生。1798 年，馬爾薩斯（R. Malthus）出版的著作《人口論》指出人口過度增長的問題：人口的增長速度與資源的再生速度的不匹配，將導致人類活動的不可持續性，表現為由於饑荒、戰爭和疾病引發的人口減少。馬爾薩斯首次說明了人口與環境之間存在約束關係。人口承載力理論強調，由於人類繁衍與地球資源與環境的支持系統存在週期性差異：相比於人口的增長，地球系統的資源與環境具有有限性與較長的週期性，地球系統的自我恢復能力存在一個閾值且恢復時間普遍較長。因此，在特定生產方式和發展水平下，地球上的資源對人口生產與生活活動的承載能力是有限的。人口數量以及人類在地球上的經濟活動必須以地球系統的平穩發展為前提，對人類活動進行控制。否則，突破了地球系統的正常運行水平將對人類的可持續發展產生影響。

根據以上理論研究可以發現，生態學在可持續發展理論中體現為人類的社會與經濟活動要與地球的生態環境相和諧的思想。在開展經濟活動的同時，要注重地球生態環境的保護，改善生態環境，從而降低對自然資源和生態環境的使用成本，在地球承載能力之內進行發展。所以，在生態學角度，可持續發展是以生態環境為限制，以生態環境的可持續來維持人類發展的可持續。

(二) 經濟學理論

可持續發展理論中的經濟學理論體現為對已有經濟增長方式的反思，分析不可持續的增長模式的弊端，探尋經濟活動與自然環境間問題的根源，同時構建符合可持續發展觀的經濟發展模式。

隨著經濟與環境之間矛盾的加劇，社會開始反思傳統經濟發展模式帶來的問題。1972 年，以美國麻省理工學院丹尼斯·米都斯（D. H. Meadows）教授為代表的著名學術團體羅馬俱樂部，發表了著名報告——《增長的極限》。其中作者利用系統動力學的方法，將傳統經濟發展模式下的物質增長、人與自然、人與社會的關係進行有機結合。

該俱樂部將生產中的物質關係、經濟關係和社會關係進行綜合，模擬出了傳統經濟發展方式未來的發展前景：在不顧及環境和自然的經濟增長方式下，人類社會將出現人口不斷膨脹、物質消費追求提高，而資源不斷消耗、污染日益加劇等問題，從而制約經濟的增長。他們提出雖然科技的進步能對生產方式的改善具有促進作用，但是科技的作用是有限的，並不能從根本上改變資源被過度消耗的困境，從而提出這樣的增長模式是有限的。這為改進過去傳統的經濟增長方式提供了理論支撐。

外部性理論對傳統經濟發展模式的不可持續的原因提出了有力的解釋。外

部性是經濟學中的經典概念，許多經濟學家也嘗試對其進行定義，如保羅·薩繆爾森（Paul A. Samuelson）和威廉·諾德豪斯（William D. Nordhaus）將外部性定義為「那些生產或消費活動對其他個人或團體收取了不可補償的成本或提供了無需補償的收益的經濟現象」①。而蘭德爾（Randall Wary）則從效率角度將外部性定義為：「當經濟活動的某些效益或成本超出了決策者的考慮範圍，會產生一些效率溢出或流入的現象」。與可持續發展理論相結合後，外部性理論認為，即使在當下，人類仍然一直把自然資源和自然環境看作無成本的「公共物品」，在經濟學價值的討論中，也未對其價值進行闡述，這是造成生態環境破壞以及人類社會發展不可持續的重要原因。需要將生態環境和自然資源納入經濟核算體系之中，才能彌補外部性帶來的不可持續生產方式的延續。

在分析了傳統經濟增長方式的弊端後，新的經濟增長方式被提出，其中探尋新的生產方式成為可持續發展理論中的重要內容之一。人們逐漸意識到在人類生產過程中，還應該包括人的環境生產。多種生產理論進入人們的視野。1994年，中國學者程福祜先生在其主編的書中，將包含環境思想的三種生產理論公之於眾。他認為在生產過程中，不應僅僅考慮人的生產活動和物質生產活動，還應該考慮環境的生產活動，並將這三類生產活動相結合。此後該理論還細分出了「四種生產理論」「五種生產理論」，但其主旨都是跳出傳統的生產關係，並且關注環境、精神等綜合層面的發展，因此該理論也注重探討不同生產活動在理論和實踐中的協調發展。

從可持續發展與經濟理論的聯繫可以發現，可持續發展需要將過去只重視經濟「量」的增長轉變為追求經濟「質」的發展。它不是單純以環境保護為名義不顧經濟的發展，而是在經濟發展的過程中從可持續發展角度提高經濟發展的質量。因此可持續發展要求改變傳統的以「高污染、高投入與高消耗」為特徵的生產方式和消費模式，提倡低碳生產、循環生產，適度利用資源，提高經濟活動中的收益與效率，減少資源消耗與浪費。

(三) 社會學理論

可持續發展理論特別強調當代人的發展不應以損害後代人發展的權力和能力為代價，體現在社會學理論中，便涉及代際公平的理論。社會學家塔爾博特·佩奇（T. R. Page）是最早提出代際公平的概念的學者，他認為社會的持續發展是指在兩代人之間實現資源和權利的公平分配問題，當代人和後代人作為平等的發展主體，在代際資源的分配上應恪守公平分配和社會自主選擇

---

① 薩繆爾森. 經濟學原理 [M]. 北京：人民郵電出版社，2013.

原則。

繼佩奇之後，美國的法學家愛迪·維思（E. B. Eiss）於1984年將這一概念進行系統化論述。人類傳承中，當代人除了是地球資源的「受益人」外，也是下一代人的「託管人」。每一代人都要在收益和託管中尋找資源利用的平衡，即在資源的開發和利用上實現代際間的平等原則。而對於這一原則，他用三個具體的原則來分類論述：一是「保存選擇原則」，即每一代人在利用資源時需要為後代人保留自然和人文資源多樣性選擇，以保證下一代人在進行經濟活動和社會發展時不會因為資源選擇的限制而失去解決問題和滿足人類價值的選擇能力，使後代能夠享有與前一代人相同或相對應的選擇權利。二是「保存質量原則」，即每一代人在地球上開展活動時，應保持地球生存環境質量，使得在將地球移交給下一代人的過程中，不會使下一代人生活的質量低於當代人的生存質量。該原則保證了下一代人能夠同樣享受當代人享有的生存和生產環境質量的權利。三是「保存接觸和使用原則」，即每一代人在使用前一代留下的遺產時應該對下一代人同樣保留共同享有及平等利用前代人留下的物質遺產和文化遺產的權利。只有遵循這三項原則，才能保證資源在代際中的公平交接以及可持續利用。

但在傳統社會發展中，當代人卻過多地佔有和使用了本來應分配給後代人的資源與福利，特別是自然資源和生存環境質量，導致人類社會出現不可持續的發展態勢。另外，代際公平強調的是在環境與資源的代際傳遞中實現人類的可持續發展，但是由於區域間經濟發展水平的差異和對資源環境認知程度的有限，使得不同地區可持續發展能力有高有低，可持續發展目標也會不同，難以達到統一的代際公平。針對區域差異，應該從可持續發展的本質目標出發，即在經濟發展過程中不斷提高人類生存與生活質量，改善人類健康狀況，力圖創造一個自由、平等、和諧的社會環境。這也說明，在人類可持續發展過程中，可以將經濟發展、生態保護與社會發展關係理解成為以經濟可持續發展為基礎，以生態可持續發展為前提，以社會可持續發展為目的的人類發展進程。而人類應該理清三者關係，共同追求自然、經濟與社會整體的可持續的穩定的發展，並最終實現以人為本的社會發展。

可持續發展的研究領域涉及的學科眾多，使得其研究角度也十分寬泛和多樣化，而針對可持續理論的研究也可以從不同角度展開。如生態學家就可以從生態學理論出發，從自然環境角度研究可持續理論，並且將其限定為在不破壞生態環境修復能力下的有限制的經濟發展。而經濟學家則可以從經濟學的角度研究可持續發展，將其理解為在生產過程中考慮自然資源的生產價值和成本，

並且保證以自然資源的可持續利用為前提發展經濟。社會學家從代際公平與社會發展角度研究可持續發展，將其理解為在不影響自然系統與社會系統的良性互動下實現的社會進步。還有一些學者則從科技的角度、哲學的角度或歷史學的角度對可持續發展展開了豐富的研究。

三、可持續發展的基本目標

由於可持續發展理論的綜合性和跨學科性，其發展目標也體現出包容性和綜合性，涉及環境、經濟、社會三大系統的良性互動與發展。這三大系統體現為在可持續發展理念中，實現多維發展、多樣化發展、公平發展、共同發展、高效發展。

第一，多維發展。多維發展的含義包括兩個方面：一是差異化發展，雖然目前區域發展出現全球化、扁平化的趨勢，但是國家與國家之間、地區與地區之間在經濟發展水平和發展階段上存在差異；二是不同國家與地區又有著不同的文化背景、政治體制、地理條件和地緣環境等。因此，在全球可持續發展的視野下，多維發展應該考慮地區和國家的差異性，針對不同地區設定不同的可持續發展目標，使可持續發展成為被普遍接受的發展理念。

第二，多樣化發展。可持續發展是一個綜合性、系統性的發展理念，而在理論發展上又包含多學科的理論內涵。所以，可持續發展本身蘊含了多樣性的內容和多維度的選擇。可持續發展理論在全球普及的同時，各地區和國家應該從自身現實情況和現實條件出發，在制訂和實施可持續發展方案時，應探索與本國或地區實際情況相符合的、多樣的、綜合且系統的可持續發展路徑。

第三，公平發展。可持續發展理論中的公平發展同樣包含兩層含義。第一層含義是實現區域間的公平發展。由於地區間經濟水平存在差異，導致區域在資源可得性和社會發展進步性方面同樣存在差異。這種差異必然造成資源利用和環境享受的不平等性。發達國家往往生態環境保持良好，利用資源能力更高。而相比之下，發展中國家和地區的生存環境往往較為惡劣，資源可得性較差。但是這種發展水平的系統差異若由於不公平和不平等問題而加深，就會由局部性問題發展成為全球性問題，並進而破壞世界系統的可持續發展進程。因此，在可持續發展下，一個地區的發展不能通過犧牲其他地區的發展來進行。第二層含義是代際的公平發展。從代際理論中可以知道，當代人是下一代人的「全權代理人」，在發展中有處置未來人類資源的條件。公平發展就要求保障下一代人使用資源和享受良好生存環境的權利，不以損害下一代人發展權利為代價來進行公平發展。

第四，共同發展。共同發展同樣包含兩層含義。第一層含義是在世界範圍內，地區實現共同發展。雖然由於地理條件和行政劃分的原因，世界被劃分為不同區域和不同國家，但是從地球整體來看，地球的資源和環境是一個不可分割的系統，任何地區或國家對資源和環境的影響都將影響整個系統的運行。因此，每個國家或地區都是地球系統的一部分，也可以稱為地球系統的子系統。子系統之間互相影響、相互聯繫並最終影響地球系統的正常運行。不同國家和地區應該同樣秉承可持續發展理念，在地球系統中向著統一的可持續發展目標前進。只有共同的進步才能推動地球系統的改善。共同發展的第二層含義是協調發展。不同地區間在自然稟賦、地理環境以及經濟社會發展水平上存在差異，無法形成步調一致的可持續發展進程，在資源、經濟、社會方面就應該相互協調。利用財力、人力、物力在區域間的流動，協調地區間的可持續發展進程。

第五，高效發展。可持續發展並不是對經濟發展的否定，而是對經濟發展增加了「質」的要求。而高效發展在可持續發展中體現為資源的高效利用以及經濟的高質量發展。其中，資源的高效利用是指改變過去粗放式的資源利用方式和粗暴的環境影響方式，以技術革新、循環利用等方式提高資源利用效率，減少資源浪費。而經濟的高質量發展，是指改變過去對物質增長的單純追求，向社會、經濟、生態協調發展、共同進步的經濟增長方式邁進。這其中包含對資源利用方式的改進、人力資本的增加、生產效率的提高以及社會文明程度的提高，力爭在最小資源消耗下獲得最大經濟收益。

四、可持續發展理論對已有經濟增長模式的影響

(一) 可持續發展並不否定經濟增長

雖然可持續發展理論對前期的經濟發展狀況進行了批判，但是其批判的並不是經濟增長，而是粗放的經濟發展方式。因此，可持續發展並不否定經濟增長的重要性和必要性。因為經濟發展所帶來的物質增加是人類生存和進步所必需的物質基礎，也是促進社會發展和保護、改善環境的物質保障。特別是發展中國家目前正面臨經濟發展乏力和環境惡化的雙重困境，而薄弱的物質基礎和環境破壞又存在惡性循環的可能性。因此只有改變經濟發展方式，進一步促進經濟發展才能走出環境破壞與經濟乏力的惡性循環。

而可持續發展並不是以生態破壞為借口制約經濟發展，而是從資源與生態環境方面增強了推動經濟發展方式轉變的力量。發達國家在經歷發展帶來的環境破壞和資源的浪費後採用了更為高級的經濟發展方式，發展中國家可以在可

持續發展理論的指導下，利用先進的科學技術，對生產方式進行改造，減少資源浪費，提高資源利用率。

（二）可持續發展理論將自然資源環境的成本作為生產成本

可持續發展理論對傳統經濟發展方式的另一個改造就是在經濟生產成本中加入了自然環境的成本。在過去的經濟發展中，並沒有將這種成本納入生產成本中進行核算，因此造成資源過度利用和環境的破壞。可持續發展則是要將資源的過度消耗和環境破壞作為正常的生產成本，因為其不僅會影響當下的經濟發展，還會影響未來的經濟發展。因此可持續發展實質上是對傳統生產方式進行改造。在改造過程中，就為經濟發展方式的轉變提供了新的思路和指導。低碳經濟的發展、新技術的運用以及新的生產方式的推廣，只要在可持續發展方式下能夠帶來優質的經濟效益，都會成為經濟增長方式的有益補充，這也為新能源產業、綠色產業、環保產業、節能產業等產業的發展提供了發展契機，為經濟增長方式的轉變注入了活力。

可持續發展理論是本書的核心理論之一，其理論對傳統經濟學的改造為本書利用可持續發展思想對城市生產效率進行改造提供了思路。同時，該理論的研究中對於自然、社會以及經濟發展間互動的研究，也對本書構建城市最優規模的資源基礎提供了寶貴的理論借鑑。

第二節　城市發展理論

城市最優規模的探索，本質上是對城市如何健康發展進行的探索。隨著經濟的發展，城市成為經濟社會發展的代表，而城市發展理論也隨著城市的形成與發展而逐漸豐富。城市發展主要體現在兩個方面，一是量的增長，二是質的提高。量的增長從宏觀上體現為城市從無到有、從少到多的過程；而微觀上則是指城市內部人口總量、經濟總量或空間的增加。質的提高則體現為城市內部產業結構的優化和城市生產生活質量的提高，具體包括人口結構、產業結構的優化以及城市環境的優化、城市基礎設施的完善、宜居度的提高等內容。因此，城市發展理論的研究也圍繞這兩點展開：一是研究城市發展的動力，力圖刻畫城市形成與發展的原因；二是城市發展的路徑研究，隨著社會的進步，城市發展在不同階段會面臨不同的問題和挑戰，探尋城市發展規律以及發展路徑成為城市發展理論研究的重要內容。

一、城市發展的動力研究

城市發展的動力研究要回答的是城市為什麼興起。在人類發展進程中，城市起源較早。早在3,000~5,000年前，城市已經成為人類文明最重要的載體，反映經濟和社會的繁榮程度。但當時的城市功能較為單一，主要體現為為人類提供最重要的活動空間[1]以及對外交流平臺。而隨著社會的變遷以及生產能力的提高，城市發展動力也主要圍繞著城市區位發展以及經濟活動空間發展、壯大。同時，學術界也提出了以增長極理論為代表的一系列闡釋城市發展動力的理論。

20世紀50年代，經濟學家弗朗索瓦·佩魯[2]（F. Perrour）率先論述了增長極理論。他發現經濟增長路徑並不是均衡的，而是由一個「推動型單位」來進行原發驅動。而該單元通過實現內部與外部的集約化和規模化，在創新的推動下不斷增長，並擴大自身優勢，形成部門經濟增長的優勢，再將這種增長態勢擴散到其他部門，推動整個地區或部門的發展，而該「推動型單元」也被定義為增長極。

佩魯的研究開創了增長極理論的先河，但將增長極理論引入區域非平衡增長討論中的是瑞典的繆爾達爾（G. Myrdal）[3]以及美國經濟學家赫希曼（A. O. Hirschman）。由於在區域增長中會憑藉規模收益和外部性等因素形成非完全競爭的市場結構，使得區域會因為偶然的增長促進、改善未來的增長能力。在循環累積因果學說中，繆爾達爾認為區域發展與新古典中的均衡增長不同，如果區域增長偶然出現非均衡的偏離，這種偏離不會削弱而是會不斷強化，隨著時間的推移，可能會不斷促進或削弱自身經濟發展能力，並最終形成區域的固定差異，從而導致區域的經濟增長中心和經濟腹地產生發展差距。區域非均衡理論中還有中心-外圍模型。20世紀，阿根廷經濟學家勞爾·普雷維什（Roal Prebish）針對兩個區域的相互關係來進行分析，並提出了中心-外圍模型[4]。該模型通過兩者的相互作用闡釋了作為經濟中心的城市是如何形成的。

另外，約翰·弗里德曼（J. R. P. Friedmann）對發展中國家的空間非均衡發展提出了核心-外圍理論。他利用熊彼特（Joseph A. Schumpeter）的創新

---

[1] 薛鳳旋. 中國城市與城市發展理論的歷史 [J]. 地理學報, 2002 (11): 723-730.
[2] 弗朗索瓦·佩魯. 略論經濟增長極的概念 [J]. 經濟學譯叢, 1988 (9): 23-30.
[3] MYRDAL G. Economic theory and under developed region [M]. London: Duckworth, 1957.
[4] 在1949年5月，普雷維什向聯合國拉丁美洲和加勒比經濟委員會（簡稱拉美經委會）遞交的一份題為《拉丁美洲的經濟發展及其主要問題》的報告中提出該理論。

理論構建了空間的極化過程。他認為區域發展是通過不斷的創新過程來實現的，這個創新過程可以是不連續的，但創新的優勢會逐步累積並最終促使空間增長極的出現。因此區域往往起源於一部分「變革中心」，這些變革中心是創新的集聚點，而創新則是從中心地區向四周擴散；周邊地區也由於中心創新活動的溢出而得到發展機會。這種以創新為特徵的革新只在為數不多的少數幾個區域中形成，而這些區域往往以城市形態出現，決定著城市以及周邊地區的經濟發展。

二、城市發展路徑研究

除了城市發展的動力研究，城市發展的路徑也十分重要，城市如何發展、產生的影響如何以及未來城市的展望，都是路徑研究的基礎。雖然城市的興起與發展是極化效應的體現，但擴散效應同時會影響城市及周邊區域的發展，倒U模型以及城市發展階段論正是對城市如何發展及擴散進行的解釋。

（一）倒U模型假說

城市發展並不會一直出現極化現象，而倒U模型則是對城市發展與區域間關係的實證說明。倒U模型假說是指經濟增長效率隨著區域不平衡程度的增加會表現出先增加後減弱的倒「U」型關係。這一關係首先在威廉姆森（J. G. Williamson）的論文「區域非平衡與國家發展進程」（Regional Inequality and the Process of National Development）中論證並提出。他發現，城市發展與區域增長之間的差距會呈現出先增加後減小的趨勢。在國家經濟發展初期，區域間的差距會隨著經濟增長而擴大，區域傾向於非均衡增長。當國家經濟發展到一定水平後，區域間的差距將趨於穩定，區域非均衡性減弱。隨著經濟的進一步發展，經濟發展進入成熟階段，區域間經濟差距將逐漸減小，區域從非均衡發展向均衡發展轉變。該假設將時間序列引入區域空間中，構建了長期的動態均衡發展模型，也表明了極化效應與擴散效應在時間上的互動關係。這表明在經濟發展初級階段，區域差異會呈現出逐漸擴大的趨勢；當經濟發展日趨成熟，將實現全國市場的自由發展，隨著經濟發展水平較高地區投資收益的減少，資本會向其他經濟發展水平較低的地區流動，並實現區域的均衡發展。這一規律在城市發展中同樣適用：在城市發展初級階段，城市以極化效應為主，當經濟發展到一定程度，城市的作用主要體現為擴散效應，帶動周邊地區發展，城市規模趨於穩定。

（二）城市分散發展理論

針對城市的極化與擴散效應，城市研究學者開展了城市發展路徑的討論，

主要觀點集中在兩個對立方向：一是城市分散發展理論，二是城市集中發展理論。其中，城市分散發展理論主要包括田園城市理論、衛星城市理論、有機疏散理論以及廣畝城理論。

田園城市理論是在 1898 年英國著名城市學家埃比尼澤·霍華德（E. Howard）所著的《明日：一條通向真正改革的和平道路》（後更名為《明日的田園城市》）一書中公之於世的。在書中，他提倡從城市規劃學的角度將城市為代表的中心與周邊農村為代表的外圍作為整體來進行規劃，發揮城市與鄉村的優點，最終實現「城鄉一體化」的新的社會經濟結構，來替代過去「城鄉對立」的社會經濟結構。

衛星城市理論由蒙·溫恩（M. Wynn）正式提出，參照宇宙間星球間的關係，來說明衛星城市與中心城市之間的互動關係。一般來說，衛星城市是指「與中心城市有一定距離，但是在人的生產和生活上與中心城市具有較強聯繫的城市。這種城市之所以被稱為「衛星」，是因為其具有相對完善的城市設施和配套產業①。該理論為防止大城市盲目擴張和不斷蔓延提供了有效的解決方式，並對西方城市發展影響深遠。

有機疏散理論。1943 年，伊利爾·沙里寧（E. Saarinen）在出版的《城市：它的發展、衰退和未來》一書中，提出可以通過對「有機疏散」的方式來進行城市佈局和城市發展，這一方式能夠有效解決因為城市內部過於集中所帶來的一系列問題。他主張通過工廠的外遷、人口的分散、綠化面積的擴大、基礎設施水平的提高等措施將大城市目前一整塊擁擠的區域分解成若干單元，並把這些單元通過網路組織形成「社會經濟活動中相互關聯的功能性集中點」，構建一個彼此聯繫又彼此隔離的城市結構。

廣畝城市理論是城市分散發展理論的極端體現。1932 年，著名建築學家蘭克·勞埃德·賴特（F. L. Wright）在其著作《正在消滅中的城市》中首次提出此構想，並在 1935 年發表的論文「廣畝城市：一個新的社區規劃」中正式提出了「廣畝城市」（Broadacre City）的設想。在傳統發展中，現代城鎮環境的惡化以及工業化時代下人與環境之間的矛盾愈加突出，使得人們對當時的城市發展模式進行反思甚至否定。在此書中，賴特對當時城市發展模式持否定態度，他認為現有城市既不能滿足現代生活的需要，也不能代表現代人的生活水平，更不能實現現代人類對生活的向往，建議取消城市這種社會和空間組織，進而建立一種區別於過去的半農田式社區組織——廣畝城市。

---

① 蒙·溫恩在 1922 年的《衛星城市的建設》一書中正式提出該概念。

（三）城市集中發展理論

也有學者提出城市集中發展理論。由於城市的發展特點與優勢，城市多呈現出集中發展的形態。不少學者對城市集中發展形態提出了構想，並提出了如現代城市、世界城市等相關概念。勒·柯布西耶（Le Corbusier）在20世紀20—30年代提出了現代城市設想，主張通過提高城市中心人口數量和增大建築密度，建設發達的交通體系，形成全新的城市理念，利用大量的高層建築和高效的城市交通體系來體現城市的聚集優勢。1966年，霍爾（Peter Hall）根據格迪斯（P. Geddes）的思想提出了世界城市概念，他認為世界城市將是一個集政治中心、經濟中心、文化中心、社會中心、人口中心以及娛樂中心於一體的多中心、多功能城市。1982年，約翰·弗里德曼（J. Friedmann）與沃爾夫（G. Wolff）合作，發表了一篇名為「世界城市構成：研究和行動的議程」的論文，該論文對世界城市的世界性進行了深入的分析，他們認為世界城市應該是經濟全球化進程的成果之一，因此，世界城市是世界經濟的控製中心，對全球化資本具有很強的調動能力。另外鼓勵城市集中發展的理論還有國際大都市理論、城市集聚區理論以及緊湊城市理論等，這些概念的提出對城市規模和影響力的擴大提供了理論依據。

三、現代城市發展理論

隨著社會經濟的發展，人們對城市的功能的多樣性有了新的要求，在全球化和信息化帶來生產、生活的革新的同時，也要求城市發展由過去傳統的發展形態向現代城市轉變。一方面，在互聯網、物聯網等技術支持下，新的城市發展概念如信息城市、知識城市和智慧城市等應運而生。另一方面，城市發展中出現的環境污染、交通擁堵等城市問題也推動著城市發展理論的進步，出現了生態城市等概念。

（一）信息城市（Information City）

在信息化帶來的全球化和世界變革下，美國學者曼紐爾·卡斯特爾斯（Mannuel Castells）提出了信息城市發展構想。卡斯特爾斯對城市發展和技術發展方向進行了深入思考，他認為在未來的生活中，信息化將成為人類生活的主要媒介，人類的生產、生活都離不開信息化的設備和信息的匯聚與處理。城市的經濟發展以信息化為基礎，而信息技術和信息設備將是實現溝通的媒介。而城市功能的體現如城市的政治功能、經濟功能、文化功能都以信息交流為基礎，城市的社會結構也會向信息社會結構轉變。城市中的網路組織將為信息的流通提供硬件基礎，並使得信息的傳播突破地理空間的限制，降低區域交流的

成本，從而增加信息溝通的意願，形成信息的全球化。信息的無障礙溝通使得城市與城市、國家與國家之間的界限變得模糊。國家間的競爭從空間和經濟上的競爭變為信息網路上的角逐。而國家的地位和對世界的控製權也由自身在信息網路中的重要性所決定。信息城市構思是對世界信息化發展的一種極化構想，對城市溝通和技術發展提供了理論借鑑。

（二）知識城市（Knowledge City）

在信息城市提出的十年後，知識城市理論應運而生。面對經濟全球化的浪潮、信息化的普及以及知識經濟的興起，政府和學界為了適應與瞭解城市社會經濟發展的變化，提出了一種更為綜合、更為高級的城市發展理念——知識城市。2004年9月，匯聚了全球範圍內資深學者、城市市長以及知識管理工作者的「E100圓桌論壇」（E100 Round-table Forum）在西班牙城市巴塞羅那召開，這場以知識城市為主題的論壇發布了《知識城市宣言》。此次會議對知識城市的概念和判定標準進行了詳細的闡述，知識城市的概念也為各國政府和學界所接受。知識城市是為了應對知識的快速累積以及城市高負荷的運轉而提出的，因此，它主張在城市的發展中充分運用知識和現代技術，將知識滲透到城市發展的各個維度，包括經濟建設、基礎設施建設、城市管理、文化發展以及國際競爭等方面，通過提升城市知識水平和知識利用程度，提高城市國際競爭力。在「宣言」中，知識城市的評判標準涉及多個方面，主要分為硬件和軟件兩個大類。在硬件方面，知識城市應該具有溝通城市內外以及暢行城市內部的交通條件，並擁有適度的城市規模。軟件條件，包括科學、高效的經濟結構，豐富的文化內涵，擁有良好的知識基礎和學習習慣和舒適宜人的生活環境，擁有和諧的社會環境。① 因此，知識城市改變了傳統城市的發展觀念，它通過強調知識與信息的重要性，來增強社會對文化、環境、資源以及行為的包容性，從而提高人力資本的存量並對政府的權力進行約束，達到政府與市場的高效結合。知識城市為構建「以人為本」的城市發展提供了建設方向。

（三）智慧城市（Smart City）

智慧城市是目前城市中運用最多的概念，2015年年末的中央城市工作會議明確提出了「著力打造智慧城市」②的城市發展目標，因此，智慧城市是中國城市發展的方向。智慧城市的發展要求比信息城市更為嚴格和全面。智慧城市並不是單單體現智能城市的技術性特點，而是以智能設備或手段來實現城市

---

① 王志章，趙貞，譚霞. 從田園城市到知識城市：國外城市發展理論管窺 [J]. 城市發展研究，2010：25-30.

② 李標. 中國集約型城鎮化及其綜合評價研究 [D]. 成都：西南財經大學，2014.

以人為本的管理理念。① 特別是在信息化、數字化、智能化等技術應用的幫助下，促使城市交通、城市綠化、城市建設、城市管理以及城市生活變得便捷、高效、環保以及融洽。

（四）生態城市（Ecological City、Eco-city or Ecopolis）

生態城市的發展是在城市發展與環境破壞的矛盾中自然發展而來的。20世紀70年代，聯合國教科文組織為了應對人與自然發展的矛盾，發起了「人與生物圈」（MAB）研究計劃，並在該計劃中首次提出了建設生態城市的構想。生態城市追求的是城市生態系統與城市經濟發展相協調。因此，生態城市的建設以如下原則為依據：

1. 系統性

生態城市將城市作為完整的生態系統來進行打造，因此，它是在生態學和經濟學基礎上建立的自然－經濟－社會的複合系統。生態城市的發展要注重其內部系統的關係和作用，體現系統整體性的發展。

2. 區域性

生態城市雖然是一個完整的生態系統，但是作為空間中的非均衡分佈點，其發展具有區域性。但是由於生態環境的系統性影響，其區域範圍不僅僅局限於城市內部，而是包括了城市及周邊的廣大區域，在發展生態城市的同時，要考慮對周邊區域的影響。

3. 和諧性

生態城市的和諧性主要體現在系統協調、區域協調和內部協調三個方面。一是子系統之間的協調性。生態城市中的自然子系統、經濟子系統、社會子系統等的相互影響與相互作用以及子系統之間的和諧發展影響城市系統的健康成長。二是區域間的和諧發展，城市的區域性要求城市與周邊地區形成良好的生態互動，地區間共同維持良好的生態環境與經濟增長態勢，對城市發展具有重要作用。三是城市內部社會的和諧性。城市是人口聚集的城市，生態城市的建設除了營造良好的自然環境，還應該營造和諧安定的社會環境。

4. 高效性

生態城市並不是只注重生態建設而忽略城市經濟發展。生態城市是通過技術和環保的理念對生產方式進行改造，以最少的資源消耗來獲得最大的經濟增長，提高經濟發展效率。

---

① 鄧靜，孟慶民. 新城市發展理論評述［J］. 城市發展研究，2001（1）：1-8.

5. 持續性

生態城市的建設不是一蹴而就的，而是在自然、經濟與社會的發展中，將生態友好的理念貫穿於城市發展的整個進程中，是一種持續性的發展理念。另外，生態城市的建設並不是曇花一現，而是要在生態維持與經濟發展之間建立持續和牢固的聯繫，使生態城市能夠在城市發展浪潮中堅持自身特色，實現生態與經濟的和諧與持續發展。

6. 多樣性

生態城市並不僅僅關注城市的生態建設，而是以生態為基礎改變過去傳統城市專業化發展造成的城市單一化。生態城市的多樣性建設除了實現生態多樣性外，還要實現城市文化的多樣性、產業的多樣性、功能的多樣性等。

四、馬克思的城市發展思想

馬克思的城市發展思想同樣是城市發展理論的重要來源。馬克思在分析資本主義生產方式時，也對城市的興起以及發展進行了分析，馬克思認為城市的形成由來已久，並且在中世紀得到新的發展，經過中世紀的灰暗歷史後，奴隸被解放，使得一些城市有了新的面貌和發展[1]。隨著資本主義的興盛，資本主義工業生產方式促進了現代城市的形成。馬克思對城市的論述從階級對立角度展開，他認為城市是資本主義生產下的社會產物，並且將城市和農村進行割裂，破壞了自然生態系統和社會生態系統[2]。在自然生態系統方面，他指出在資本主義工業化的背景下，資本在城市中迅速膨脹，人口在城市聚集，「破壞著人和土地之間的物質變換，也就是使人以衣食形式消費掉的土地的組成部分不能迴歸土地，從而破壞土地持久肥力的永恆的自然條件」。[3] 城市與鄉村的割裂使得城市和諧被破壞，助推了社會二元結構的形成和社會的進一步分化。這種城鄉對立促使自然矛盾和社會矛盾都存在尖銳化的趨勢。他指出資本主義生產使它匯集在各大中心的城市人口越來越占優勢，然而這種優勢卻是建立在對農村的隔離上的，農業和工場手工業的原始家庭紐帶，也就是把二者的幼年未發展的形態聯結在一起的那種紐帶，被資本主義生產方式撕斷了[4]。另外，與中世紀「農村在政治上榨取城市」不同，在資本主義生產方式下，「城市無

---

[1] 馬克思,恩格斯.馬克思恩格斯文集:第1卷 [M].北京:人民出版社,2009.

[2] 丁任重,何悅.馬克思的生態經濟理論與中國經濟發展方式的轉變 [J].當代經濟研究,2014 (9):5-14.

[3] 馬克思.資本論:第一卷 [M].北京:人民出版社,1972:552.

[4] 馬克思.資本論:第一卷 [M].北京:人民出版社,1972:551-552.

論在什麼地方都毫無例外地通過它的壟斷價格、賦稅制度、行會、直接的商業詐騙和它的高利貸在經濟上剝削農村」①。這導致城市和農村差距不斷擴大，城鄉對立也愈加嚴重。

由此可知，馬克思的城市發展理論從對資本主義批判的角度展開，認為城市的發展是資本主義生產方式帶來的「不良結果」，這種結果不僅造成了自然生態系統的破壞更是造成了社會系統的破壞。馬克思對城市的過度發展和非均衡發展進行了具體且針鋒相對的論述。雖然一百多年過去了，城市早已呈現出不同的發展面貌，但馬克思筆下的部分城市問題仍然存在，特別是城市發展的不平衡問題以及資源消耗問題，為城市問題的研究提供了有益的借鑑。

經過改革開放後三十多年的發展，中國城市已經成為引領區域經濟發展和國家發展的重要動力，取得了令人矚目的成就。但是在經濟增長的同時還出現了城市的過度集中、資源消耗以及環境污染等問題。2015年中央城市工作會議的召開，為中國城市發展提供了新的思路和原則，也就是在注重經濟發展的同時也要認清城市發展規律，向生態友好、生活宜居以及社會和諧的方向發展，而現代城市發展理論中的智慧城市、生態城市等概念，對實現中國城市發展階段的突破具有重要的借鑑意義。

第三節　聚集經濟理論

城市規模不斷擴大的表現是人口的聚集，而人口的聚集的內在動力則是聚集經濟。聚集經濟理論（Agglomeration Economics）是對聚集經濟現象進行解釋、歸納以及預測的一系列理論研究。聚集經濟現象是指經濟活動中的各種要素向某一特定地理空間集中，形成相互關聯的產業網路或社會網路。聚集經濟在不同地理空間上存在不同的聚集表現形式，如在微觀上，聚集經濟通常表現為相同（或相似）產業或相關產業在一個特定的、鄰近的地理區位集中形成的產業群落。而在宏觀層面，最典型的代表是城市經濟的發展與功能的體現。因此，聚集經濟理論也成為研究城市規模發展的重要理論基礎。經過多年發展，聚集經濟理論對聚集經濟產生的原因進行了詳細的解釋，並發展了一系列研究聚集經濟的理論工具，為聚集經濟理論的發展奠定了基礎。

---

① 馬克思. 資本論：第三卷 [M]. 北京：人民出版社，1972：902.

一、聚集經濟形成因素

聚集經濟作為城市形成原因的外在表現形式，對人們瞭解城市的興起以及發展提供了有力的支持。聚集經濟的研究從韋伯、廖什為代表的區位理論到馬歇爾提出的「外部性」再到克魯格曼的新經濟地理學，不同學派的研究都為聚集經濟理論解釋做出了貢獻。

聚集經濟的形成是企業的自主選擇過程，但選擇的標準可能不同，如運輸成本最小化、市場收益最大化等標準。其中工業區位論是企業選擇的典型代表理論。工業區位論由經濟學家阿爾弗雷德·韋伯（A. Weber）在其學術著作《工業區位論》中，通過系統論述工業企業區位選擇和工業佈局問題，提出了聚集經濟的思想。他認為兩個因素將會影響工業企業的區位選擇：一是影響工業在區域中分佈的「區域性因素」；二是促使企業在某一區域聚集的「集聚因素」[1]。

而集聚因素又根據其作用方向分為集聚要素和分散要素。他在書中強調「集聚要素是指使在某一地點形成集中優勢或降低成本的要素，而分散要素則是指產生分散化優勢的要素」[2]。而兩種要素的相對強弱才最終確定企業或產業的聚集形態，他指出「在一定條件下，某類影響因素和與之相反的平衡力量的相對強弱才能確定最後實際的聚集能力」[3]。這些因素具體表現為「技術設備的發展、勞動力組織的發展、市場化因素、經常性開支成本和經濟地租」[4] 等。

總體來看，他將企業選擇因素抽象概括為三個因素，即運輸成本、勞動力可得性以及企業聚集因素，並稱之為「區位因子」。在企業成本最小化的目標下，根據這三個區位因子之間的相互作用得出最佳的組合，並以此來確定工業企業生產的最佳選址和佈局。在討論聚集的原因時，他認為單個企業在進行區位抉擇時會遵循成本最小化和效益最大化原則，而產業在空間中的聚集會使勞動力的聚集增加勞動力的可得性從而降低勞動力成本；而產業聚集可以增加信

---

[1] 阿爾弗雷德·韋伯. 工業區位論 [M]. 李剛劍，陳志人，張英保，譯. 北京：商務印書館，2010：3.
[2] 阿爾弗雷德·韋伯. 工業區位論 [M]. 李剛劍，陳志人，張英保，譯. 北京：商務印書館，2010：134.
[3] 阿爾弗雷德·韋伯. 工業區位論 [M]. 李剛劍，陳志人，張英保，譯. 北京：商務印書館，2010：135.
[4] 阿爾弗雷德·韋伯. 工業區位論 [M]. 李剛劍，陳志人，張英保，譯. 北京：商務印書館，2010：134-135.

息交流從而降低交易成本，提高企業利潤。

三十年後，同樣是德國的經濟學家廖什（A. Losch）在區位理論中加入了貿易理論，並出版了重要著作《經濟空間秩序》。他在杜能提出的農業區位論以及韋伯發展的工業區位論的基礎上，進一步分析了城市產生和區位選擇。他認為城市的出現是非農企業聚集的表現形式。他指出即使將地球簡化為均勻且平坦的地理形態，城市也會因為不確定的各種原因而形成並發展。由產業內部的聚集到產業間的集聚，再到不同聚集體的集聚，建立起人口在空間上的重要聚集區域，從而促進了城市的形成。

二、聚集經濟理論研究方法

前人對聚集經濟的動因分析，都以企業規模報酬不變和市場的完全競爭為前提假設，這與現實經濟的發展過程存在巨大差異。因此，以保羅·克魯格曼（Paul R. Krugman）、藤田昌久等學者為代表的新經濟地理學派開始更貼近現實經濟的假設，並且將經濟地理學、國際貿易、新增長理論和空間經濟學等理論相結合，對集聚經濟理論進行了擴展。新經濟地理學派主要通過對迪克西特-斯蒂格利茨（D-S模型）壟斷競爭模型、新國際貿易模型、中心-外圍模型和城市體系模型等方法的運用，構建了聚集經濟的量化分析框架，而規模報酬遞增的假設則更為貼切地描述了現實經濟發展狀態。而「冰山式」運輸成本則刻畫了空間對生產的影響，能夠有效地模擬區域之間的商品差異。這些研究方法的運用對聚集經濟的研究提供了重要的工具支持。

迪克西特和斯蒂格利茨（1975）的壟斷性競爭模型是研究聚集經濟的最基本的模型。最初的空間經濟學和新經濟地理在開展研究之時便採納了壟斷性競爭模型[1]。該研究方法在討論聚集經濟和空間區位理論時，認為廠商生產的產品的種類和數量上存在差異，從而在價格上會存在差異，這使得其將產品數量和產品種類進行二維研究成為可能。該模型的需求基本假設為自我價格彈性不變，而所有的價格和數量的多樣性都是對稱的。由於規模報酬遞增，使得聚集傾向於擴大，但同時，由於存在「冰山」運輸成本，使得產品在進入市場過程中的運輸成本會與市場距離存在正向關係。這就會因為距離的增加而提高生產成本，導致擴散的形成。因此，空間聚集經濟理論的研究基礎就是權衡規模報酬遞增和運輸成本之間的關係，並達到淨收益最大化。本書也將延續這一

---

[1] DIXIT A K, STIGLITZ J E. Monopolistic competition and optimum product diversity [J]. American Economic Review, 1975, 67 (67): 297-308.

基礎，展開城市最優產出規模的研究。

三、聚集經濟與空間發展

韋伯分析了企業空間選址集中的原因，但是對聚集的經濟學概括還不充分。阿爾弗雷德·馬歇爾（A. Marshall）將聚集因素進一步抽象，從經濟學角度分析了人類和產業聚集的根本動因。馬歇爾在《經濟學原理》一書中，將人口與企業的聚集的原因歸結為外部規模經濟，認為外部規模經濟「往往可以通過許多產業內部或行業內部的生產廠商在特定地方的集中而獲得區域上的聚集」①，這也是聚集的動力所在。

馬歇爾認為企業在空間上的聚集，除了最主要的自然因素外，還受知識外溢、產業配套和勞動市場三個因素影響②。他對這三個要素分別進行分析，認為知識的外溢是以信息傳遞為媒介，而近距離的技術傳播較為容易，更容易吸引類似的生產企業向特定空間集中。產業配套是指為工業生產企業提供服務的其他部門如原料供應、中間品加工等部門。某一行業的生產企業在空間上的集中會使其他與之相關聯的產業部門或服務部門來此聚集，為生產企業帶來便利，從而降低企業的生產成本。產業配套是指那些為主要生產部門提供售前和售後服務的企業，例如「為主要生產企業提供原材料與生產設備，為生產企業提供運輸服務，以及其他有助於生產和銷售的活動」③。

勞動力市場在企業聚集的同時向區域集中。企業在空間形成一定的聚集規模，就會吸引專業的勞動者加入，並最終促進勞動力市場的形成。而企業與勞動力在同一空間的集聚，就會降低雙方的搜尋匹配成本，從而降低企業的勞動力成本。且這種穩定的勞動力市場會不斷累積，吸引更多更加優秀的人才進入，實現勞動力市場的自我更新，從而也會為企業帶來發展的動力和與之相適應的人才。馬歇爾在書中對勞動力的聚集進行了具體的描述：「勞動力需求者往往希望能夠在勞動力市場進行優中選優，這就需要充足的勞動力供給，以使得雇主找到技藝嫻熟的工人；同樣，就勞動力而言，他們也會到雇主聚集的地方去擴大自身對受雇企業的選擇範圍。」除了上面提到的三項要素，馬歇爾還對交通條件的改善對聚集的影響進行了分析。擴展到城市研究，交通條件的改善同樣對城市產生聚集和擴散的效用，交通條件一方面會改善城市的組織條件，但另一方面也可能引發「郊區化」等擴散現象。

---

① 馬歇爾. 經濟學原理：上卷 [M]. 朱志泰，陳良璧，譯. 北京：商務印書館，2010：280.
② 馬歇爾. 經濟學原理：上卷 [M]. 朱志泰，陳良璧，譯. 北京：商務印書館，2010：281.
③ 馬歇爾. 經濟學原理：上卷 [M]. 朱志泰，陳良璧，譯. 北京：商務印書館，2010：284.

四、聚集經濟與城市發展

聚集經濟研究之初是從微觀上分析企業的空間佈局，但發展到中觀層面則是對城市聚集因素、形式的研究。學界的許多學者對城市的聚集展開了研究，其中具有代表性的是米爾斯的城市經濟模型和亨德森的城市經濟模型等。米爾斯的城市經濟模型注重對單一類型城市的聚集進行討論，而亨德森的城市經濟模型則側重於多類型城市的發展研究。

米爾斯的城市經濟模型。1967年，米爾斯（E. S. Mills, 1967）[1]率先提出了針對單一（或單一類型）城市的一般均衡模型。他認為三種經濟活動對城市的聚集造成影響：一是出口到城市外的商品生產活動，表現出該城市所面臨的市場規模大小，且出口產品存在規模報酬遞增的特點。二是城市內部的交通條件，交通條件的好壞影響城市對勞動力的運送能力，從而影響到有效的勞動力供給。三是住房的供給。由於勞動力在生產過程中同樣需要維持生活，而城市住房是勞動力生活的重要部分，但住房的生產遵循規模報酬不變的規律。米爾斯依據這三個方面的假設，建立了城市聚集的分析方法，也成為後人研究城市問題的重要分析思路。在該模型中，對區域外市場的供給能力最為重要，而其中的規模報酬遞增的假設，使得城市聚集經濟成為可能，從而帶動城市的發展。

對城市模型進一步擴展的是弗農·亨德森和他的城市經濟發展模型。亨德森（J. Vernon Henderson, 1988）將單一城市擴展為多類型城市的城市系統進行聚集經濟研究。在該模型中，他假設每個城市根據其資源稟賦的差異都具有一個專門的、只服務於特定區域的商品生產部門。這個部門的生產活動需要投入資本和勞動力兩種生產要素，而生產廠商通過對要素投入與產出的分析，確定收益最大化的要素投入。而將亨德森的模型進一步擴展，根據對勞動力投入的決定，從而確定城市最優的勞動力規模，並獲得最優的城市規模。亨德森的城市經濟模型對城市學理論和城市發展研究具有重要意義。特別是在對城市規模的研究中，亨德森的城市經濟模型具有開創性意義，後來的許多學者也借用這一思路展開城市規模研究，但該模型中沒有將城市資源承載能力納入考慮範圍，因此只能得到無約束下的城市最優產出規模。本書也將借鑑這一思路，對無約束下的城市最優產出規模進行分析和測算。

---

[1] MILLS E S. An aggregative model of resource allocation in a metropolitan area [J]. American Economic Review, 1967, 57: 197-210.

第四節　人口遷移理論

城市最優規模研究的是人口規模對城市發展的影響，城市從無到有，由小變大，都離不開人口從農村向城市流動的基本規律與事實。人口遷移作為重要的社會與經濟現象，備受學界關注，從而演化出人口遷移定律、人口引力模型以及以勞動力為基準的勞動力遷移模型。要從宏觀上瞭解人口遷移的規律、人口流動的宏觀環境和發展趨勢；從微觀上瞭解家庭在人口流動抉擇上的權衡以及人口遷移對個體的影響。人口遷移理論中具有代表性的是人口遷移定律、推力-拉力理論、人口遷移引力模型以及新勞動力遷移理論等。

一、人口遷移定律

1889 年，英國著名統計學家雷文斯坦（E. G. Ravenstein）基於對 20 多個國家的人口普查數據的分析，研究了人口流動呈現出來的空間規律、人口規模和動力機制，並總結了七條人口在不同空間中流動的規律，發表在《人口遷移定律》一文中[1]。

他在人口遷移中發現人口遷移的動機基於兩個基本的規律：第一是人們往往為了提高自己或家庭的生活水平或經濟效率而選擇遷移；第二是城鄉之間在生活和生產方式上的差異，會促使人口從農村向城市聚集，這當中同樣也有經濟因素。

在遷移的人口中表現出兩個差異：第一是年齡的差異，年齡不同的人群其遷移意向是不同的，而青年人的遷移傾向更強；第二是性別上的差異，在當時的環境中，女性的遷移傾向高於男性，但是遷移的距離卻更短。

遷移趨勢體現在以下幾個方面：一是遷移存在層層遞進的規律，即一般而言，鄉鎮中的人口向中心城市遷移，而農村人口向鄉鎮中遷移，在中國還存在中小城市向大城市遷移的層層遞進關係；二是空間距離越短，人口遷移規模越大，而隨著距離的增加，遷移的人口規模會逐漸減小；三是遷移過程是一個人口自我選擇、雙向流動的過程，人口會根據自身條件和意願選擇流動的地區和方向，而表現在宏觀上則是人口會存在流進和流出的雙向遷移（見表 1-1）。

---

[1] RAVENSTEIN E G. The laws of migration [J]. Journal of the Statistical Society, 1889 (52): 241-301.

表 1-1　　　　　　　　　　　人口遷移理論

研究內容	類別	內容
遷移動力	經濟律	遷移的重要動機是提高經濟水平和增加收入
	城鄉律	農村人口向城市遷移的現象明顯，是為了轉變生產和生活方式
人口結構	年齡律	不同年齡的人口的遷移規模和意向不同，中青年人為遷移的主力人群
	性別律	與男性相比，女性的遷移傾向更大，且女性的遷移距離較短
遷移空間	遞進律	人口遷移呈現出鄉鎮人口向中心城區遷移、農村人口向鄉鎮地區遷移的層層遞進的特徵
	距離律	人口遷移規模與距離成反比，遷移規模隨遷移距離增加而減少
	雙向律	人口遷移是動態和雙向發生的，人口的遷出與遷入同時存在，且正向流動與逆向流動也同時存在

雷文斯坦的人口遷移定律對人口流動的動力機制、流動特點、人口特點進行了規律性總結，為人口流動性問題的研究提供了重要的現實總結和分析，也為後來人口遷移理論中的推力-拉力理論奠定了堅實基礎。中國著名經濟學家胡兆量也利用這七個規律對中國農民工的人口遷移進行了總結和研究[1]。

二、推力-拉力理論

推力-拉力理論是在人口遷移定律下發展起來的理論研究，該理論對人口遷移原因進行了深入的分析。推力-拉力理論是一個不斷發展的理論，許多學者對其形成和發展做出了重要貢獻，其中最為著名的學者代表為赫伯爾（R. Heberle）、唐納德·博格（D. J. Bogue）和埃弗雷特·李（E. S. Lee）。

赫伯爾（R. Heberle）在通過對德國人口流動的調查後，於1938年發表了《鄉村—城鎮遷移原因》的論文。在該論文中，赫伯爾首次利用「拉力」和「推力」的概念來表示人口遷移的動因。他認為推力是由遷出地（如鄉村）等一系列推動人口流出的因素構成，拉力則是由遷入地（如城市）等一系列吸引人口流入的因素構成，二者對人口流動的作用方向是一致的[2]。

在此基礎上，唐納德·博格（D. J. Bogue）通過對人口流動地區的差異進行比較分析，系統闡述了導致人口遷移的原因，並發展出了「推拉理論」

---

[1] 胡兆量. 中國區域發展導論 [M]. 北京：北京大學出版社，274-280.

[2] HERBERLE R. The causes of rural-urban migration: a survey of german theories [J]. American Journal of Sociology, 1938 (43): 932-950.

(Push-pull Theory)。博格在文中將人口遷移的拉力和推力具體化，認為人口的遷出地會因為各種對人口的不利因素而形成「推力」，將當地的居民「推出」原來的居住地，而遷入地則可能存在對人口的有利因素而形成了「拉力」，把居民「拉入」。「推力」可能是指由於當地自然環境的惡化、資源的枯竭、農業生產收益與成本的不對等以及勞動力過剩帶來的生產效率低下造成的較低的經濟收入水平等；與此同時，形成「拉力」的有利因素則可能使遷入地有更多的就業機會、經濟收入的增加、較好的教育與醫療服務以及較高的生活水平等。①

1966年，美國人口學家埃弗雷特·李（E. S. Lee）將赫伯爾和唐納德·博格的推力-拉力理論進一步完善，發表了題為《人口遷移理論》的文章。李將前人的研究成果進行總結，並將其進行深化。對人口遷移規模、人口遷移方向、遷移人口特徵以及人口遷移動因進行全面的總結後，針對不同的人口特徵，對其遷移的拉力和推力作用的不同進行了分析。他將影響人口遷移的因素進行總結和分類，並提出了影響人口遷移的四類障礙：一是推力中的拉力作用，包括親人的團聚、更加熟悉的家鄉生活等；二是拉力中的推力作用，如到了新的地方面臨激烈的競爭環境、不適應的生活環境等；三是遷移過程障礙，包括交通條件的限制以及遷移成本過高等；四是自身原因導致的遷移障礙，包括自身的年齡、健康、性別等問題。②

三、人口遷移引力模型

人口遷移的推力-拉力理論與遷移定律雖然對人口遷移的規律和特徵進行了經驗上的研究，但是其研究主要是基於經驗分析，未從人口流動的根本原因和理論層面對人口遷移理論進行構建。而隨著社會學科中其他學科的應用增多，這就促進了人口遷移引力模型的發展。人口引力模型借鑑了物理學中的萬有引力規律。該理論將人口遷移的動力與距離相聯繫，認為空間距離對人口遷移的吸引力呈現出遞減的規律，並對不同因素對人口遷移規模的影響進行了定量實證研究。

1946年，美國經濟學家齊夫（Zipf）提出的「互動假說」是人口引力模型的起源，他認為遷移人口與遷移空間存在互動關係③。但該模型僅僅考慮了

---

① 馬俠. 人口遷移的理論和模式 [J]. 人口與經濟, 1992 (3)：38-46.
② LEE E S. A theory of migration [J]. Demography, 1966, 3 (1)：47-57.
③ ZIPF G K. The PIP2/D hypothesis on the intercity movement of persons [J]. American Sociological Review, 1946 (11)：677-686.

人口遷移規模與人口和空間的關係，並沒有分析人口的遷移流向。14 年後，斯托弗（Stouffer）針對這一問題建立了反映人口流向的分析模型，並認為遷出地流向遷入地的人口總量與兩個地區中間地帶的生活、就業、文化等其他活動關係密切。

1966 年，勞瑞（Lowry）將經濟發展納入流入地吸引力的計量中，使引力模型更加貼近現實。勞瑞利用眾多變量來測度遷入地和遷出地之間的相對引力，如非農勞動力就業狀況以及工資收入等，並用這些指標來測算人口遷移的規模。他發現，工資收入將影響人口遷移規模，工資較低的區域人口向收入較高地區流動，而勞動力過剩地區人口會向短缺地區流動。但這種遷移規律不是一成不變的，當遷入地勞動力也出現過剩現象後，遷入地與遷出地的相對吸引力將改變，人口流動方向也可能改變。他同樣指出，即使兩個地區在勞動力供需、工資水平以及失業率方面沒有差異時，人口仍然可能產生隨機的流動現象。而這時，人口流動的規模則不受經濟和社會因素影響，而是由客觀的地理距離來決定①。

第五節　城市公共管理理論

為了能夠實現城市最優規模，需要對城市進行一定的管理和引導。城市公共管理理論提倡將管理學的方法運用到城市治理當中，其代表理論為城市規劃理論、新公共管理理論和精明增長理論。

一、城市規劃理論

「城市規劃」是關注城市未來發展的研究，通過對城市的空間佈局和對城市各項設施的綜合安排達到對城市建設的全面計劃。作為城市公共管理的重要組成部分，城市規劃是對未來城市發展的構想與實踐，也是實現城市基礎建設、服務供給以及環境維持等的前提。

英國社會學家霍華德是現代城市規劃的開山鼻祖，在《明天的田園城市》一書中，霍華德提出了田園城市建設的規劃目標。

一是空間目標。第一，田園城市的建設空間需要被控製，要嚴格限制城區

---

① LOWRY I S. Migration and metropolitan growth: two analytical models [M]. San Francisco: Chandler Publishing Company, 1966.

用地的擴張。第二，幾個田園城市將組成一個同中心系統。第三，利用綠化設施帶和地域開闊地帶來隔離居住區與工業區，這也是城市綠化建設的概念的開端。第四，對生活、生產和其他公共基礎設施按照功能進行合理佈局。第五是利用發達的交通網路將城市的各個功能區進行有效連接。最後是體現田園的特點，讓城市居民能夠隨時、隨地與自然接觸，使人與自然可以自由地溝通。

二是社會目標。它包括緩解由於土地私有化造成的居住成本過高的問題，通過政府手段調節土地價格，降低城市居民的住房成本。他認為：第一是應該將西方的土地私有制變為集體所有制，從而減少土地投機活動和降低土地開發成本；第二是通過建立合作社的形式來實現經濟與社會發展；第三是利用土地公有化措施使得土地收益成為公有收益；第四是利用公共收益建設城市的公共基礎設施；第五是為城市居民創造充足的就業機會。

而在城市組織管理目標上，霍華德同樣提出了通過制定具有效力的城市規劃和以社會或政府作為城市建設的主體等構想來解決當時由於工業化和私有化帶來的城市問題，受到社會的關注。

二、新公共管理理論

新公共管理理論是對公共管理理論和管理模式的一種新的思考和構建。與傳統的公共管理理論的封閉性相比，新公共管理理論突破了限制，從開放的視角來對公共管理進行理論研究和實踐。與傳統公共管理理論相比，新公共管理的「新」體現在對政府職能進行新的定位，由具體管理的參與者和執行者逐漸向宏觀決策者轉變，利用政策管理來促進經濟與社會的發展[1]，如下：

一是在政府管理中引入市場機制，通過市場競爭的方式，來破除政府在公共服務和產品提供方面的壟斷地位。這一過程就需要引入私人企業和社會團體參與競爭。在西方富有特色的社區管理和市場管理中，通過培養和引入仲介結構，來對政府宏觀管理和微觀反饋進行協調。

二是新的公共管理手段。即在新的公共管理中，將政府管理與企業管理相結合成為其新的思路。該理論認為政府應該廣泛吸取私營企業成功的管理方法和理念，利用企業的組織管理方式、績效管理方式以及人事管理方式等來提高政府營運管理效率。

---

[1] 徐勇戈，任敏，劉果果. 新公共管理對於中國城市管理的應用思路分析 [J]. 理論導刊，2001（1）：55-57.

三、精明增長理論

精明增長（Smart Growth）的概念最早是由美國的政要提出的，美國的戈爾將其作為總統競選的重要綱領——《21世紀新的可居議程》的主要發展目標，後來美國城市規劃協會（APA）對其綱要進行了立法。因此，精明增長理論具有鮮明的實用主義色彩。該理論主要具有以下特點：一是務實，該理論是為應對當時城市的無序擴張而提出的，因此在進行實踐的過程中，該理論更加注重對城市問題的解決。二是多視角，城市不僅僅是經濟發展的平臺，更是聚集人口、社會組織的城市，因此該理論要求對城市進行全面的分析，包括對經濟發展、社會進步、生態友好等多方面進行把握。三是法制性，美國在確立精明增長行動之前對其立法的前期準備、中期形成以及後期執行都有良好的立法進程和法制規定，使其具有重要的法治效力。美國關於精明增長的實踐對中國具有重要的借鑒意義。

以上學說從理論角度刻畫了城市管理方式的變遷，城市管理理論在城市管理實踐中逐漸演變。這些學說大多以西方城市發展為藍圖進行設計和研究，對中國城市管理有一定的借鑒作用。不過由於中國城市發展與西方國家城市存在明顯差異，如戶籍制度制約以及人口規模大等問題，在參考已有城市管理學說的同時，還應該發展適應中國城市發展特色的城市管理理論。

第二章　城市最優規模研究的理論爭論

城市最優規模的研究由來已久，對城市最優規模的爭論也伴隨已久。對城市最優規模研究的爭論主要為：城市是否存在最優的規模，城市最優規模應該如何界定，城市最優規模的測算標準如何確定；等等。之所以存在這些爭論，一方面和經濟發展階段相關，另一方面與城市發展在經濟社會發展中的地位相關。本章就將追溯城市最優規模的研究歷史，探尋其理論爭論要點，並從社會發展的角度對城市最優規模進行論證。

第一節　關於城市最優規模的理論研究

隨著城市的不斷發展，有關城市規模的研究也愈加豐富。中外學者也從最優規模的存在性、最優規模的計算依據、城市最優規模的現實運用以及城市最優規模的管理等角度展開研究。

一、國內外關於城市最優規模存在性的研究

當人們在享受城市規模擴大帶來的便利與收益時，城市規模是否越大越好的問題已成為學界重要的研究內容。依據聚集經濟理論和現實城市發展的規律，學界對城市規模增長存在極限的結論已達成共識，但對城市最優規模是否存在以及存在形式還存在爭論。

（一）城市最優規模存在性研究

城市最優規模存在的思想起源是古希臘哲學家柏拉圖。柏拉圖認為一個城市的人口數量不應超過廣場中心的容量。霍華德在他的著作《明日，一條通向真正改革的和平道路》中以成本最小化思想對城市規模進行限定。將基本的投入產出模型引入城市最優規模的討論當中，認為當邊際收益等於邊際成本

時，城市得到最優城市規模。還有許多學者通過不同的計算標準對城市最優規模進行測算，如 J.G.Riley（1973）、鄭小平（1998）。

還有一些學者認為不存在城市最優規模的概念。如 H. Richadson（1972）認為，不同城市可能存在不同的功能定位和結構，他們的規模的有效範圍的選取標準可能不同，且其變化範圍可能很大，因此研究城市最優規模是沒有意義的[1]。馬樹才和宋麗敏（2003）利用熵-DEA方法，通過對多個評價指標下的差異化城市的規模效率進行估算後，認為城市規模不是一個固定的概念而是一個動態變化的、均衡的概念。因此，只能從城市的適度發展和合理發展角度去研究城市的規模和水平[2]。Miyao、Shapiro（1979）運用 Harris-Todaro 的人口遷移模型發現，政府會利用限制人口流動的政策，公開、連續地向社會傳遞城市生活的負面影響，有意識地控製農村人口向城市遷移，所以在現實生活中，無法實現真正的、理想的城市最優規模[3]。

可以發現，這些學者認為不存在最優城市規模的出發點是現實城市的實證分析結果。但是，從理論上看，城市規模的大小會對城市收益產生不可避免的影響，而在這種影響的作用路徑上必然存在兩者互動的最佳狀態，即存在最優的城市規模使得城市收益最大化。雖然在長期中，由於城市產出方式的改變而使得最優城市規模發生變化。但是在短期內，當生產水平一定的情況下，城市必然具有最優規模。

（二）城市最優規模存在形式的研究

城市最優規模的討論引發了對其存在形式的討論，主要存在以下幾種觀點：第一種觀點認為城市最優規模是靜態且確定的。如柏拉圖認為按照古希臘城邦時代的城市建設，城市最優規模為5,040人[4]。霍華德認為在特定面積下的田園城市的城市最優規模為3萬人[5]。第二種觀點認為城市最優規模是一個規模的區間。如著名城市經濟學家巴頓在其著作《城市經濟學》中將不同學者從城市行政管理角度得出的城市最優規模進行匯總，如表2-1所示。

---

[1] RICHADERSON H W. Optimality in city size, systems of cities and urban policy: a sceptic's view [J]. Urban Studies, 1972, 1: 29-48.

[2] 馬樹才，宋麗敏. 中國城市規模發展水平分析與比較研究 [J]. 統計研究, 2003（7）: 30-34.

[3] MIYAO T, SHAPIRO. Dynamics of rural-urban migration in a developing economy [J]. Environment and Planning, 1979（11）: 1157-1163.

[4] 巴頓. 城市經濟學理論和政策 [M]. 北京：商務印書館，1984: 88.

[5] 霍華德. 明日：一條通往真正改革的和平道路 [M]. 北京：商務印書館，2010.

表 2-1　　　　不同學者或研究機構對城市最優規模的測算

學者或研究機構	城市最優規模人口（千人） 下限	城市最優規模人口（千人） 上限	文獻出版時間(年)
巴尼特住房調查委員會（BHSC）	100	250	1938
洛馬克斯（Lomax）	100	150	1943
克拉克（Clark）	100	200	1945
鄧肯（Duncan）	500	1,000	1956
赫希（Hirsch）	50	100	1959
大倫敦地方政府皇家委員會（CHGL）	100	250	1960
斯韋梅茲（Svimez）	30	250	1967

數據來源：巴頓. 城市經濟學 [M]. 北京：商務印書館，1984：89.

可以發現多數學者將城市最優規模限定為一個區間，但不同學者、不同協會以及不同年份的研究結論存在較大差異。城市發展由多種影響共同作用而形成，並且在不斷變化和發展之中。本書認為將城市最優規模設定為一個區間範圍是更為合理的結果。

二、國內外關於城市最優規模計算標準的研究

城市最優規模從成本最小化到收益最大化派生出了多類計算標準。具有代表性的是成本最小化、福利最大化以及淨收益最大化三類標準。

成本最小化。Gupta、Hutton（1968）以政府的平均服務成本最小化為研究起點來探討城市的最優規模問題，伊文斯（Evans，1972）以城市內部生產成本最小化來研究城市最優規模問題[①]，開展相關研究的還有魯麥克斯（1943）、Clark（1945）、Choi 和 Lee（1996）等。成本最小化標準是最早也是早期運用最多的城市最優規模研究的標準之一。大多數研究都將城市的最優規模看作是城市投入的人均成本的函數，而城市投入的成本主要包括公共成本和私人成本，公共成本包括城市服務設施的投資成本與城市運用成本等，私人成本包括通勤成本、生活成本等。最小成本理論的提出時間較早，並且因為其數據可得性較高，便於進行實證研究，受到學者的青睞。但是該標準也存在一些缺陷：一是針對不同的成本概念，其分析的範圍、形成週期以及分析方法會存

---

① EVANS A W. A pure theory of city size in an industrial economy [J]. Urban Studies, 1972 (9)：49-77.

在差異，導致研究結果存在偏差；二是在成本最小化標準下，城市最優規模研究忽視了城市的規模收益問題，未考慮聚集帶來的經濟收益。理查德森（H. W.Richardson，1972）對成本最小化標準的不足進行了準確的概括：一是城市最優規模並不僅僅是公共成本的函數，其中還包括城市收益；二是在成本核算中經濟因素並不是唯一影響城市規模的因素，而城市的交通便利條件、社會資源與服務、社會安全等非經濟因素同樣影響城市規模的形成，這些因素難以納入一般函數進行求解；三是城市最優規模並不是靜態的、固定的數字，而是動態的、變化的範圍，因此該標準無法對城市最優規模進行準確而全面的刻畫。因此，成本最小化不宜作為全面衡量城市最優規模的計算標準。

福利最大化。福利經濟學的發展，也促進學者將福利融入城市規模的研究中。阿諾特（Arnott，1979）認為，城市最優規模應該是以社會總福利最大化或人均福利最大化為目標的人口規模①。1972 年，米爾斯（Mirrless）利用社會福利函數對城市最優規模進行測算，並提出了「米爾斯非均衡」②。另外，多位學者也以福利最大化對城市最優規模問題的理論研究進行深化（Riley，1973；Arnott & Riley，1977③；Wildasin，1986）。

淨收益最大化。淨收益最大化是目前研究城市最優規模最常用的方法。1978 年，Miyao 以「社會淨產品」最大化為標準來定義城市最優規模，城市最優規模應該是在扣除運輸成本後，剩餘的總產出最大化情況下的人口規模。埃戴爾（Edel，1972）和理查森（Richardson，1972）通過引入城市平均收益/成本、邊際收益/成本概念得出城市最優規模是邊際成本與邊際收益的交點，即城市淨收益最大時的人口規模為城市最優規模。展開相關研究的還有：W. Alonoso，1970；王小魯，夏小林，1999；G. A. Carlino，1982④；Choi Yong-Ho，1998；等等。

還有其他一些方法被應用於城市規模的研究，如鄭小平（1998）將聚集經濟表示為區域間距離的函數，以此來研究東京都市圈的最優人口規模問題。Montgomery（1988）將工資水平、城市住房價格以及城市居住舒適度等因素加

---

① ARNOTT R P. Optimal city size in a spatial economy [J]. Journal of Urban Economics，1979 (6)：65-89.
② MIRRLEES J A. The optimum town [J]. Swedish Journal of Economics，1972, 74：114-135.
③ ARNOTT R J, RILEY J G. Asymmetrical production possibilities, the social gains from inequality and the optimum town [J]. Scandinavian Journal of Economics，1977, 79：301-311.
④ CALINO G A. Manufacturing agglomeration economies as return to scale：a production approach [J]. Papers of the Regional Science Association，1982, 50：95-108.

入研究體系中，對城市最優規模進行綜合性研究。但這些方法都過於主觀化，沒有形成公認的理論分析框架，難以使人信服。而淨收益最大化的計算標準將城市收益與主流經濟學分析思路相融合，具有權威性和可操作性，是計算城市最優規模的可行標準。

三、國內外關於城市最優規模實證應用的研究

具備了研究理論和方法的基礎，國內外學者也利用不同國家的數據對城市最優規模進行實證分析。如 Chun-Chung Au、J. Vernon Henderson（2005）運用人均淨收益最大化模型研究中國城市最優規模後發現，不同產業結構的城市存在不同的人口規模，並給出了具體的區間範圍。王小魯和夏小林（1999）以 C-D 生產函數為基礎對城市的聚集效應和外部成本進行分析，測算出中國最優城市規模的區間為 100 萬~400 萬人。金相鬱（2004）對東部地區三大直轄市的城市聚集經濟系數和人口規模進行測算，他利用利諾模型（Carlino Model）對各個年度的城市總人口進行 Alonso 二次函數的模擬，並得出北京市、天津市和上海市的城市最優規模。另外，他還利用成本最小化標準，對城市的人均公共成本進行二次函數的模擬，同樣利用 Alonso 模型得出這三個城市成本最小化的最優城市規模，但是由於計算角度的不同，導致兩者的結果存在明顯差異①。

另外，同一國家，不同作者採用不同方法也會得到城市最優規模的不同結果。如 Choi、Lee（1996）從財政角度得出韓國城市最優規模約為 75 萬人。Krihs（1980）通過實證研究，測算出韓國中小城市的最優規模為 15 萬~16 萬人；大城市的最優規模 55 萬~120 萬人，而以聚集經濟下的聚集收益最大化為標準，其大城市的最優規模又提高到 550 萬~650 萬人。Choi（1998）同樣通過實證的方法，利用聚集經濟下的聚集收益得到韓國大邱的城市最優規模在 190 萬人左右；如果以成本最小化為標準，其最優規模又變為 175 萬人左右。鄭小平（1998）對東京都市圈內的 127 個市、町、村的 1990 年的數據進行了計量分析，將城市最優規模以空間的形式表示，認為距離東京市中心 10 千米範圍內的區域為城市最優規模區域，而這一區域的人口規模超過 130 萬人②。

---

① 金相鬱. 最佳城市規模理論與實證分析：以中國三大直轄市為例 [J]. 上海經濟研究，2004（7）：35-43.

② 根據東京市區人口與東京市區面積可算得東京市區人口平均密度，在 10 千米範圍內可以得到這一區域的人口規模。

而 Yoshitsugu Kanemoto 等人於 1996 年的研究表明，日本城市最優人口規模為 20 萬~40 萬人，此時城市具有最佳的聚集經濟效益[①]。

可見，對同一個地區，不同的學者、不同的時期、不同的計算思維以及不同的研究角度都可能帶來不同的研究結果，這與城市的複雜性和多變性不無關係。沒有形成統一的運算框架是城市最優規模研究的重大缺陷之一，但同時也為這方面研究提供了廣闊的空間。本書將試圖以城市資源承載力為約束，利用城市淨收益最大化作為計算依據，構建新的城市最優規模的運算框架。

四、國內外關於城市最優規模管理的研究

理論論證的最優規模與城市實際達到的人口規模存在差距。最優規模與現實城市發展存在以下兩種差異：

一是城市實際規模超過了最優規模。根據埃戴爾（Edel，1972）、理查森（Richardson，1972）的研究，城市除了存在邊際收益與邊際成本外，還存在平均收益和平均成本、邊際成本曲線（MC）與邊際收益曲線（MB），它們相交為城市最優規模，但此時平均收益仍然大於平均成本，因此，還會吸引人口進入；當平均成本和平均收益曲線相交後，城市規模才趨於穩定，形成均衡的城市規模。如何達到最優城市規模成為研究的又一個重點。霍華德（E. Howard，1902）認為可以通過統一控製土地擴張的上限和有意地疏散過分擁擠的城市人口使居民返回鄉村，以控製城市規模的擴大。百瑞（1970）認為可以通過行政管理對城市人口規模進行限制。孫三百等（2014）也發現中國人口在城鄉遷移過程中存在客觀非理性現象，人口往往向較大城市集中，可以通過政府引導的方式來優化城市體系。可以發現，學界一般將超過最優規模的城市發展概括為微觀個人和企業決策問題，而治理則需要通過政府的宏觀引導和管理來進行。

二是城市實際規模未達到城市最優規模。在現代城市發展進程中，西方國家不存在人口流動的限制，學界也普遍認為西方城市不存在類似問題（Chun-Chung Au & J. Vernon Henderson，2005）。國外學者對該問題的研究較少，但許多學者也對可以影響城市規模的因素進行了分析。凱博（1971）和薩特（1974）發現空間距離和勞動力市場的變化是影響工業區聚集和擴散的重要因素。凱博和豪斯（1972）通過對倫敦周圍112個地區的抽樣調查發現，特殊勞

[①] KANEMOTO YOSHITSUGU, OHKAWARA TORU, SUZUKI TSUTOMU. Agglamation economies and a test for optimal city sizes in Japan [J]. Journal of the Japanese and International Economies，1996（10）：379-398.

動力供給、工業化水平以及政府的政策對城市規模發展影響巨大。另外，產業結構、公共產品供求以及城市形態都將影響城市規模。（Arnott，1980；Harvey，1981；Au & J. V. Henderson，2005；Yang & Hogbin，1990），因此，在城市也可以通過調整產業結構，供給公共產品，引進人才等措施促進城市規模增長。

與西方學界不同，中國由於人口流動和城市發展政策受限制，學界對中國城市實際規模是否過小的問題研究較多。J. V. Henderson 等（2005）認為取消二元戶籍政策能限制人口流動以及鼓勵城市發展，能夠促進城市規模增長，達到最優城市規模。王小魯、夏小林（1999）認為可以通過提高政府管理水平，取消流動人口限制，為外來人口提供社會化服務，為其提供居住場所和生活基礎設施、就業崗位與就業培訓、就業信息、醫療與教育、安全保障以及其他公共服務，使得進城打工者在城市安家成為可能，促進城市規模的發展。安虎森、鄒璇（2008）認為地方保護政策和市場分割帶來的信息不對稱問題將影響中國城市最優規模的形成，需要通過消除信息溝通障礙、改革二元戶籍政策以及實現城鄉一體化等措施來降低農產品的貿易成本，促使城市最優規模形成。[①]

已有的研究為城市規模治理提供了有效的解決途徑，但是可以發現，大多數研究都是針對經濟發展和政府管理展開的，對城市資源的可得性和有限性鮮有涉及，並有著將資源假設為取之不盡、用之不竭的基本前提。但實際發展中，城市資源趨緊，已經成為制約城市發展的重要因素，因此有必要在城市規模管理中加入資源承載力的約束。

第二節　城市資源承載力研究

隨著城市發展與資源環境關係的日益緊張，有關城市發展與生態環境、城市經濟以及社會環境的研究日益豐富。這為利用城市資源承載力研究城市最優規模提供了理論和現實基礎。正是加入了資源承載力這一特徵才能讓城市最優規模研究存在一個科學合理的標準，但遺憾的是，以往的研究並沒有將城市最優規模和城市資源承載力研究相結合，本書將總結前人研究成果，探尋兩者的結合。

由於城市系統的複雜性，使得城市承載力的研究也日益豐富，有生態承載力研究、環境承載力研究、資源環境承載力研究以及單項資源研究，沒有形成

---

① 安虎森，鄒璇. 最優城市規模選擇與農產品貿易成本 [J]. 財經研究，2008（7）：77-78.

城市資源承載力的統一概念和研究範式。本書將從承載力的定義、計算方法以及應用這三個方面進行文獻梳理，在已有研究的基礎上構建新的分析內容與框架。

一、城市資源承載力相關定義研究

承載力（Carrying Capacity）最早是一個力學的概念，主要在工程地質領域中用於表示地基的強度對建築物負重的能力，如今已演變為描述發展的限制程度的最常用的概念之一。帕克和伯吉斯（1921）將承載力概念運用到生態學中，提出了生態承載力概念，即在特定環境條件下的物種生存數量的極限。而承載力概念也在不同學科和領域中得到了應用，並形成了諸多不同內涵的承載概念，被國內外學者用以研究。在城市承載力方面，國內外學者也針對城市的不同問題開展了差別化研究。學界對城市承載力的研究主要是以城市資源環境為對象，部分或系統地開展綜合研究，探討人類在城市發展中的經濟社會行為與城市環境多要素系統的關係，形成了如城市生態承載力、城市資源承載力、城市綜合承載力等研究內容。

（一）城市生態承載力

城市生態承載力的研究多以生態系統的整體性作為研究對象，徐琳瑜等（2005）將城市生態系統承載力作為城市生態系統在正常情況下維持系統自身穩定、健康發展的潛在能力。張平宇（2012）[1]認為都市區生態系統包含了城市發展所必須的資源、環境、社會和經濟要素，因此城市生態系統承載力能促進城市生態系統的良性發展。還有一些學者將生態承載力的概念直接應用到城市研究中（M. Jusup, et al., 2007；R. Fikret, et al., 2003；A. C. Smaal, et al., 1998；金悅，等，2015；顧康康，等，2009）。在城市環境承載力研究中，李發榮等（2010）[2]以 Bishop（1974）的研究為基礎，提出區域環境承載力，即一個區域在特定的生活水平和生產水平下，能夠永續地承載人類活動的強度。郭文英（2007）[3]認為城市環境承載力是自然環境與人口活動間互動關係的體現。因此，承載力研究演變為環境與其他活動的互動關係研究，也由此派生了眾多的承載力概念；但是這些概念在內容上差別較小，都是針對區域系統

---

[1] 張平宇. 長吉都市區生態承載力與可持續發展研究 [D]. 長春：中國科學院東北地理與農業生態研究所，2012.

[2] 李發榮，劉菊梅，仝紀龍，等. 基於突變級數法的中國西部城市環境承載力研究 [J]. 環境工程，2010（28）：338-342.

[3] 郭文英. 城市環境承載力與可持續發展 [J]. 青海環境，2007（9）：132-134.

的研究，而關注點都集中在生態環境方面，而對環境與城市發展的互動性關注較少。

（二）綜合承載力

綜合承載力則是考慮了自然生態系統和社會經濟發展因素共同作用的城市發展約束。石憶邵等（2013）認為城市綜合承載力是指一定生產條件下，土地對人口活動的承載上限[1]。高紅麗、涂建軍、楊樂（2010）[2]認為，城市綜合承載力指的是建築、資源、經濟、文化與社會對城市人口和經濟活動的承載能力，是一種能力的體現，包含了對資源要素綜合性的把握。葉裕民（2007）[3]認為，城市綜合承載力是城市的生態環境、資源供給等自然條件，經濟發展、就業市場等經濟條件以及基礎設施建設、公共服務等社會條件對城市人口的生產、生活活動的承載能力。開展相關研究的學者還有龍志和等（2005），李東序、趙富強（2008），譚文墾（2008）[4]，戴陸壽等（2007）。可以發現，學者們在進行城市綜合研究時，雖然為了全面研究加入了自然與非自然要素，但在實際操作過程中，對經濟發展水平、人民收入水平和基礎設施建設等指標使用過多，權重較大，使得綜合承載力的高低更偏向於經濟發展的高低，而對資源承載力的客觀表達不足。

（三）資源承載力

20世紀80年代，聯合國教科文組織（UNESCO）與聯合國糧食及農業組織（FAO）共同提出了資源承載力，認為其定義為在以本地自然資源和能源基礎上利用本國的生產條件和水平，在區域範圍內能夠持續供養的人口規模。這為承載力賦予了可持續發展的理念，也為明確城市資源承載力的綜合性內涵奠定了基礎。

但在實際研究過程中，對綜合性的城市資源承載力研究較少，多是以土地、水或關鍵礦產資源等短缺性資源為研究對象的單一要素承載力研究。童玉芬（2010）認為水資源是城市實現經濟發展與社會發展的重要因素，更是維持人類生存的必要條件，由於其存量在短時間內難以增加，使得水資源存量的增長與人口的政治和經濟的發展不匹配，隨著人口的增長和社會經濟的發展，

---

[1] 石憶邵，尹昌應，王賀封，等. 城市綜合承載力的研究進展及展望 [J]. 地理研究，2013，32（1）：133-145.

[2] 高紅麗，涂建軍，楊樂. 城市綜合承載力評價研究——以成渝經濟區為例 [J]. 西南大學學報（自然科學版），2010（10）：48-49.

[3] 葉裕民. 解讀「城市綜合承載能力」[J]. 前線，2007（4）：27-28.

[4] 譚文墾，石憶邵，孫莉. 關於城市綜合承載能力若干理論問題的認識 [J]. 中國人口·資源與環境，2008（1）：40-44.

水資源問題日益突出是人類可持續發展面臨的重大問題。如何協調人口發展與水資源、環境之間的關係，促進人與自然健康持續發展，成為擺在人們面前的重大問題。夏軍等（2006）[1] 認為城市水資源承載力是指該地區水資源所能支持的社會經濟最大規模的能力。同樣開展此類研究的還有趙慧英（2008）[2]、馮海燕、張昕、李光永（2006）[3]，M. Falkenmark、J. Lundqvist（1998），J. Kuykendtiema 等（1997）和張建軍、趙新華、李國金（2005）[4]。

還有其他單項資源如土地資源、大氣資源承載力等研究。土地承載力研究興起於 20 世紀 50 年代。20 世紀 80 年代以後，以土地-糧食-人口關係為主的土地承載力研究對世界的可持續發展以及生態的可持續發展起到了積極的作用。土地資源與土地食物的生產具有密切聯繫，學者也將土地的生產與人口規模的需求相聯繫，開始逐漸開展這方面的研究。Waddell（2002）認為城市土地承載力與城市土地供給關係密切。在他的研究中，土地承載力成為土地供給的類型和數量的概念，表示能夠供應給土地開發和其他附著在土地上的人類活動的土地總量。藍丁丁、韋素瓊、陳志強（2007）[5] 給出城市土地承載力的嚴格定義，是指在一定條件下，土地資源對人類活動的承載規模和強度有上限，這個一定條件被限定為空間、生產方式、生活方式以及生態環境固定下的人類活動條件。開展土地資源承載力研究的學者還有 W. Paul（2000），朱農、王冰（1996）[6]、李亞、葉文、南凌等（1999）[7]，G. Knaap、T. Moore（2000）。

雖然聯合國在資源承載力的定義中明確了自然資源（本地能源及其自然資源）和社會經濟資源（智力及技術等條件）都是資源承載力的一部分，但遺憾的是，在已有的研究中，對城市中非自然資源的研究較少而研究內容也較為單一。

---

[1] 夏軍，張永勇，王中根，等.城市化地區水資源承載力研究 [J].水利學報，2006（6）：1482-1488.

[2] 趙慧英.北京市水資源與人口規模關係探析 [J].中國城市經濟，2008（4）：50-52.

[3] 馮海燕，張昕，李光永，等.北京市水資源承載力系統動力學模擬 [J].中國農業大學學報，2006，11（6）：106-110.

[4] 張建軍，趙新華，李國金，等.城市水資源承載力多目標分析模型及其應用研究 [J].安徽農業科學，2005，33（11）：2112-2114.

[5] 藍丁丁，韋素瓊，陳志強.城市土地資源承載力初步研究：以福州市為例 [J].沈陽師範大學學報（自然科學版），2007，25（2）：252-256.

[6] 朱農，王冰.三峽庫區奉節縣土地承載力與移民安置 [J].長江流域資源與環境，1996，5（3）：210-214.

[7] 李亞，葉文，南凌，等.昭通盆地土地承載力與城市建設適宜性研究 [J].雲南師範大學學報，1999，19（6）：66-70.

二、城市資源承載力相關研究方法概覽

由於已有的研究並沒有對不同承載力概念進行明確的區分，因此，也沒有專門針對城市資源承載力的研究方法，而僅是對其進行量化測算。國內外學者創造了很多針對區域數據特點和發展特點的直觀的測算方法和標準。主要的方法有指標體系法、生態足跡法、狀態空間法、資源供求法、能值理論、系統動力學方法以及結合遙感和地理信息系統進行研究的方式。根據本書研究內容的特點和目的，將對主要應用的研究方法進行概述。

1. 指標體系法

指標體系法是指通過構建評價指標體系對承載力進行評價。由聯合國可持續發展委員會及聯合國政策與可持續發展部基於「經濟、社會、環境和機構四大系統」的概念模型和「驅動力-狀態-響應」概念體系基礎下，結合《21世紀議程》中內容提出了可持續發展核心指標體系框架。該套指標體系包括3類指標，即「驅動力-狀態-響應」指標體系。該套指標體系共有132個基礎性指標，其中狀態類指標53個、驅動力類指標42個、響應類指標37個。該指標較全面地評價了區域發展的可持續性，但該套指標體系由於指標數量較多，數據獲取難度大，可操作性較差。高吉喜（2001）[1]認為生態承載力的測算指標由三個方面內容組成：一是生態彈性力，二是資源承載力，三是環境承載力，並以此提出構架承載指數、壓力指數和承壓度用來對特定生態系統的承載狀況進行描述。秦成、王紅旗、田雅楠（2011）[2] 將資源環境承載力看作資源、環境、社會與經濟系統的複合系統，並對該複合系統的結構及功能進行分析，建立了一般情況下的資源環境承載力評價指標體系。李悅等（2014）認為資源環境承載力是資源環境保育、支撐、生產和消耗四個方面的合力，因此建立了資源環境保育、資源環境支撐、資源環境經濟以及消耗4個維度的評價指標體系。李健等（2014）從影響天津市環境承載力的壓力要素和承壓要素兩方面，利用變異係數法確定指標權重，構建了天津市環境承載力評價指標體系[3]。

---

[1] 高吉喜. 可持續發展理論探索——生態承載力理論、方法與應用 [M]. 北京：中國環境科學出版社，2001.

[2] 秦成，王紅旗，田雅楠. 資源環境承載力評價體系研究 [J]. 中國人口·資源與環境，2011，21：335–338.

[3] 李健，楊丹丹，高楊. 基於狀態空間法的天津市環境承載力 [J]. 干旱區資源與環境，2014（11）：25–30.

2. 生態足跡法

生態足跡法同樣是衡量城市承載力的重要手段。加拿大學者 Mathis Wackernagel 提出利用人類與土地之間緊密的聯繫，建立一種定量測算土地使用情況的計算方法。該方法一經推出，便以其數據可得性和可操作性成為研究生態赤字問題的最主要的方法。由於生態足跡模型在理論上較為完善，具有科學性；在實踐中具有簡潔、明確的指標選擇和折算方法，受到國內外學者的青睞，也成為研究可持續發展問題的重要方法。如丁任重、劉攀（2009）[①]，劉建興、顧曉薇、李廣軍等（2005）[②]，劉宇輝（2005）[③]，William E. Rees (1997)，M. Cuandra、J. Bjorklund（2006）等學者都運用該方法展開研究。本書也將在研究中採用借鑑該模型的分析思路對城市自然資源中的土地資源進行評估。

然而，隨著模型的深入研究，生態足跡法的一些弊端也逐漸顯現出來。一是只進行靜態的評估，將區域系統看作是一成不變的狀態。二是模型開放度不夠，將區域看做是封閉系統，並沒有考慮區際貿易帶來的影響。本書也將針對這些問題，對該模型進行改進。

3. 空間狀態法

狀態空間是利用歐氏幾何空間來模擬系統狀態的重要方法。空間狀態法的特點在於，可以將不同方向和維度上的承載情況納入同一個幾何框架內，測算該地區總體的承載情況。該方法有效地考慮了差異化地區承載能力上的不同表現，因為不同地區的生產活動以及資源稟賦存在差異，這些差異化的狀態會對地區資源承載力的整體狀態產生影響。空間狀態法則是將不同資源和不同資源利用方式形成的資源承載力的「點」構成區域承載力的「面」，所有的活動都不應超過這個「面」，如果資源利用方式和資源的組合在承載「面」之上，表示該方式的生產活動已經超過了本地區的資源承載力。毛漢英、餘丹林 (2001)[④] 利用狀態空間法測定了環渤海地區的生態承載力。熊建新、陳端昌、謝雪梅（2012）[⑤] 也利用狀態空間法對洞庭湖區生態承載力進行評價。本書也

[①] 丁任重，劉攀. 中國省際生態占用與承載力分析：1978—2007 [J]. 經濟學動態，2009 (11)：54-60.

[②] 劉建興，顧曉薇，李廣軍，等. 中國經濟發展與生態足跡的關係研究 [J]. 資源科學，2005 (9)：33-39.

[③] 劉宇輝. 中國1961—2001 年人地協調度演變分析——基於生態足跡模型的研究 [J]. 經濟地理，2005 (3)：219-235.

[④] 毛漢英，餘丹林. 環渤海地區區域承載力研究 [J]. 地理學報，2001，56 (3)：363-371.

[⑤] 熊建新，陳端昌，謝雪梅. 基於狀態空間法的洞庭湖區生態承載力綜合評價研究 [J]. 經濟地理，2012 (11)：138-142.

將運用該方法來構建自然資源、經濟資源以及社會資源三維的資源承載力評價體系。本書也將借鑑這一方法，對自然資源、經濟資源與社會資源的複合系統進行組合。

4. 其他方法

除了以上主要方法，還有資源供需法，如王中根、夏軍（1999）[①] 利用資源供需法，將一定空間和時間下的區域生態承載力看作滿足該地區經濟發展需要和滿足人類生存需要、生活需要和經濟發展需要的程度。

還有系統動力學方法，是 M. Sleeser（1990）基於對資源環境承載力新的定義，提出的計算資源環境承載力的新方法。他通過構建系統動力學模型，綜合考察人口、資源、環境和發展四者的相互關係。系統動力學模型（SD 模型）以控製論、系統論和信息論為基礎，研究系統特別是複雜系統內部的功能聯繫、反饋行為和動態特徵。並考察這三者之間的聯繫，從而模擬該複雜系統在不同情境下的行動策略和規律。哈斯巴根（2008）運用該方法對呼和浩特市土地資源人口承載力進行實證研究。

能值理論。能值理論是以能量為橋樑和核心的系統分析方法。旅盛芳（2002）[②] 利用能值分析法，以太陽能作為同一類能量統計單位來分析地區生態系統中的物質流和能量流，並以此測算地區生態系統承載能力。但在運用該方法的過程中需要對所有資源進行能量換算，這需要專業的知識和充分的前期研究，轉換困難較大，且不同方法對能值的計算會存在變差，導致該方法的可操作性較低。

自然植被淨第一性生產力估測法。自然植被淨第一性生產力是對自然系統恢復能力的評價。1975 年，利特（Lieth）率先開展對植被淨第一性生產力模型的研究。王家驥、姚小紅、李京榮（2000）[③] 認為自然植被淨第一性生產力是衡量植物狀態的重要指標。他們將地球生態系統中的能量與物質進行連接，為生物系統的開發利用以及生態系統對全球變化的作用提供了科學的研究途徑，也為人類應對生態環境變化提供了依據。但該方法同樣專業性較強，可操作性較低，難以實現。

---

① 王中根，夏軍. 區域生態環境承載力的量化方法研究 [J]. 長江職工大學學報，1999，16（4）：9-12.

② 旅盛芳，欽佩，陸宏芳. 生態系統能值分析 [M]. 北京：化學工業出版社，2002.

③ 王家驥，姚小紅、李京榮. 黑河流域生態承載力估測 [J]. 環境科學研究，2000，13（2）：44-48.

三、城市資源承載力相關應用研究

概念的界定和方法的設計都以現實應用為目的，許多學者也利用不同的方法，對城市資源利用要素開展系統性或有針對性的應用研究。由於中國的城市資源環境特點與國外特別是西方發達國家的城市資源環境特點具有明顯差異，為了更好地瞭解中國城市資源承載力相關應用結果，本部分將主要梳理中國城市資源承載力的相關應用分析和結果。中國城市承載力研究主要有兩類：一類是系統的綜合性的研究，包括對城市生態承載力、城市環境承載力等的研究；另一類則是單一資源的研究，包括土地資源、水資源等。

1. 對城市系統承載力的研究

徐琳瑜、楊志峰、李巍（2005）[1] 將生物免疫力的研究原理應用到城市生態系統承載力之中，建立了「城市生態系統承載力免疫學模型」，並對廣州市的城市生態系統承載力與壓力進行實證分析。實證結果發現，從1992年至2004年，廣州市經濟發展進程與城市生態系統承載力發展相契合，兩者達到良性互動的狀態，即廣州市經濟發展模式是一種可持續發展模式。李翔、許兆義、孟偉（2005）[2] 通過對生態足跡佔用和生態承載力的計算，發現2002年珠海生態足跡和生態承載力呈現出承載力略高的結果，表明珠海城市發展具有可持續性。但通過對未來生態占用的預測發現，如果保持承載力不變，珠海市生態承載能力將嚴重不足。褚崗、米文寶、朱麗君（2008）[3] 依據寧夏市和銀川市2006年的統計數據，對銀川市的生態足跡做了定量分析。發現銀川市的生態發展不可持續。齊明珠、李月（2013）[4] 同樣應用生態足跡方法對北京市生態承載情況進行分析，發現北京市生態承載力的人均指標將不斷下降，而北京市的生態赤字也將不斷擴大，城市發展存在不可持續問題。

陳海波、劉昀昀（2013）[5] 運用層次分析法和聚類分析法，建立了城市資源環境承載力的指標體系，並將其運用到江蘇省內各城市的分析中。他發現，江蘇省內各城市的資源環境承載力在空間上存在明顯差異。金悅、陸兆華、檀

---

[1] 徐琳瑜，楊志峰，李巍．城市生態系統承載力理論與評價方法［J］．生態學報，2005（4）：771-777.
[2] 李翔，許兆義，孟偉．城市生態承載力研究［J］．中國安全科學學報，2005（2）：3-7.
[3] 褚崗，米文寶，朱麗君，等．銀川市生態赤字分析［J］．城市問題，2008（10）：39-42.
[4] 齊明珠，李月．北京市城市發展與生態赤字的國內外比較研究［J］．北京社會科學，2013（3）：128-134.
[5] 陳海波，劉昀昀．江蘇省城市資源環境承載力的空間差異［J］．2013（3）：33-37.

菲菲等（2015）[①]基於資源型城市獨特的生態系統特點，以唐山市作為案例城市對唐山市生態承載力狀況進行評價。研究發現，雖然唐山市生態系統承載力不斷優化，但是如果不改變傳統的資源消耗模式，生態環境破壞仍然會制約唐山市承載力的提高。

2. 對城市單項資源承載力的研究

趙軍凱、李九發、戴志軍等（2009）[②]利用灰色系統理論、最大熵原理等對開封市水資源承載力進行熵模型構建並進行實證分析，分析結果表明開封市未來十年的水資源開發強度會維持在較高水平，水資源持續開發潛力較小。鄭健、關寧、楊成梅（2015）[③]採用美國橡樹嶺大氣質量指數（ORAQI）模型、環境承載力指數模型和灰色預測 GM（1, 1）模型，探討了烏魯木齊市大氣環境承載力及其影響因素，發現 2001—2012 年烏魯木齊市大氣環境承載力處於中等承載等級且環境承載力指數呈逐年上升趨勢，表明未來大氣環境承載能力將有所提高，大氣環境質量能夠得到進一步改善

施開放、刁承泰、孫秀鋒等（2013）[④]以耕地資源承載力為切入點，應用 GIS 方法對耕地生態足跡模型進行測算，通過對耕地產量因子的調整，創建了耕地生態承載力供需平衡指數，並利用該指數分析了重慶市耕地供需平衡狀況。結果表明，重慶市土地承載能力總體上從東到西呈現出從豐裕到嚴重不足的空間分佈態勢，且耕地生態超載區與主城區分佈存在高度一致性。

另外，還有涉及城市群綜合承載力的研究，如劉慧敏（2011）[⑤]採用時序全局因子分析的方法，從資源的供給與需求角度，對長三角城市群 16 個城市的土地、水、交通和環境等要素構建指標評價體系並對其承載力進行評價。結果表明，長三角城市群綜合承載力總體趨向改善，除上海市以外的其他 15 個城市綜合承載力均有所提高。而水資源和土地資源是限制長三角城市群經濟發展的主要影響因素。從城市來看，城市群城市綜合承載力之間存在明顯差異，且差異有擴大的趨勢。

[①] 金悅，陸兆華，檀菲菲，等. 典型資源型城市生態承載力評價——以唐山市為例 [J]. 生態學報，2015（7）：4853-4859.

[②] 趙軍凱，李九發，戴志軍，等. 基於熵模型的城市水資源承載力研究——以開封市為例 [J]. 資源科學學報，2009（11）：53-55.

[③] 鄭健，關寧，楊成梅. 干旱區綠洲城市大氣環境承載力分析及預測——以烏魯木齊市為例 [J]. 西北師範大學學報（自然科學版），2015（6）：110-114.

[④] 施開放，刁承泰，孫秀鋒，等. 基於耕地生態足跡的重慶市耕地生態承載力供需平衡研究 [J]. 生態學報，2013（3）：1872-1880.

[⑤] 劉慧敏. 長江三角洲城市群綜合承載力的時空分異研究 [J]. 中國軟科學，2011（10）：114-122.

第三節　城市規模與資源環境關係的研究

中國已經進入城鎮化快速發展階段，關於城市發展現狀和未來發展潛力的研究都備受重視。但隨著城市規模的擴大，城市發展與資源之間的緊張關係愈加突出，如水資源枯竭、土地資源緊缺、空氣污染加重以及交通擁堵、房價高等問題困擾城市發展，不少學者也開始關注城市規模與城市資源承載力之間關係的研究。就全球範圍內來看，西方國家城市發展受到的資源約束較小，且大多數城市成功實現轉型。相應的，國外關於城市規模與資源環境的研究較少。反觀國內城市發展現狀，許多城市都出現資源緊張、城市規模盲目擴張等問題，因此本書主要聚焦中國城市發展問題，對相關研究進行梳理。關於城市規模與城市資源承載力關係的研究主要是從城市發展與城市資源環境的關係出發，涉及受單項資源約束的城市規模研究、城市宜居性研究以及城市適度人口規模研究。

一、單項資源約束下的城市人口規模研究

單項資源約束是指某一項自然或社會資源的約束會影響城市的整體發展。童玉芬（2010）[1] 利用系統動力學方法以水資源為對象，研究北京市人口承載能力。她在模型中對地表水、再生水、地下水和外調水等影響北京市水資源的因素進行分析，對生產用水、生活用水和生態用水對水資源的使用進行動態的模擬仿真，結果發現，北京市水資源承載力將會呈現出不斷下降趨勢，而南水北調等外來調水雖然能夠緩解水資源使用壓力，但並不能從根本上解決人口規模過大帶來的水資源壓力過大的問題。張臻漢（2012）[2] 通過對全國 286 個地級市城市的人均用電、用水、用氣以及對交通資源的消耗進行實證研究，結果發現中國城市規模區間達到 100 萬~280 萬人，對城市資源實現集約利用。張帆和王新心（2001）[3] 以水資源為制約，分析了秦皇島市人口規模，認為按照當時公布的用水標準，秦皇島市只能容納 140 萬人左右的常住人口。

---

[1] 童玉芬. 北京市水資源人口承載力的動態模擬與分析 [J]. 中國人口·資源與環境，2010（9）：42-47.

[2] 張臻漢. 資源集約與城市化的最優規模 [J]. 經濟與管理研究，2012（6）：79-85.

[3] 張帆，王新心. 城市適度人口規模研究 [J]. 中國環境管理幹部學院學報，2001（2）：24-30.

二、從宜居性角度研究城市最優規模

城市宜居性，是指居民生活在城市中的舒適與便利程度，主要特徵是城市環境優美、社會和諧安全、社會文明進步、生活舒適便利、經濟健康發展等。具體來看則主要涉及生活便利、居家幸福、物價穩定等內容。宜居性的研究表明中國已經突破了以經濟發展為目的的傳統城市發展標準，體現了以人為本、和諧共生的發展理念。孫浦陽與武力超（2010）[①] 將宜居性與傳統城市發展相結合，構建了中國最優城市規模的評價體系，並進行了實證研究。孫三百、黃薇、洪俊杰等（2014）[②] 基於中國微觀調查數據，運用工具變量估計城市規模對城市居民幸福感的影響，結果表明城市規模與幸福感呈 U 型關係，曲線最低點處市轄區的人口規模為 300 萬人左右，且中國城市移民在地理空間選擇上存在客觀非理性現象。

王俊與李佐軍（2014）[③] 系統地分析了城市規模與擁擠效應、經濟增長之間的關係。在城市規模擴大的過程中會產生擁擠效應，以此為切入點建立擁擠效應函數，並對經濟的均衡發展進行模擬，得到穩定的增長速度和合理的擁擠效應下的城市最優規模。通過加入擾動項來分析其演化路徑的變化可知，通過改善基礎設施，增加綠化面積以及改善交通條件等短期的外生衝擊會對經濟發展的長期均衡產生影響並對城市的最優規模的發展產生影響。他們同樣發現，在城市之間，不存在統一的城市最優規模標準。因為不同等級的城市因其擁擠效應和經濟增長方式不同，會存在不同的城市最優規模。

三、城市適度規模研究

從城市規模與資源環境相協調出發，不少學者展開了城市適度規模研究。城市適度規模是指城市人口規模達到適度，符合城市和諧宜居的發展目標。適度人口理論將人口最值研究轉向人口適度研究（靳瑋，徐琳瑜，楊志峰，等，2010[④]），因此其研究多從約束性角度展開，而對經濟效率最優化目標關注

[①] 孫浦陽, 武力超. 城市的最優發展規模: 基於宜居視角的研究 [J]. 上海經濟研究, 2010 (7): 31-40.

[②] 孫三百, 黃薇, 洪俊杰, 等. 城市規模、幸福感與移民空間優化 [J]. 經濟研究, 2014 (1): 97-111.

[③] 王俊, 李佐軍. 擁擠效應、經濟增長與最優城市規模 [J]. 中國人口·資源與環境, 2014 (7): 45-51.

[④] 靳瑋, 徐琳瑜, 楊志峰. 城市適度人口規模的多目標決策方法及應用 [J]. 環境科學學報, 2010 (2): 438-443.

較少。

周海春與許江萍（2001）[1]分別從經濟、資源、環境因素三個方面出發，考察深圳適度人口規模。研究發現，要實現資源的合理使用，深圳市人口應保持為560萬人左右。但是，從經濟增長的角度來看，經濟增長所要求的人口規模超出了資源環境所能承受的範圍，表明適度人口與「效率」人口存在差異。在此基礎上，靳瑋、徐琳瑜、楊志峰（2010）[2]利用不同城市發展情景下資源要素的供給狀況與城市人口需求特徵，計算供需關係共同制約下的適度人口規模。並以北京市通州新城為案例應用該模型進行分析。結果表明，通州新城到2020年的適度人口規模約為75萬~78萬人，規劃期內就業、社會保障、住房以及水資源供給為約束人口規模的主要因素。包正君和趙和生（2009）[3]通過對南京市生態足跡和生態承載力的計算確定南京市的人口容納量，發現在當時的生產水平下，南京市生態足跡能力之內的人口為66.72萬人，遠不及當時南京595.8萬人的實際人口規模。

可以發現，中國學界在研究城市規模與城市資源環境關係的過程中，多以問題為導向，即水資源承載出現問題，則以水資源為約束進行研究；或是因為生態環境惡化，就以生態約束來展開。其研究都是從約束性的角度，去限制城市人口的發展，忽略了人口聚集、經濟發展以及技術水平的提高同樣會影響到資源承載力的變化，使得兩者間既有促進關係又有約束關係。當然，一些學者也發現這類問題，如劉潔、蘇楊、魏方欣（2013）[4]從區域人口承載力研究入手，提出以就業為導向的人口承載力測算方法，而其他因素作為影響人口生活成本的因素只對區域人口承載力形成間接影響。以此為基本思路，在生產函數中加入就業指標對區域人口規模承載能力進行評估發現以北京市為例，在資源存量保持穩定的狀態下，人口承載力將隨著勞動產出彈性的提高而提高，同時資本產出彈性也對其產生正向作用。但該研究未對資源的生產性進行把握。而資源作為重要的生產要素，在研究過程中應該考慮資源生產性特徵，深入分析兩者的互動關係。

---

[1] 周海春，許江萍.城市適度人口規模研究[J].數量經濟技術經濟研究，2001（11）：9-12.

[2] 靳瑋，徐琳瑜，楊志峰.城市適度人口規模的多目標決策方法及應用[J].環境科學學報，2010（2）：438-443.

[3] 包正君，趙和生.基於生態足跡模型的城市適度人口規模研究——以南京為例[J].華中科技大學學報（城市科學版），2009（6）：84-89.

[4] 劉潔，蘇楊，魏方欣.基於區域人口承載力的超大城市人口規模調控研究[J].中國軟科學，2013（10）：147-156.

中國雖地大物博，但人均資源稀缺，特別是在城市的迅速發展中，人口聚集，資源快速消耗，自然會存在資源承載力約束問題。而西方國家人口總量較少，人口流動自由，對資源稀缺性感受較弱，使得西方國家在城市發展中並沒有過多考慮資源約束問題。因此，就現實情況而言，中國資源約束與城市發展的關係比西方國家城市發展更為緊密，在城市規模快速擴張中考慮城市資源承載力的約束必不可少。

第四節　城市最優規模與資源承載力結合的問題與突破

前人的研究為分析城市最優規模、求解城市資源承載力以及尋找二者之間的關係提供了堅實的理論基礎，為構建城市資源承載力下的城市最優規模提供了研究思路、求解方法以及分析角度。但要將城市資源承載力合理、科學地運用到城市最優規模的研究中還存在以下幾點不足：

一是在分析城市最優規模過程中，沒有或較少考慮城市資源環境的約束作用。在城市最優規模研究中，大多數研究都是從成本最小化、福利最大化以及淨收益最大化等角度展開。在成本研究中雖然部分學者考慮了資源和環境的影響，但都將其作為取之不盡、用之不竭的資源，而未考慮資源有限性帶來的「硬約束」。因此，在研究過程中，都只考慮最值問題，而未考慮約束問題。但實際發展中，城市資源趨緊已經成為制約城市發展的重要因素，因此有必要在城市規模研究中加入資源承載力的約束。

二是城市資源承載力概念界定不清，研究內容較為單一。隨著城市發展與資源環境關係的日益趨緊，有關城市承載力方面的研究日益豐富。特別是針對城市系統性承載力的研究，學界就出現了城市生態承載力、城市生態系統承載力、城市環境承載力、城市資源環境承載力等多種提法。這一方面是由於城市系統的複雜性為承載力提供了廣闊的研究空間；另一方面則是因為學界多是「拿來主義」，直接借用已有的研究提法來對城市問題進行研究。從已有文獻的研究內容和研究指標就可以看出，眾多提法的研究內容沒有實質差異。而已有的研究內容也多關注自然資源和生態環境，對非自然資源的關注較少，使得研究內容較為單一。因此，有必要對城市資源承載力的概念進行界定，在自然資源的基礎上，將資源擴展為自然資源-經濟資源-社會資源承載力綜合體系。在關注資源約束性的同時，也要關注資源的生產性。

三是在研究城市資源環境和城市規模關係的過程中，較多地關注城市的約

束性特徵，對城市和資源承載力間的互動關係分析較少。隨著城市發展中水資源枯竭、土地資源緊缺、空氣污染加重、交通擁堵、房價高等問題的出現，也有一些學者開始將城市規模與資源承載力相聯繫。可以發現，大多數研究都是從約束性的角度，如水資源、土地資源的稀缺程度和生態占用程度去限制城市人口的發展，忽略了人口聚集、經濟發展以及技術水平的提高同樣會導致資源承載力的變化，兩者間既有約束性關係又有促進性關係。因此，本書將考慮技術進步和資源利用方式的改變對資源承載力乃至城市最優規模的影響，獲得兩者間的動態關係。

第五節　本章小結

　　本章對與本書相關的基礎理論和相關文獻進行了梳理。尋找資源承載力約束下的最優城市規模實際是對城市可持續發展理念的進一步實踐。可持續發展理論要求城市在不犧牲未來發展權利的情況下實現經濟友好發展。這就要求對城市資源進行科學評估和科學使用，在生態友好、社會友好的情況下實現城市發展。

　　城市發展需要以城市發展理論為基礎，城市發展理論對城市發展的動力、發展路徑以及發展管理進行了系統研究，並結合時代發展背景提出了如知識城市、智慧城市等現代城市發展理論。聚集經濟使人口和企業聚集，擴大了城市規模；而由此產生的聚集不經濟使人口和企業遷移，縮小了城市規模。城市規模的擴大是人口流動的結果，因此人口遷移理論也十分重要，人口在服從人口遷移定律的同時也會因為勞動力市場等因素而改變遷移路徑和方式，對城市最優規模的形成產生影響。從理論上指導最優城市的實現路徑後，如何從現實層面達到城市最優規模則需要城市公共管理理論提供指導。而城市規劃、政府的行政管理方式以及未來政府城市管理職能的轉變都將為城市最優規模的引導提供指導。

　　由於國內外城市發展進程和城市資源約束的不同，使得已有研究對資源承載力約束下的城市最優規模研究關注較少，而通常將兩者分而論之，形成了豐富的城市最優規模研究和城市承載力研究。城市最優規模思想起源很早，但是至今也未形成統一的研究方式和結論，對其存在性、存在形式還存在爭論。但從城市發展實際情況出發，可以發現城市最優規模在短期內是存在的，而在長期中是不斷變化的。因此，在實證研究中也會出現不同研究結果：不同地區、

不同作者以及不同的方法都會帶來不同的甚至相互矛盾的結果。研究城市規模的方法十分豐富，有成本最小法、收益最大化法以及淨收益最大化法等。將該問題納入一般的經濟學框架中，以淨收益最大化來研究該問題更為科學和合理。

隨著資源環境問題的加劇，資源承載力的相關研究也十分豐富，但是研究概念界定不清，研究內容單一，對資源承載力中的非自然資源以及資源的生產性研究不足。針對這些問題，本書將在接下來的一章中構建城市資源承載力約束下的城市最優規模的理論研究框架，明確界定資源承載力約束下的城市最優規模的基本概念和特徵，構建城市最優規模形成的動力機制和約束機制，並分析兩者的互動關係及模式。

第三章 城市最優規模的研究對象與特點

第一節 城市相關概念辨析

城市的出現，被看作是人類文明和社會發展的成果之一，是人類群居生活高級化的表現形式。社會的發展促進了城市的形成與發展，而城市的發展也為人類經濟發展以及社會發展提供了理想空間。一方面，有關城市的理論研究隨著經濟社會發展而不斷發展，並形成了以聚集經濟為核心的城市經濟學研究。但另一方面，城市的擴張也帶來了一系列的生態問題、經濟問題與社會問題，學界因而展開了對城市承載力和城市有效性的研究，以構建一個生態友好、經濟高效以及社會和諧的城市形態。城市最優規模研究也是立足於此，力圖探索在資源可持續利用的情況下形成經濟效率最好的城市規模。基於此，就需要瞭解城市的基本概念、城市規模的含義，弄清城市空間規模與人口規模的區別，並且瞭解城市規模與最優規模的差異。

一、城市與集鎮

城市（City or Urban）也叫城市聚落，其概念多與農村（Country or Rural）這一概念相對應。中國最大的綜合性辭典《辭海》將城市定義為非農產業和非農人口的聚集區，該區域以一定規模的基礎設施建設為表徵，形成非農化的空間聚落。一般而言，城市的規模比鄉村和集鎮更大，具有人口數量多、人口密度高以及人口職業和需求異質性高的特點。在一定地域範圍內，城市既是區域的經濟中心，也是政治中心。這裡將城市與集鎮、農村相區別，強調其非農性和城市的功能性。而按照中國《城市規劃基本術語標準》（建標〔1998〕1號）的規定，則認定城市的概念中包括了國家按照行政建制所設立的直轄市、市、鎮。這裡沒有說明集鎮與城市的差異，而是將集鎮包含在了城市的範

圍之中，這與中國的城鎮化發展路徑是密切相關的。

但在理論研究中，本書認為有必要對城市和集鎮進行區分，原因有二。一是就規模上看，城市的形成主要依靠一定規模的人口和產業的集聚而形成，對規模的要求也較高，往往需要持續性和多樣性的支撐；而集鎮對人口規模的要求較小，這就導致其發展較為單一，無法形成持續的增長。二是從功能上看，城市為人類經濟發展、社會進步以及文明的推進提供了主要推動力，而集鎮則更多地是為廣大農村地區提供交易和行政管理的便利，對整個社會、經濟的發展只起到輔助作用。周一星（1999）在《城市地理學》中，從城市的發展角度對城市進行概念性描述，並將城市與集鎮相區別①。本書的研究目的是探尋城市的最優規模，在現階段下，此議題對集鎮的意義不大，基於以上差別和研究目的，本書以城市人口為研究對象。

不同學科從不同角度對城市進行定義。經濟學中，赫希（Hirsh）將城市定義為連片地理區域，在該區域中，經濟活動和人口在此集中，使得企業和公共部門都在規模經濟的影響下，形成具有一定規模的連片區域②。巴頓則將城市看作是一個網路系統，他認為城市中的住房市場、勞動力市場、土地市場以及運輸市場等相互交織，在有限的空間內形成有效的網路系統③。在社會學中，巴多（Bardo）和哈特曼（Hartman）認為城市是具有某些特徵的、在地理上有界限的社會組織形式。在這種組織形式內部存在較多的人口，雖然密度較高，但是也存在異質性，如有一些人從事非農業生產，而另一些人則是專業的農業生產人員。城市還具有市場功能，並且至少擁有部分制定規章的權力。在城市之中，個人存在很多社會頭銜，並在人與人的相互作用中，產生與其他人之間的關係。這就要求城市存在某種超越家庭和家族的社會關係，利用法律、經濟等手段將人與人進行聯繫。而在地理學中，拉策爾（F. Ratzel）在1903年把城市定義為擁有便利交通條件，且具有一定規模人口和住房的、密集分佈的集合體④。而在城市規劃學派中，也將城市定義為非農業產業和非農業人口的聚集點。

---

① 周一星. 城市地理學 [M]. 北京：商務印書館，1999：30-32.
② 赫希. 城市經濟學 [M]. 北京：中國社會科學出版社，1990.
③ 巴頓. 城市經濟學 [M]. 北京：商務印書館，1984：89.
④ 在1882年德國地理學家拉策爾（Friedrich Ratzel）出版的《人類地理學》中提出。

二、城市與農村

作為城市的相對概念,農村是指從事農業生產人口的聚居地。跟非農人口集中居住的城市比較,農村地區呈現出散落居住的特點。在工業革命之前,世界大部分的人口都居住在農村。隨著工業化社會的到來,才有越來越多的人口進入城市。因此,以經濟生產方式為標準,農村是以從事農業生產為主的人口居住的地區,是與城市相對應的區域,具有不同的自然景觀和社會經濟條件。城市與農村的差別主要體現在:①從人口職業構成上看,城市是以非農人口為主的居民點,農村是以農業人口為主的聚集區;②從規模上看,城市一般聚居有較多的人口,而農村以散居為主,人口規模較小;③從區域建設上看,城市建築密集度與多樣性比鄉村大;④從公共設施上看,城市有廣場、影劇院等市政設施和公共設施,而農村的公共設施較少,功能單一;⑤從區域功能上看,城市一般是製造、貿易、文化和教育等的聚集點,是一定區域範圍內的政治、經濟、文化的中心,而農村主要是以農業生產為主的農業人口居住的廣大區域[①]。

城市、集鎮、農村等概念,都是表述社會區域與空間區域的重要概念。根據城市、集鎮與農村的差異可以歸納出城市的基本特徵與概念,也是本書研究對象的基本概念:城市是以非農產業活動和非農人口為主,包括了住宅區、工業區和商業區並且具備行政管轄功能,具有一定規模基礎設施建設的集中地。因此,城市既包含空間概念,也包含人的社會網路的概念。

第二節　城市規模相關概念辨析

城市是一定規模人口和產業的聚集地,同時還是居民區、廣場、醫院、街道、學校、商業賣場、寫字樓、公共綠地、公園等公共設施的聚落。因此,城市發展還會占據一定規模的地理空間。因此,可以將城市人口規模與城市空間規模兩種指標作為衡量城市大小的標準。在研究過程中,就需要明確城市規模的基本概念。由於城市存在人口上的集聚以及空間上的擴張,關於城市規模的研究主要劃分為兩類,一類是以城市蔓延為主的城市空間規模,而另一類則是城市人口規模。

---

① 周一星. 城市地理學 [M]. 北京:商務印書館,1999:32.

一、城市空間規模

城市空間規模是指城市在地理空間上的範圍,城市中有多種多樣的經濟活動,每一種經濟活動都需要土地;城市是人口活動的空間,因此在城市發展中必然具有人口和空間的雙重規模特徵。而城市人口的增加以及經濟活動的增加往往也帶來城市規模的擴張。如根據國家統計局的數據,2004年北京市建成區面積為1,182平方千米,經過十年發展,北京市建成區面積已經達到1,386平方千米,其城市建成區擴張了17%,城市空間擴張現象存在。而圍繞城市空間規模的研究主要以城市蔓延理論為主。

城市蔓延的研究起始於西方,二戰以後,隨著西方經濟與社會的發展,城市空間不斷向外擴張,私家汽車的普及使得人們居住半徑迅速擴大,加劇了城市向廣大農村地區的擴張。在城市生產與生活空間不斷擴大的同時也衍生出了許多問題,如土地資源浪費、耕地減少以及生態環境破壞等。這一過程引起了西方學界的注意,城市蔓延理論逐漸興起,Jean、Gottmann(1961)認為城市蔓延就是大城市邊緣的一個帶狀區域從鄉村向城市的轉化過程。然而這種定義太過抽象,許多學者又從不同角度給出了更加具體的定義,城市蔓延與「郊區化」聯繫緊密。Downs(1994)認為郊區化是城市蔓延的特別形式,它在已經建好的城市區域的邊緣,占用未經開發的土地,並以極低的人口密度進行規模擴張[1];安德森(Anderson,1996)認為城市蔓延會將人口的居住用地與商業用地等其他用地相分離,並使得居住區在城市的外圍郊區形成大規模的空間範圍。Mills(2003)則直接指出城市蔓延意味著過度郊區化。除了「郊區化」,汽車以及交通設施的擴展也成為定義城市蔓延的要素,Dutton(2000)認為交通道路向城市外圍地區的無序的、低密度的擴散是導致城市蔓延的重要因素。Sierra Club(1998)則將城市蔓延與經濟活動相聯繫,認為是社會提供的服務和經濟活動向已有的城市空間的外圍擴散的表現,並將這些功能碎片化和隔離化,必須依靠汽車等交通方式才能完成正常的工作和生活。

正是由於空間的擴張以及對交通工具的依賴,導致城市蔓延產生了許多負面影響,許多學者也直接用批評性的語言定義城市蔓延,Sierra Club(2001)將城市空間蔓延稱為「一種不負責任的發展」,這種發展是規劃失敗的結果,將帶來交通擁擠、環境破壞、公共服務不到位的問題。Dilorenz(2000)更尖

---

[1] DOWNS A. New visions for metropolitan america [M]. Washington, DC: The Brookings Institution and Lincoln Institution of Land Policy, 1994.

銳地稱之為惡性腫瘤似的增長或病毒似的空間增長。從學界對城市蔓延的不同定義來看，城市蔓延並沒有嚴格的定義，而是從現象出發將城市蔓延進行概括性的描述，使得城市蔓延的概念具有鮮明的時代性和地域性。由於中國城鎮化推進模式與西方國家存在顯著差異，所以不能完全照搬西方模式。

當然中國城市蔓延的現象也較為突出，張琳琳、岳文澤、範蓓蕾（2014）利用杭州市1978—2010年的遙感影像，實證測度了在中國大城市蔓延的時空動態變化中，城市發展不緊湊，蔓延迅速[1]。王家庭、張俊韜（2010）對1999—2008年中國35個大中城市的蔓延現象進行了測度，發現中國大多數城市都表現出空間蔓延現象，且空間結構有低密度擴張的明顯趨勢。另外，中國城市蔓延現象也呈現出顯著的區域差異：東部地區城市蔓延問題最為嚴重，中部地區稍好，西部地區空間蔓延程度相對最低[2]。國內外已有的測度標準主要是對區域的空間擴張以及城市空間佈局進行評價，而對附著在空間中的人關注較少，其方法也多套用國外已有的方法，而且中國本就處在城市化快速發展階段，空間規模的擴張也存在合理一面，需要結合現實與差異進行分析。

二、城市人口規模

在城市人口規模研究中涉及的兩個概念需要明晰：

一是城市管轄範圍的問題。在公共管理中，中國為實行分級管理而將空間進行行政劃分並設立相應國家機關進行行政區劃管理。如在一般的地級市下，又包含（市轄）區、（縣級）市、縣、自治縣、旗、自治旗、林區、特區等三級行政區。三級行政區縣下又包括鄉、民族鄉、鎮、街道、蘇木、民族蘇木、（縣轄）區、（縣轄）市（臺灣地區專設）等四級行政區，並以此類推至村、社區、村民小組、居民小區等。因此，城市轄區概念包括城市行政區和城市建成區兩個概念。由於中國數據可得性受限制，以行政轄區為主的城市範圍的數據更加規範、準確和完整，因此，本書主要以行政轄區為主要研究對象。

二是人口範圍的明確。由於中國特殊的二元戶籍制度，因此在區域人口的統計中又分為戶籍人口、流動人口和常住人口等不同口徑。其中戶籍人口是指依照戶口登記條例，在其經常居住地區的公安戶籍管理機關進行常住戶口登記的人口。只要在某地進行戶籍註冊的人口，無論其是否外出以及外出多久，都

---

[1] 張琳琳，岳文澤，範蓓蕾. 中國大城市蔓延的測度研究——以杭州市為例[J]. 地理科學，2014，(4)：384-400.

[2] 王家庭，張俊韜. 中國城市蔓延測度：基於35個大中城市面板數據的實證研究[J]. 經濟學家，2010（10）：56-63.

屬於這一地區的戶籍人口，城市的戶籍人口數則一般是通過該城市的公安部門對戶口登記的統計數據而獲得。流動人口是指離開了戶籍所在地到其他地方居住的人口，運用國際通用語言，該群體可以被稱為「國內移民」（Internal Migration）。常住人口則是指在一年之內經常在家，或在家超過半年以上，並且其收入和生活成本與本家共擔的人口。如果該人口外出超過半年以上，但是其經濟收入主要進入家庭帳戶，在經濟上連成一體，則仍然視該人口為經濟活動在本地的人口，視其為家庭常住人口。

2015年，在國家衛生計生委發布的《中國流動人口發展報告2015》中顯示，「十二五」時期中國流動人口年均增長約800萬人，2014年年末達到2.53億人。中國流動人口規模巨大，三類不同人口統計口徑也對城市規模的衡量產生不同影響。戶籍人口離開戶籍所在地，到其他地區進行生產、生活，成為該地區的常住人口，參與當地的經濟活動，而本書主要研究城市內的活動人口，因此選擇以常住人口為指標的人口數量更為準確。基於以上兩個範圍的明確，本書認為城市人口規模是指城市的常住人口數量。

三、以人口規模為城市最優規模的研究對象

本書研究的城市最優規模是尋找城市最優的人口規模，原因有二：

一是在統計和研究常規中，通常將人口規模作為衡量城市規模的決定性指標。在城市經濟學中，根據人口的規模將城市分為小城市、中等城市、大城市、國際化大都市、世界城市等不同等級的城市。中國也以人口數量作為城市劃分標準，如過去根據市區非農業人口的數量把城市分為四等：將人口不到20萬人的城市稱為小城市，將人口在20萬人至50萬人的城市稱為中等城市，將擁有50萬人至100萬人的城市稱為大城市，而把城市人口超過100萬人的城市稱為特大型城市。2014年10月29日，國務院以人口規模對原有城市規模劃分標準進行了調整，明確了新的城市規模劃分準則。

二是相比於城市空間規模，以人口規模來研究城市規模更具代表性。城市空間規模的研究主要集中在城市蔓延以及城市規劃方面，注重對城市的地理空間進行管理，而對經濟、社會以及資源的涉及較少。而人口是經濟社會發展的主體，人的生產生活都會對城市的空間、生態以及社會經濟造成影響，人口規模也影響著城市發展的形態和效率。人口規模的大小關係到城市發展的經濟高效性、社會的宜居性以及生態的可持續性。城市人口規模更能代表城市真實的空間和自然容量，而且與人類生活的聯繫也更加密切。

第三節　城市適度規模與城市最優規模

城市適度規模與最優規模都是對城市人口規模的討論，其差別就體現在「適」和「優」上。「適」是對某種標準的切合，但這種標準存在一定的主觀性；而「優」則是對目標的優化，實現一定約束下的效率最高。許多研究也針對這兩個角度開展了豐富的討論，本書將對兩者的概念以及研究對象進行辨析。

一、城市規模的適度

城市規模的適度性研究是指城市人口規模達到適度的城市研究。適度，顧名思義是指程度適當。而城市適度規模則是指城市人口規模不多也不少，在合適的範圍內。已有的城市適度規模研究主要從約束性角度展開，主要是在一定的標準下達到人口的適度，但合適的標準卻存在一定的主觀性和隨意性。楊志峰（2004）認為規劃與城市發展條件相適應的人口規模是保障城市生態可持續發展的關鍵，並從城市複合生態系統角度出發考察其適度人口規模。周海春（2001）基於城市功能地位和戰略目標、經濟發展水平、產業結構、各產業的勞動生產率、資源狀況以及環境承受力等因素，考慮如何避免出現人口過剩問題。張帆等（2001）也同樣在考慮到社會經濟因素、經濟區位因素、資源環境因素等因素後，導入「木桶理論」，以資源有限性為依據，限定城市人口。適度人口理論是對傳統城市研究的一個改變，以約束性的適度研究替代最值研究。

二、城市規模的優化研究

相比之下，城市規模的優化往往研究的是城市最大產出或城市福利最大化下的人口規模，其出發點則是從促進性因素入手，去尋找城市的最佳產出。如1974年，亨德森（J. V. Henderson）在對城市最優規模的研究中加入了理性經濟人的行為影響因素，並以個人潛在福利最大化為標準，來求解城市最優規模。在他構建的分析框架中，對城市規模擴張路徑進行模擬，並加入了影響城市規模的影響因素，發現土地產出效率以及規模經濟收益率是影響城市最優規模的關鍵因素。柯善咨、趙曜（2014）將產業結構與城市規模相結合，探索城市收益隨城市規模變化的發展形態，探尋與產業結構相適應的城市最優規

模。還有許多研究都從城市效益優化、城市居民收入優化或是城市財政收入優化等角度展開。

三、城市最優規模——基於資源承載力的研究

傳統的城市規模優化研究對城市產出和城市規模之間的關係進行了富有成效的探索，但也存在一定問題。其中最主要的問題是對資源環境約束的忽視。人在城市中的聚集，需要依靠城市空間和向城市流動的資源來支撐。但是從短期來看，城市受到的資源約束是剛性的，無法真正實現不考慮資源約束的城市最優規模研究。因此，本書將克服這一問題，對城市最優規模的概念進行豐富，將傳統城市最優規模研究與城市適度規模研究相結合，構建在可持續發展角度下的城市最優規模研究。而城市最優規模的概念也隨之發展成為在生產、生活方式保持不變的情況下，以區域資源可持續利用為前提，實現城市產出最大化的人口規模。因此本書的城市最優規模是指約束條件下的城市產出最大化的城市人口規模；約束條件包括整合自然資源、經濟資源與社會資源等影響城市發展的綜合性資源。

第四節 最優規模城市基本特徵

城市最優規模是在可持續發展下實現城市產出最大化，因此，其必須滿足兩個條件：一是經濟效率的最大化，二是資源的可持續利用。在技術創新水平以及資源約束不變的條件下，城市最優規模也應趨於穩定，主要體現了這些特點：人口相對穩定，人口不會過度膨脹，向人口過剩轉化；空間相對穩定，能避免城市低效的蔓延；經濟發展高效平穩，經濟效率達到最佳水平；城市公共管理優化，城市公共支出相對最小，城市管理經濟精簡化、人性化。而由於受區域地理環境以及資源的約束，城市還應該存在約束性特徵，即城市宜居度高，居民生活舒適、方便，物價水平與生活成本適中，資源可持續利用，生態資源可持續利用，醫療、教育等社會資源均衡等。

一、城市最優規模的非約束性特徵

城市最優規模的非約束性特徵，是指在不考慮資源約束的情況下達到最優規模的城市形態，其特徵更具一般性，同時也是可持續發展條件下城市最優規模的基本特徵，主要包含經濟高效健康發展、城市人口規模相對穩定、城市空

間規模相對穩定以及城市管理水平優化四大特徵。

1. 經濟高效健康發展

城市最優規模的非約束性特徵是在不考慮資源約束時所呈現的發展特徵。因此，其最主要的特質之一就是經濟高效發展。經濟高效發展指的是在既定的生產水平上，通過規模的聚集達到收益最大化，這種收益表現為外部的商品市場達到一定規模，勞動力市場共享以及知識外溢帶來成本的下降和創新生態的形成。在區域內部表現為勞動力效益最大化，產品市場均衡，內部創新、活躍的企業呈良性發展態勢，城市在此規模下形成最大聚集收益。

2. 城市人口規模相對穩定

城市人口規模相對穩定是指，基於邊際收益遞減規律，城市規模擴張帶來的聚集收益將趨於穩定。這使得城市規模的擴張存在理論上的上限。在不考慮資源約束的情況下，在城市發展初期，隨著城市規模的擴大，城市邊際收益將大於邊際成本，城市規模的擴大帶來的聚集效應將促進城市產出的增加；隨著城市規模的進一步擴大，城市的邊際成本將超過邊際收益，城市規模的擴大將降低。而最優的城市規模將表現為城市邊際收益與邊際成本相交的區域，實現城市的相對穩定。根據城市化進程的一般過程，在保持技術水平不變以及資源約束不變的情況下，某一地區的城市化在人口和空間上都表現為「S」型的發展路徑，如圖3-1所示。

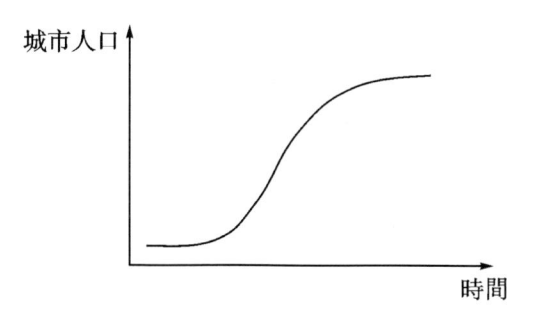

圖3-1　城市人口隨時間的變化關係

圖3-1表示典型城市發展中的人口規模隨時間變化的情況。其中縱軸代表城市人口規模，而橫軸代表城鎮化進程推進的時間。城市最優規模則是在其他條件不變的情況下，城市效率達到最大化的穩態。雖然在人口自由流動的環境下，由於城市產出變化的靈敏度與人口個體認知變化的靈敏度存在時間上的差異，會存在人口規模超過最優城市規模的情況，但這種情況會逐漸調整，理想的城市最優規模應該是保持這一最佳狀態，實現城市的高效運轉。再加之中國特殊的人口管理制度，對人口流動的限制性較強，能夠得到相對穩定的城市

最優規模。

3. 城市空間規模相對穩定

與人口穩定相對應的是城市空間在城市最優規模下也表現出相對穩定的狀態。因此，由於地理空間和行政區劃的限制，城市空間增長同樣遵循「S」型的發展路徑，如圖3-2所示。

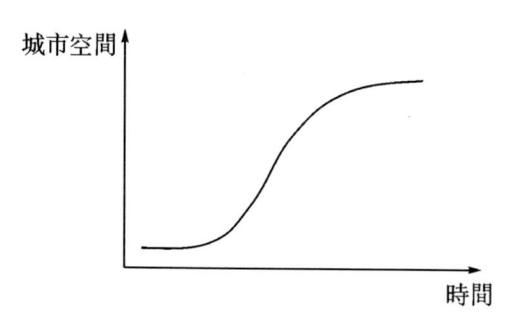

圖3-2 城市空間隨時間的變化關係

圖3-2為典型城市發展中城市空間隨時間變化的情況。其中橫軸代表城鎮化推進的時間，縱軸代表城市空間。在一定行政區劃範圍內，隨著城市的發展，城市的空間逐漸趨於穩定。城市空間的相對穩定並不是指城市空間不再變化，而是在已有的空間存量上實現空間佈局的優化以及空間附著的建築和基礎設施的更新和升級。如統一規劃、配套完善的產業園區替代過去雜亂分佈、質量參差不齊的家庭式作坊群落。現代化、智能化的集購物、娛樂、餐飲、休閒於一體的購物廣場替代沿街叫賣、衛生條件差且魚龍混雜的喧鬧集市。雜亂無章且生活設施不齊備的棚戶區變為規劃協同、生活設施齊全的商品化住宅。使得城市範圍內的空間實現交通便利化、生活方便化、生產高效化的空間佈局。避免超過生產和生活邊緣的低密度開發，造成土地的低效利用、資源浪費以及環境污染。

4. 城市管理水平優化

隨著經濟的發展與社會的進步，政府管理也在逐漸優化，城市作為社會發展的重要標誌，城市管理更代表了政府的公共管理水平。城市管理主要以公共支出和行政管理為代表。公共支出是城市管理的量化指標，城市的發展會使得城市的公共支出類別和支出總量不斷增加。

城市規模優化還需要提高城市公共服務水平，不同城市的管理者因為管理水平、經濟水平等差異，在公共服務的供給上有著明顯差異，即提供公共服務的效率存在明顯差異。總體看來，影響城市間差異化的因素很多，其中最引人注目或是存在較大影響的是公共支出效率對城市規模的影響，以及公共支出效

率對城市發展的影響①。行政管理是城市管理的水平的非量化指標，表現為政府政策制定的科學性、實行的有效性和收益性以及貫徹的持續性。而城市最優規模所要求的城市產出最大化就需要提高城市公共服務水平以降低城市管理成本。在最優城市規模下，城市管理應該貫徹在不降低服務水平的情況下達到公共支出最小化，同時使行政管理高效、便捷以及人性化。

二、城市最優規模的約束性特徵

城市最優規模的約束性特徵是要求城市發展應該在資源可承載的條件下實現可持續發展。與單純謀求經濟效率的提高不同，約束性特徵要求城市發展應注重城市生態環境、資源環境以及生活環境與經濟發展的協調性。城市不僅是人類的生產空間也是生活空間。城市宜居性影響人口對城市的選擇，從而影響城市人力資本的儲備與經濟發展；而資源的可持續利用，除了能為城市運轉提供必不可少的支持外，還會影響城市的生存環境和未來發展潛力。而這些特徵都與城市規模有著密不可分的關係。

1. 城市宜居度高

城市宜居度是指城市適宜人類居住的程度，而宜居城市的主要特點是生活環境優美、文明多元進步、社會安全和諧、生活舒適便利、經濟健康發展以及城市享有較高的美譽。1996 年在土耳其召開的聯合國第二次人居大會上，首次對城市的宜居性進行了界定。宜居城市的提出成為新世紀的城市發展的標杆。城市的宜居性是當經濟發展到一定階段、形成一定儲備後，對人的需求的思考。城市中良好的居住環境、工作環境以及宏觀上和諧的人文環境和生態環境都是城市宜居的重要考量因素。本書將結合中國城市發展現狀對城市最優規模下的城市宜居性進行介紹。

（1）中國城市宜居度不高。宜居城市的打造目前在西方發達國家已經實現，經濟學家信息社（Economist Intelligence Unit）在 2011 年對全球 140 個城市進行了調查，按照治安、基礎建設、醫療水平、文化與環境及教育等指標評選出的全球最宜居的十大城市均位於澳洲和歐洲，中國只有香港排名最靠前，為 31 位。中國城市的宜居性較低，特別在規模較大的城市中，常常出現城市物價水平較高、交通擁堵、房價高以及公共服務資源分佈不均等問題，這些都嚴重影響城市的宜居性。

---

① 張蕊，王楠，馮鑫鑫. 城市規模、經濟發展與公共支出效率 [J]. 軟科學，2014（2）：11-15.

(2) 規模較小的城市宜居度更高。中國城市競爭力研究會按照自主創立的《GN 中國宜居城市評價指標體系》，對中國 31 個省、直轄市、自治區的 297 個城市的宜居性進行評價（不包括港、澳、臺地區）。《GN 中國宜居城市評價指標體系》由 7 項 1 級指標組成，它們分別是城市安全指數、生態環境健康指數、經濟富裕度、社會文明指數、城市美譽度，以及涉及居民生活的生活便利指數和生活舒適指數，這 7 項指標又由近 50 項 2 級指標組成。2015 年其發布的中國十佳宜居城市排行榜第一到第十分別為：深圳市、珠海市、菸臺市、惠州市、信陽市、廈門市、金華市、柳州市、揚州市和九江市①。多數都是沿海規模較小的城市，而城市規模較大，經濟發展水平較高的城市均未上榜，可見城市規模與城市宜居性具有一定聯繫，且在一定標準下規模較小的城市宜居性較高。

(3) 宜居性與城市規模。現實經驗表明，城市規模與宜居性存在重要聯繫。不少學者也從城市宜居性角度來探討城市規模的問題，孫三百等 (2014)② 基於中國微觀調查數據，運用工具變量估計城市規模對城市居民幸福感的影響，結果表明，城市規模與幸福感呈「U」型關係，曲線最低點處市轄區人口規模為 300 萬人左右。孫浦陽、武力超 (2010)③ 將城市宜居性與城市規模優化相結合，提出中國城市最優規模的新標準，該研究不僅僅考慮城市的生產效率，還將城市環境、交通條件、文化發展、醫療服務、教育服務產業結構以及房地產市場等因素納入研究框架，綜合研究合理的城市發展規律。焦張義 (2012)④ 採用擴展到房價和生態環境的新經濟地理模型估計當地的房價、生態環境質量對城市最優規模的影響。他發現，在均衡狀態下，城市最優規模會隨著政府政策、生態環境以及房價的變動而變動，在自由市場和政策調節兩種不同影響下，城市規模差異會造成社會福利差異。

(4) 小結。目前，由於受中國經濟發展水平的限制，城市規模在不斷擴大，但社會對城市的宜居性卻關注較少。然而，城市是人類重要的活動空間，城市的宜居性是吸引人才流入、增強經濟增長能力的重要因素。城市規模對城市的宜居性具有重要影響。因此，城市宜居度高應成為城市最優規模的重要特

---

① 佚名. 2015 年中國十佳宜居城市排行榜 [EB/OL]. [2015-06-25]. http://www.askci.com/news/data/2015/06/25/17659vzft.shtml.

② 孫三百, 黃薇, 洪俊杰, 等. 城市規模、幸福感與移民空間優化 [J]. 經濟研究, 2014 (1)：97-111.

③ 孫浦陽, 武力超. 城市的最優發展規模：基於宜居視角的研究 [J]. 上海經濟研究, 2010 (7)：31-40.

④ 焦張義. 房價、生態環境治理與最優城市規模 [J]. 南方經濟, 2012 (10)：63-73.

徵，在城市最優規模下，城市具有環境優美、社會安全、文明進步、生活舒適、經濟和諧、物價水平適中、交通便利以及房價適中等宜居性特點。

2. 資源可持續利用

資源可持續利用是本書對城市最優規模闡述的核心內容之一。雖然可持續發展概念從1972年就已提出，且經過了40多年的發展，但中國城市發展中的資源稀缺問題卻依然突出。中國城市資源問題分為兩類：一類是綜合性城市通用性資源的稀缺問題，另一類是資源型城市在資源過度利用後的資源耗費問題。而城市最優規模的形成則需要徹底解決這兩個問題。本書也將結合中國資源情況對這兩個問題進行闡述。

（1）城市通用性資源可持續利用。城市通用性資源是指城市發展中需要的普適資源，如土地資源、水資源等。通用性資源的稀缺現象在中國城市發展中較為普遍。城市最主要的資源為土地資源與水資源，也是制約城市發展最主要的因素。如深圳市在2007年全面啟動的第二次土地調查工作中，對深圳市的土地利用情況進行全面查清，並在以後每年對城市土地進行年度變更調查。2014年，深圳市規土委公布2009—2012年全市土地利用狀況：耕地、園地、草地等綠色用地有所減少；城鎮建設用地、交通運輸用地以及工礦用地有一定的增加。綜合考慮現有耕地數量、質量，人口增長，發展用地需求等因素，深圳耕地保護形勢十分嚴峻，優質耕地資源和人均耕地面積仍面臨減少趨勢，部分地區建設用地利用粗放、效率不高的情況依然存在，部分地區建設用地總量已接近或超過2020年規劃控製目標數。深圳已經提前五年多用完了規劃土地資源，未來五年裡，深圳有些地區已無地可增，土地資源稀缺問題嚴重[①]。

水資源稀缺同樣影響城市的發展。目前常住人口規模超過2,000萬人的北京市是水資源最為稀缺的城市之一。2012年，國務院在發布《國務院關於實行最嚴格水資源管理制度的意見》中，水利部副部長胡四提出北京已經面臨嚴重的水危機問題。按照國際標準，人均水資源在500立方米以下為極度缺水；如果人均水資源在300立方米以下，將會危及人類基本生存生活。而北京人均水資源量則不到100立方米，缺水問題非常嚴重。隨著北京城市規模的不斷擴張，經濟發展對資源的需求越來越高，水資源將陷入十分危急的地步。目前，北京市的地表水斷流現象嚴重，而地下水的超採問題也十分嚴重。伴隨著北京的城市化、工業化過程的不斷推進，水資源稀缺將成為影響人們生產、生

---

① 佚名. 深圳土地資源亮「家底」部分地區2020年前無地可增 [EB/OL]. [2014-09-30]. http://www.iszed.com/xinwen/yw/2014-09-30/31175.html.

活的最大威脅，同時也會成為城市發展的重要制約因素。

因此，在城市人口集聚過程中，應該注意城市資源的持續利用。提高資源利用率並優化資源利用方式，在資源可承載的條件下進行資源規劃和利用，切不能以資源的「拿來主義」以及粗放利用為手段來發展城市，犧牲本地、其他地區以及後代的發展權利。

（2）資源型城市的資源可持續利用。資源型城市是泛指一些以當地礦產資源、植物資源作為主導產業原料進行開採和加工的城市。資源型城市即城市的生產和發展與資源開發有密切關係，隨著資源的消耗，城市發展也受到影響。在國務院印發的《全國資源型城市可持續發展規劃（2013—2020年）》中，國家首次對資源型城市進行界定並制定了發展規劃，並對資源枯竭型城市的問題和未來轉型發展方向提供了指導思路。目前資源枯竭型城市主要面臨歷史遺留問題嚴重、內生發展動力不強的問題。這些城市基礎設施落後，棚戶區改造任務艱鉅。而因為資源開採而引起的地質問題也十分突出，治理任務十分嚴峻。過去以資源開採為主的工人面臨失業再就業問題，居民收入水平低。而這類城市產業轉型緩慢，對資源的依賴程度高，在技術革新、人才引進方面較弱，且資金聚集能力、產業發展能力較差。雖然新的技術和生產方式被引入，但資源型城市在加快經濟發展方式轉變的道路上還任重道遠。資源型城市可能因為資源的發現與開採而聚集人口，形成一定規模的城市形態，但如果不能把握住產業優化與轉型的時機，可能會因為資源的過度利用和枯竭導致城市發展後勁不足，城市規模縮減。這也是目前中國資源枯竭型城市的普遍問題。

因此，針對資源型城市的發展，同樣需要在可持續發展前提下考慮以富集資源為核心的資源承載力，在依賴資源發展的同時進行技術創新，提高資源利用的水平，同時以富集資源為中心發展相關產業，實現產業的轉型升級。而城市最優規模則在以富集資源發展的基礎上，實現產業發展與升級，並最終實現資源可持續利用下的城市規模的優化。

第二部分
城市最優規模的形成

第四章　城市最優規模形成的理論探索

　　城市是人口與產業的集聚區域，更是一個資源利用與轉化的地理空間。因此城市最優規模的形成，一方面依靠人口與產業聚集下產生的聚集收益的推動，另一方面則是在城市空間有限的情況下，依據資源可得性和利用方式所形成的資源承載力設定城市發展邊界。因此，在分析城市最優規模的形成路徑時，需要討論最優規模形成的動力因素與約束條件。在動力機制中，政府管理、城市區位條件以及資源稟賦都會影響城市發展，但這些都是外生因素，在短時間內無法改變。而聚集經濟下城市收益與成本的相對大小也會影響城市最優規模的形成，該因素不僅僅會影響城市規模的形成；反過來，城市規模也將影響城市的聚集收益。因此，聚集經濟是影響城市規模形成的內生因素，也是本書的研究重點。約束條件則由以自然資源、經濟資源和社會資源為代表的城市資源承載力來確定。

第一節　城市最優規模形成的動力因素

　　政府管理、區位條件、資源稟賦以及經濟發展水平都會影響城市規模的大小。宏觀經濟政策和城市內部行政管理、城市區位條件以及城市的資源稟賦都是影響城市規模的外生因素，正是這些因素的相互作用才會對城市的集聚效應產生作用，從根本上影響城市最優規模的形成。

一、聚集經濟

　　集聚經濟是指在產業發展過程中，由於聚集過程中經濟效率的提高以及收益的增加而吸引經濟活動向某一特定區域集中的經濟活動形式。聚集經濟是導致城市形成和不斷擴大的基本因素，聚集經濟也是形成城市最優規模的基本因

素。人口和產業活動在地理上趨於集中的主要原因是聚集經濟將產生經濟效益。對於個人和企業來說，聚集收益可以分為內部收益和外部收益兩種。內部收益包括由於技術交流、勞動力市場擴大等帶來的收益，而外部收益則是由於聚集帶來的更完善的基礎設施和便利的交通條件帶來的收益。總體而言，聚集經濟有利於降低生產成本，實現信息交流與技術交流從而實現技術的革新以及便利的勞動力供給。而聚集經濟對於城市發展而言將會因為企業和勞動力的聚集促進基礎設施和公用事業的建立。當城市發展到一定規模時將會出現其他行業如服務業的優化聚集效應，從而形成城市規模不斷擴大的動力。

1. 聚集經濟帶來企業的聚集

聚集有利於降低企業成本。產業相關企業可以通過聚集而降低生產成本。因為相互關聯的企業在聚集過程中，可以為相臨近的企業提供原材料、中間品以及其他服務，從而促進產業間的協作，降低生產和運輸成本。例如，在汽車製造產業中，如果將汽車配件廠、汽車製造廠商以及汽車銷售廠商等相互提供中間品和產品的企業集中在一起，就可以縮短同一產業鏈上產品的流通距離，從而節約生產和運輸成本。而汽車產業更上游的鋼鐵產業，如果將煉焦廠、煉鐵廠、煉鋼廠以及裝備製造廠商集中在同一地方同樣可以在勞動力成本、運輸成本、原料成本方面獲得節約。

聚集有利於信息交流。企業的聚集會增強企業間的相互交流，這就會增強企業的溝通交流，從而達到相互學習和交流的目的，形成知識外溢帶來的收益。而生產水平相近的企業在聚集中也會形成企業間的競爭；在競爭中，同樣會促進企業對生產技術的改進和產品質量的提高，增強企業發展能力。另外，企業的聚集將帶來市場的擴大，也拉近了企業與市場的聚集，生產者和消費者之間更為暢達的溝通可以增強企業對市場的適應能力，瞭解市場變化。

2. 聚集經濟帶來城市的發展

聚集有利於擴大城市市場規模。企業和人口在城市中的集中導致一定規模的市場出現；隨著聚集的推進，城市市場規模進一步擴大，增強了城市自身的需求。而市場的擴大又有利於已有企業擴大生產規模，並進一步吸引企業入駐與聚集。另外，聚集還有利於城市基礎設施與公共服務建設。企業進行生產和經營，就需要與之相適應的公共基礎設施進行輔助，主要包括交通設施、供電設施、排水設施以及提供其他文化、教育和醫療等公共服務的場所。城市為企業和個人的聚集提供生產和生活的基本設施，要比向單個的企業和個人提供同樣的設施更為高效和節約。而人口與企業的聚集也促使城市為其提供水平更高的基礎設施，提供質量更高的公共服務。例如，在一定規模的城市中才會修建

機場等大型基礎設施，增強城市便利性，而鐵路的修建同樣要求城市具有一定的人口規模和市場交易能力。

二、政府管理

政府管理分為宏觀管理和微觀管理，其中宏觀管理是以政府政策制定和實施為代表的管理方式。政府頒布的產業導向政策、地區發展政策以及人口管理政策都將影響城市規模。政府會通過制定地方發展政策來促進地方的發展，這是因為政策的制定將引導資本和人才的流動，也會改變社會對地方發展的預期，從而影響地區的發展。如 1980 年 5 月，深圳正式被定為「經濟特區」。深圳成為享受國家改革開放政策的排頭兵，也從一個海邊小漁村變成如今常住人口超過 1,000 萬人的超大城市。

政府通過政策的制定不僅僅會引起要素的聚集，同樣還會引導要素的擴散。如國家發改委制定的《「十三五」時期京津冀國民經濟和社會發展規劃》，就是要促進三個地區要素的流動和均衡，緩解北京市城市規模過度帶來的「大城市病」問題，提高區域協作水平的政策制定和實施[1]。該規劃的實施將有力地疏導首都過度集中的人口，支持天津、石家莊等城市的發展。另外，人口政策中如二元的戶籍政策以及相伴隨的二元社會保障政策同樣會影響人口的流動，從而影響城市規模的形成。

微觀管理是以政府行政管理程序和手段為主，是國家行政機關對社會公共事務進行管理的過程。具體到城市管理中則體現為企業和個人提供生產服務和生活服務的過程。生產服務包括對城市產業發展的支持與引導、企業及個人經濟活動的註冊與管理以及對經濟行為的規範。如北京中關村、上海浦東新區以及江蘇工業園區的發展，正是在政府管理上的改進以及以工商服務為導向的管理模式才使這些區域成為維持一方經濟發展的重要動力，也成為吸引企業和人才的重要因素。政府對城市生產活動的支持將影響企業及個人進入該地區參與經濟活動的意願與選擇。

生活服務則是指為支持城市的日常運轉而提供的必要的公共產品與服務，如城市運轉必要的水、電、燃氣等公共產品的供給以及與人們日常生活息息相關的交通、教育和醫療等公共服務的提供。公共產品的提供具有較大的沉沒成本和邊際成本遞減效應，交由私人企業進行生產往往會造成巨大的資源浪費。

---

[1] 佚名. 京津冀「十三五」規劃印發實施，系首個「十三五」跨省市規劃 [EB/OL]. [2016-02-09]. http://www.thepaper.cn/newsDetail_forward_1430834.

而天然的壟斷價格又會導致消費者的福利受損，不利於人們生活水平的穩定和提高，也只能由政府或經政府許可的企業來提供。因此，政府行政管理水平對城市基本生存資料和社會資源的利用具有重要影響。它影響城市的經濟環境和宜居度，從而影響城市最優規模的形成。

三、區位條件

區位條件是指地區區位本身具有的條件、特點、屬性和資質，區位條件在經濟發展中反映為該地區的區位優勢。城市的區位優勢主要體現在多個方面，包括自然資源區位可得性、勞動力區位可得性、地理條件和交通條件等。隨著城市的發展，區位優勢也在不斷變化，因此區位優勢也是一個動態的概念，會隨著城市條件的改變而變化。中國不同地區區位條件差異較大，區域間的城市發展也不平衡。從全國來看，主要體現為經濟發展較好、規模較大的城市多集中在東部地區，而中、西部地區城市規模普遍較小，城市發展後勁不足。在省級區域內部則呈現出大城市規模擴張迅速、中小城市發展較弱甚至衰退的趨勢，城市極化效應明顯，擴散效應不足。

區位條件差異是造成區域經濟差異的重要因素，其中包括自然環境差異和社會環境差異。自然環境差異主要體現在三個方面：一是氣候條件存在差異，中國以季風氣候為主，降水從東南向西北遞減，西北內陸干旱少雨，影響城市發展；二是地貌環境存在差異，中國地貌呈西高東低的形態，西部地區地勢高聳，是多條河流的起源地，河流向東延伸，在東部地區形成肥沃、平坦的三角洲和衝積平原，利於耕種和開發；三是海岸差異，東部沿海地區利用海運為發展開放型經濟提供便利，而西部地區深處內陸，交通不便，經濟發展較為落後。社會環境差異也是造成城市發展不平衡的重要因素，主要體現為交通發達程度的差異、信息通達程度的差異、文化和教育傳播程度的差異、歷史背景的差異和經濟開放順序的差異，這些因素都會影響城市最優規模的形成。

四、資源禀賦

資源禀賦又稱為要素禀賦，是指某一地區擁有各種生產要素的總稱，包括資本總量、勞動力供給、土地供給以及生產技術和管理水平。資源禀賦促進了要素禀賦理論的發展，要素禀賦理論是由瑞典經濟學家赫克歇爾和俄林為了解釋李嘉圖比較優勢理論而提出的，並以此來說明各國在參與國際貿易交往中具有比較成本優勢的原因。資源禀賦包含眾多用於生產的自然資源要素和非自然資源要素。而應用到城市發展中則更多地是指城市所擁有的各種資源要素，包

括自然資源要素、人力資本要素、文化資源要素等。資源禀賦會影響城市的興起，是城市發展的基礎，也是促進城市發展的重要推動力。

一般的資源型城市，包括以鐵礦為主的攀枝花市、包頭市和以石油為主的克拉瑪依市和東營市等。這些城市都是因為具有豐富的生產性自然資源而帶動了城市發展並形成了一定規模的城市形態。旅遊文化資源同樣可以影響城市的發展，如湖南境內的張家界市。張家界因旅遊建市，其地層複雜多樣，造就了當地的特色景觀。該市山地面積占總面積的76%，並擁有特色地貌，包括岩溶、山地、丘陵、平原等地貌，其中最具特色也是旅遊最重要的資源是當地的石英砂岩峰林地貌，世間少有。這些旅遊資源使張家界成為中國最重要的旅遊城市之一，並成為常住人口超過150萬人的城市。因此資源禀賦不僅是城市發展的基礎，還會影響城市規模的興起與發展。反之，城市發展也會改變城市的資源禀賦，而最優規模下的城市發展則謀求資源的合理利用和永續開發，使得城市的資源禀賦與發展形成良性互動。

第二節　城市最優規模形成的約束條件

城市最優規模的約束條件是指以城市資源承載力為約束來影響城市最優規模形成的相關要素。本節將明確城市資源承載力的基本概念，並梳理城市資源承載力對城市規模擴張的約束作用。

一、資源承載力的相關概念辨析

城市資源承載力是研究城市發展與城市資源間在可持續發展路徑下的互動關係。由於過去的城市發展只以經濟增長和財富累積為目標，而對城市發展中的可持續問題關注較少，導致城市發展中出現資源過度消耗和環境惡化等問題。隨著社會對可持續發展的日益關注，學界也逐漸開始關注城市發展與資源消耗的矛盾，並對其展開相關研究。已有的研究成果也提出了許多相關概念，如城市綜合承載力、城市環境承載力、城市生態承載力等，這些概念與城市資源承載力有一定聯繫但又存在差異。因此，在這裡有必要對這些概念進行辨析並明確城市資源承載力的基本概念。

1. 承載力

承載力（Carrying Capacity）最早是一個力學的概念，並主要在工程地質領域中用於表示地基的強度對建築物負重的能力，如今已演變為描述發展限制

程度最常用的概念之一。承載力的思想自古希臘時期便開始產生，如亞里士多德的著作中提出的「公地」（The Commons）概念就蘊含了這一思想。馬爾薩斯在《人口學原理》中闡述了人口發展的限制問題。在書中，馬爾薩斯認為物質的增加速度遠低於人口的增長速度，導致地球人口過剩，開啓了最早的關於土地生產潛力的人口承載能力研究[①]。目前，承載力概念的應用愈加廣泛，許多學者在經濟、環境和社會的不同領域進行了豐富的研究，產生了不同的承載力研究內容，並受到國內外學者的關注。與承載力相關的理論研究呈現出複雜化、多樣化和學科交叉研究的特性。在一般的承載力研究中可以加入不同的定語來修飾承載力，形成了如生態承載力、環境承載力和綜合承載力等概念，並形成了豐富的研究成果。

2. 城市生態承載力

城市生態承載力首先從生態承載力發展而來。生態承載力運用的時間較早，也出現了許多定義，如最早使用這一概念的帕克和伯吉斯就將生態承載力看作一定環境下物種數量的極限。中國學者也逐漸開展了對生態承載力的研究。王家驥（2000）認為生態承載力是自然體系調節能力的客觀反映，是生物適應性的體現，具體表示某一物種在自然環境中逐漸形成的生物與生物、生物與環境間的相互關係[②]。高吉喜（2001）則將生態承載力看作是生物在自然環境中的一種自我調節和生存的能力[③]。也有學者認為應該將人的活動與其他植物和動物對自然環境的影響相區別。人具有主觀能動性，可以對生態系統進行改造，從而滿足自身需要。這就使得人的活動與生態系統之間形成其他生物無法形成的互動關係。因此，可以將城市生態承載力定看作是一種潛在能力，這種能力是維持其穩定發展和保持自身健康的能力。可以將其分為對破壞產生防禦的能力、對破壞之後的恢復能力以及恢復以後進一步發展的發展能力[④]。總而言之，城市生態承載力強調的是城市與自然生態系統的互動關係，以生態系統的和諧性為目標，未將生態系統中的自然資源納入生產系統進行經濟學分析，更沒有考慮其他非自然資源的利用和影響。

[①] 鄧偉. 山區資源環境承載力研究現狀與關鍵問題 [J]. 地理研究，2010（6）：959-969.

[②] 王家驥，姚小紅，李京榮. 黑河流域生態承載力估測 [J]. 環境科學研究，2000，13（2）：44-48.

[③] 高吉喜. 可持續發展理論探索——生態承載力理論、方法與應用 [M]. 北京：中國環境科學出版社，2001.

[④] 徐琳瑜，楊志峰，李巍. 城市生態系統承載力理論與評價方法 [J]. 生態學報，2005（4）：771-777.

3. 城市環境承載力

城市環境承載力同樣由環境承載力發展而來，而關於環境承載力的定義主要從兩個角度展開：一是從容量和閾值的角度來定義，如一些學者將環境承載力定義為在一定的生產、生活條件下，環境系統能夠容納的人口以及人類經濟活動的最大數量[1]。也有學者認為可以將環境承載力看作是環境系統維持生物和人文活動正常運行的支撐閾值[2]。《中國大百科全書》則同樣將環境承載力定義為在保持環境功能與狀態的前提下，某一區域或整個生物圈系統對人類活動的總量和強度能夠承受的極限[3]。二是將其看作是能力的體現。如施耐德（Schneider，1978）也將環境承載力看作是在不對環境造成破壞的情況下，環境對人口增長的容納能力[4]。也可以將環境承載力看作是在一定條件下，某一區域內維持環境系統狀態下能夠承受人類活動規模和強度的能力[5]。

可以發現，雖然學者對環境承載力有不同的描述，但各種定義都注重區域環境的系統性和功能的完整性，強調環境系統的可持續性，但這類定義中對環境概念界定的範圍過大，研究的可操作性較差[6]。因此，許多學者在研究城市問題時會引入資源概念，展開城市資源環境承載力的研究。但總體來看其落腳點都是以環境系統的良性運作為目標，而資源只是影響環境的因素而已，未考慮資源對社會系統和經濟系統的影響。

4. 城市綜合承載力

城市綜合承載力也是承載力概念的一個拓展，是融合了多個研究對象為一體的研究。城市綜合承載力是對城市內部自然系統、社會系統和經濟系統等子系統進行綜合考慮的研究概念。是在可以預見的時間段內和特定條件下，城市硬件上的基礎設施、資源供給，以及在軟件上的環境質量、科技發展、教育服

---

[1] 高吉喜. 可持續發展理論探索——生態承載力理論、方法與應用 [M]. 北京：中國環境科學出版社，2001：8-23.

[2] 郭秀銳，毛顯強，冉聖宏. 國內環境承載力研究進展 [J]. 中國人口·資源與環境，2000（12）：3.

[3] 中國大百科全書編委會. 中國環境科學百科全書 [M]. 北京：中國環境科學出版社，2002.

[4] SCHNEIDER D. The carrying capacity concept as a planning tool [M]. Chicago: American Planning Association, 1978: 22-59.

[5] 彭再德，楊凱，王雲. 區域環境承載力研究方法初探 [J]. 中國環境科學，1996（2）：6-10.

[6] 王儉，孫鐵珩，李培軍，等. 環境承載力研究進展 [J]. 應用生態學報，2005（4）：768-772.

務能夠承載的人口與人口經濟活動的能力①。也有學者將城市綜合承載力定義為城市的生態環境、基礎設施、資源禀賦、經濟容量以及社會公共服務對人口經濟發展規模和人口數量的承載能力。概括起來，城市綜合承載能力是融合資源環境承載力、經濟承載力和社會承載力的綜合性承載力，三者的關係並不是簡單的線性組合，而是有機結合體②。城市綜合承載力與其他城市承載力的差別體現在綜合承載力是將硬件承載力和軟件承載力相結合的研究③。

因此，城市綜合承載力是對城市系統、全面的評估，包含對環境保護、經濟發展、社會發展、文化發展以及制度保障等指標的評價。但是在實際操作過程中，由於加入了除自然資源以外的諸多「軟」要素，如經濟發展水平、人民收入水平和基礎設施建設等指標，使得綜合承載力的高低與經濟發展的好壞相關，因此，往往得出經濟水平發展越高的地方的綜合承載力越好的結論。

二、城市資源承載力

關於城市資源承載力的研究在過去相當狹窄，僅限於對自然資源的研究，而對自然資源的研究也僅限於對某些較好研究的自然資源如土地資源或水資源的研究，使得資源承載力的概念由於研究內容的隨意化而不明確。本書認為，城市資源承載力的概念可以被適當地拓寬和明確，進而成為研究城市可持續發展的綜合性概念。

1. 城市資源承載力的研究角度

在已有的研究中，承載力的研究角度可以是一種能力、一種容量或一種閾值。在研究城市資源承載力前，就需要明確其研究角度。人的聚集是城市形成的基礎，而人類也是城市空間的活動主體，因此，在城市範圍內研究資源承載力，就不能忽視人與城市的關係。在理論研究上，承載力最初被引入生態學研究，有學者認為生態承載力是指一定環境下物種能夠存活的數量極限，將生態承載力定位為容量的概念。也有人結合馬爾薩斯在《人口論》中提到的人口承載力的相關思想，對人口與資源的約束關係進行了理論闡述。本書認為城市資源承載力應從城市對人口的最大承載數量的角度展開討論。

2. 城市資源承載力的研究內容

本書認為，研究城市資源承載力需要從兩個層次入手，第一個層次是確定

---

① 高紅麗，涂建軍，楊樂，等. 城市綜合承載力評價研究——以成渝經濟區為例 [J]. 西南大學學報（自然科學版），2010 (10)：48-49.
② 葉裕民. 解讀「城市綜合承載能力」[J]. 前線，2007 (4)：27-28.
③ 李東序，趙富強. 城市綜合承載力結構模型與耦合機制研究 [J]. 城市發展研究，2008 (6)：39-40.

承載力要素，第二個層次是確定要素之間的關係。目前影響城市發展的要素，除了自然資源外，經濟資源和社會資源都具有重要作用。因此城市資源承載力將資源概念從單純的自然資源概念擴展到集自然資源、經濟資源以及社會資源為一體的廣義資源概念。除了以自然資源為基礎外，城市資源承載力還應該包含城市經濟承載力和城市社會承載力兩個方面的內容。這樣便囊括了城市發展所需要的生態資源、經濟發展潛力以及社會容納力的基本要素，能夠較全面地反映城市發展的基礎。

構建自然資源-經濟資源-社會資源互動的城市資源承載力體系，是對城市發展可持續性的全面概括。但自然資源、經濟資源與社會資源之間既相互作用，又各自延伸，出現了許多其他相關概念。在以往研究過程中又或多或少地包含了三者的部分指標，再加上指標之間的內生關係，導致評價結果存在偏差，難以釐清三者之間的關係。因此，第二層次將主要釐清三者的具體內涵、作用路徑以及相互關係。

自然資源要素是城市資源承載力的基礎，自然資源是人類生存以及社會經濟發展的物質保障。在生產上，自然資源首先為人類提供基礎生存資料，如食物、土地、水、空氣等。鋼鐵、煤、石油等構築人類經濟發展的物質都屬於自然資源；自然資源與人類勞動相結合，成為社會發展的物質基礎。自然資源是經濟資源和社會資源的基礎。另外，自然資源的轉化效率也將影響城市資源承載力。當自然資源的轉化效率較低時，表明生產效率較低，城市取得相同發展成果將耗費更多的自然資源；而由於自然資源轉化的低效，將破壞城市資源利用的平衡，造成環境污染、生態環境惡化。

經濟資源要素是城市資源承載力的表徵。一方面，城市的經濟發展需要以城市資源作保障。以集聚經濟為基礎，資源稟賦、城市區位以及生存條件都是吸引人口集聚與城市發展的重要因素，因此經濟資源的多寡，能夠在一定程度上表徵城市資源承載力的大小。另一方面，經濟資源要素中的價值尺度體現了資源在市場中的供求關係，豐裕的資源相對便宜，而稀缺的資源相對昂貴。這也體現了城市資源的稀缺程度，為進一步準確評估城市資源承載力提供思路。

社會資源要素是城市資源承載力的重要組成部分。社會資源中的教育資源、醫療資源以及交通資源等資源都會影響城市的協調發展。社會資源的短缺將會影響城市生活與生產的基本需要，從而影響城市承載力。但社會資源的特殊性在於，社會的發展是經濟發展的結果，也是資源利用的結果，因此社會資源與其他兩類資源具有天然的聯繫。一般來看，經濟資源較豐富的地區，其社會資源也較豐富。

綜上所述，在構建包含自然資源-經濟資源-社會資源三要素的資源承載力體系時，應注意明確三者的角色。自然資源是基礎，是經濟發展與社會發展的物質載體；經濟資源是表徵，除了影響資源承載力的發展，其價值尺度更是衡量資源稀缺程度的重要參考；而社會資源是資源承載力的重要組成部分，與自然資源的基礎性作用不同，社會資源對衡量城市資源承載力起到補充性作用。基於以上考慮，本書中自然資源、經濟資源以及社會資源在城市資源承載力體系中的相互關係如圖 4-1 所示。

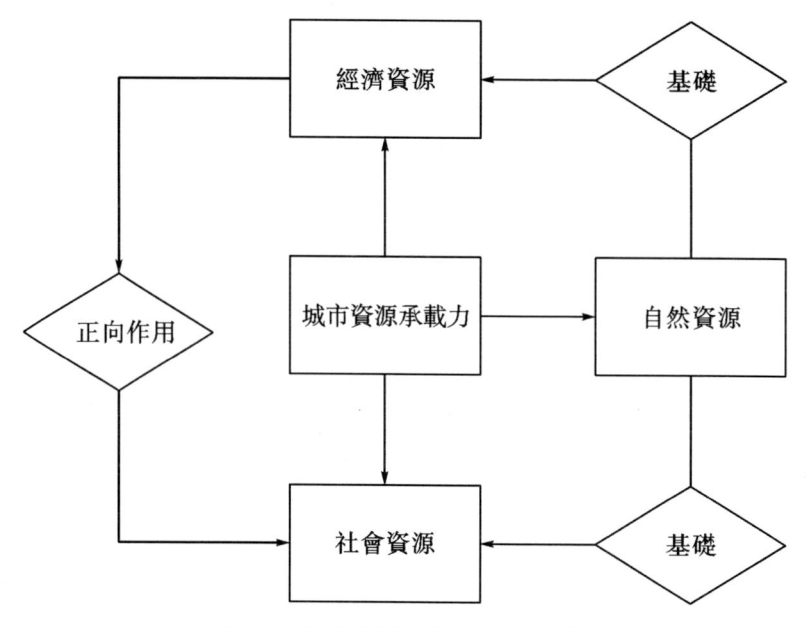

圖 4-1　城市資源承載力系統關係圖

3. 小結

本書將城市資源承載力定義為在特定生產方式、生活方式和貿易條件下，城市在不損害後代發展權利的前提下所能提供的自然資源、經濟資源以及社會資源能夠維持的城市的最大人口數量。本書將以此為基準構建城市資源承載力評價體系。以自然資源為基礎，以經濟資源中的產出效率反映承載力的變化趨勢，再以社會資源作為輔助指標，衡量一定資源承載力下的城市發展結果。

第三節　城市資源承載力與城市規模的互動分析

城市資源承載力是在特定生產方式、生活方式和貿易條件下以及城市在不損害後代發展權利的前提下所能提供的自然資源、經濟資源以及社會資源能夠維持的城市最大人口數量。因此，城市提供的各種資源是城市發展的基礎。另外，城市規模變化所帶來的生產方式改變、生活方式改變以及因為科技進步而帶來的資源利用方式的改變也會對城市資源承載力帶來影響。

一、城市資源承載力是城市規模擴張的基礎

城市提供的各種資源是城市發展的基礎，城市擁有的不同的自然資源、經濟資源以及社會資源都會對城市的形成、發展、成熟以及衰落產生影響。本書將梳理國內外典型城市的發展路徑來說明城市資源承載力對城市發展的影響。

1. 自然資源影響城市發展

資源型城市是以自然資源為基礎而發展起來的城市的典型代表。資源型城市是泛指一些以當地礦產資源、植物資源為主導產業原料而對其進行開採和加工的城市。這些城市的發展是因為當地蘊含豐富的自然資源，該自然資源是促進經濟發展和財富增長的必要原料。在資源開發的同時，會在該地區形成產業內部和產業間的協同，從而吸引企業和個人聚集，形成一定規模的城市形態，如美國的舊金山（San Francisco）。1848年，位於美國加州東北部的蘇特坊發現金礦，吸引了全國各地的人口湧入舊金山港口，市區的人口迅速增加。1847—1870年，舊金山居民從500人增加到15萬人。當時除了世界各地前來淘金的投機者外，還有許多企業和個人聚集到舊金山為淘金者提供其他必要的生活、生產配套產品，並成為如今著名的企業品牌，如「李維斯牛仔褲」「吉德利巧克力」「富國銀行」「加州銀行」等。由於金礦的發現使得淘金者以及為淘金者提供配套服務的其他人口在舊金山地區聚集，使得舊金山從最初的一個小縣城發展成為美國最重要的城市之一。

中國的攀枝花市同樣也是因為自然資源豐富而興起的城市。攀枝花地區最早僅是縣級規模，但由於該地區蘊含豐富的鐵礦資源，最後發展成為攀枝花市，攀枝花市也成為因為鐵礦開採而形成城市的典型代表。目前，攀枝花市已經成為中國西部最大的移民城市，也是四川省除成都市外唯一的勞動力輸入城市，城市人口數量較大。

當然隨著自然資源的過度利用，城市也可能因為資源的枯竭而走向衰落。由於資源的枯竭，而產業轉型又滯後於資源的消耗，使得路徑依賴下的相關產業開始衰落，造成資源型城市環境污染嚴重，收入水平下降以及人口流失。自2008年開始，國家發改委陸續認定了3批共計69個城市為資源枯竭城市。這些城市或多或少都面臨著資源枯竭、環境破壞、產業發展單一、人口流失以及經濟衰退等問題。

2. 經濟資源影響城市發展

經濟資源是人類在經濟社會發展中有用性的具體體現，是一種附著在物品上的使用價值，而這種使用價值與社會發展水平密切相關，是人類的一定技術和當下的知識條件能夠對經濟發展起促進作用的體現。因此經濟資源主要包括物質資源、信息資源、人力資源、知識資源、金融資源等。而用於經濟發展的自然資源也是經濟資源的一部分，為了與自然資源相區別，本書將經濟資源定義為用於促進經濟發展的非物質資源，包括信息資源、人力資源、金融資源等。

經濟資源的富集將促進城市的發展，如美國的紐約（New York）。紐約市是紐約都會區的核心，也是美國最大城市，同時也是世界最大的城市之一。紐約擁有豐富的人力資源，紐約是美國人口最多的城市，也是個多族裔聚居的城市，擁有來自97個國家和地區的移民。紐約同時擁有豐富的金融資源，紐約是世界三大金融中心之一，擁有大量的企業資金和財政資金，而紐約證券交易所上市公司的市值超過15萬億美元。紐約便利的交通條件、多元的文化融合以及發達的金融體系使之成為世界規模最大的城市之一。

而中國的深圳市在政策支持的背景下，以豐富的人力資源和優越的交通區位條件成為常住人口超千萬人的城市。2014年全市年末常住人口為1,077.89萬人，其中戶籍人口為332.21萬人，非戶籍人口為745.68萬人，占總人口比重的69.2%[1]。深圳成為人口流入最多的城市之一，且流入的人口多是具有較高知識水平的年輕人，使得深圳成為充滿活力的創新之都。

3. 社會資源影響城市發展

社會資源（Social Resource）是指社會在其運行、發展進程中，以及生活在這個社會中的人們在其活動中為了實現自身目的所需要具備或可被利用的，在社會網路下形成的一切條件。社會資源往往和經濟資源相聯繫，被稱為社會

---

[1] 佚名. 深圳市統計局發布深圳市2014年國民經濟和社會發展統計公報 [EB/OL]. [2015-04-22]. http://www.sznews.com/news/content/2015-04/22/content_11492079.htm.

經濟資源。但在本書中為了將兩者進行區分,將社會資源限定為由政府和城市居民在社會網路下形成的促進社會發展的資源,如政治資源、社會公共資源以及具有地域性的文化、藝術等資源。

如義大利的第二大城市米蘭,擁有 180 萬人口,是世界歷史文化名城。米蘭因為其獨特的建築風格、濃厚的藝術氛圍以及前衛的時尚氣質而聞名於世。米蘭是國際公認的時尚之都,也是四大時尚之都中最具影響力的城市。米蘭匯聚了眾多世界時尚品牌,如「阿瑪尼」「範思哲」「普拉達」「杜嘉班納」「華倫天奴」「古奇」「莫斯奇諾」等,米蘭時裝周也是世界最重要的時裝周之一。除此之外米蘭還是歌劇聖地與藝術之都。米蘭豐富的文化資源使之成為義大利經濟發展水平最高、人口最多的城市之一。

政治資源同樣影響城市發展。中國的首都北京則是典型代表。北京是中國首都、直轄市,是全國政治中心、文化中心、國際交往中心、科技創新中心,不僅是中國共產黨中央委員會、中華人民共和國中央人民政府和全國人民代表大會的辦公所在地,也是擁有最多國有大型企業、金融機構、跨國企業總部入駐的城市。在政治資源的帶動下,北京也擁有最高水平的教育資源和醫療資源。豐富的社會資源與經濟資源使得北京市成為常住人口超過 2,000 萬人的超大城市。

4. 小結

城市的資源承載力的大小不僅影響城市規模的大小也會影響城市發展的路徑,自然資源、經濟資源以及社會資源都會對城市的發展產生重大影響。而且自然資源、經濟資源與社會資源在城市發展中相互聯繫且相互作用。不同資源利用方式的改變都將影響相關聯資源的利用程度和利用極限,過度使用某一資源也會使得其他資源利用效率受到影響,導致城市整體資源承載力下降。所以在研究城市資源承載力對城市規模影響的過程中不能顧此失彼、有失偏頗,需要整體考慮三者的聯動性和共同作用。

二、城市規模變動將影響城市資源承載力的變動

城市資源承載力中的自然資源、經濟資源與社會資源會對城市發展帶來重大影響。同樣,城市規模擴大會帶來人類活動範圍的擴大和市場範圍的擴大;資源的過度利用以及生產技術革新帶來的生產和生活方式的改變,同樣會影響資源承載力的大小。

1. 城市規模擴大將影響城市資源承載力

城市規模的擴大,除了人口數量的增加,還伴隨著城市空間規模的擴大、

城市市場規模的擴大以及城市公共服務的擴大。以土地資源為例，在城市建設過程中，往往需要通過徵地的方式將農業用地轉化為建設用地。根據國家統計局的數據，中國城市建設用地面積從 2005 年的 29,637 平方千米增加到 2014 年的 49,983 平方千米，十年中，城市建設用地面積增長了近70%。農業用地用來執行農業生產職能，附著在其上的農作物、樹木以及草類植物則是生態系統中的重要組成部分。在用生態足跡法計算的生態承載力體系中，耕地、林地和草地是生態承載力的重要組成部分。而建築用地則無法成為生態承載力的構成要素。因此，在城市規模擴張過程中必然使得過去的耕地、林地以及草地轉化為城市中的道路、建築以及其他基礎設施，從而使得該地區土地資源減少，生態承載力下降。

另外，城市規模的擴大有助於擴大市場規模，市場規模的擴大有利於區際貿易的增加。在城市規模擴大過程中需要更多生活必需的糧食、蔬菜、水果、畜牧產品、漁產品，這些產品都可以通過區際貿易來實現。而生產中需要的原材料、能源以及半成品也可以通過貿易往來實現，從而增加本地資源存量，提高資源承載力。但是需要注意的是，資源雖然可以通過貿易方式來取得，但是在資源消耗過程中同樣需要對廢棄物進行吸收和容納的資源空間。在城市資源承載力的研究中，要對城市中的能源燃燒所產生的廢氣、人類產生的生活垃圾以及生產中排放的廢渣、廢水等進行專門的分析。

2. 人口集聚帶來的資源不當使用，影響資源承載力

城市規模在快速擴張的同時，要求相應的配套設施及資源同步增加，但是資源的有限性和生產週期的不同使得資源往往被過度利用，再加上人類對資源認識的局限以及自利的行為動機，也導致資源的不當使用，造成資源承載力的下降。

資源的不當使用主要體現在兩個方面。一是資源的過度利用。以水資源為例，北京市是全國乃至全世界水資源最為稀缺的城市之一。為了保證兩千萬人的生活、生產用水需求，從 1999 年開始，北京就開始超採地下水，每年超採約 5 億立方米。連年的超採造成地下水位迅速下降，地下水取水能力已不及過去一半①。地下水總儲量也減少了 65 億立方米，其減少量已超過超採水量。地下水的過度超採使得北京地下水資源儲量出現更大程度的損耗。此外，北京已經形成大面積的地下漏門區②，而漏門區的形成可能使得平原或盆地濕地萎

---

① 佚名. 北京地下水超採嚴重 [EB/OL]. [2014-04-26]. http://www.sina.com.cn.
② 佚名. 北京地下超 1,000 平方千米漏門區中心位於朝陽區 [EB/OL]. [2014-04-26]. http://he.people.com.cn/n/2014/0426/c192235-21085360.html.

縮或消失，地表植被破壞，生態環境退化。城市因為可能發生的地面沉降，對城市基礎設施建設以及人身安全造成嚴重威脅。水資源的過度使用以及過度使用過程中伴生的地質問題將嚴重影響地區資源承載力和城市安全。

二是資源利用後產生的環境污染問題。主要表現為化石能源燃燒後廢氣的排放、居民生活垃圾的處理以及企業生產中排放的廢渣和廢水的污染問題。馬克思在工業革命初期的城市發展中便發現了這個問題。他在論述城市發展困境中提到：「在倫敦，450 萬人的糞便，就沒有什麼好的處理方法，只好花很多錢來污染泰晤士河。」[①] 然而，一百多年過去了，生產技術和生活條件雖然得到了改進，但類似的污染仍然存在，「牛奶河」「彩虹河」問題時常發生，土地重金屬超標等問題層出不窮，環境破壞帶來的水土流失等問題使得自然資源的自淨能力和生產能力受到不可逆轉的破壞，從而影響城市資源承載力水平。

3. 技術進步帶來生產方式轉變，影響資源承載力

在人口的聚集下，城市成為技術的創新與推廣中心，在城市發展過程中，城市的生產方式以及技術水平也在不斷改進和提高。而生產方式的改變和技術水平的提高可能會改變城市的資源可得性和資源的利用方式，從而對城市資源承載力水平產生影響。

城市發展中的技術革新和生產方式的轉變對城市資源承載力會產生兩方面的影響。

一是對城市資源承載力總體水平的影響。如特高壓輸電技術以及水電技術的發展使得「西電東送」項目得以實施。由於中國資源分佈十分不均衡，水資源呈東寡西豐的分佈，東部地區多以火力發電為主，火力發電主要利用煤炭進行發電，這不僅會造成礦石燃料的消耗，還會導致用電地區的環境污染。通過水力發電技術和特高壓輸電技術將西部的水電向東部輸送，不僅為東部地區的生活、生產提供電力保障，還可以通過改變東部地區的能源結構來減少火力發電對地區的污染。據統計，進入 21 世紀以來的 9 年時間裡，「西電東送」項目為東部地區輸送電力近 4,000 億千瓦時，節約了大量的煤炭，同時也減少了菸塵和二氧化碳的排放。通過技術革新使得資源進行重新配置，增強了資源稀缺地區的資源可得性，並間接改善了東部地區的生態環境，提高了東部城市的生態資源承載力。

而「南水北調」工程同樣是由於經濟實力和技術的發展，使得超長輸水線路的鋪設得以實現。南水北調工程分為東、中、西三線。其中東線工程可為

---

① 馬克思. 資本論：第三卷 [M]. 北京：人民出版社，1972：117.

第四章 城市最優規模形成的理論探索

為江蘇省、山東省、安徽省、天津市和河北省五省市提供大量生活、生產用水。中線工程則為首都北京和河北提供珍貴的水資源，根據測算，「南水北調」中線工程的通水可以為北京市每年輸送高達十億立方米的水資源，提高北京市的供水能力，提高北京市的資源環境承載力。

二是在城市發展中，還能通過提高資源利用效率來增強城市資源承載力。在本書中，城市資源承載力是一個人口的容量概念。在資源量一定的前提下，人均資源耗費量越低，城市資源承載力越大。因此，通過改進生產方式提高資源利用效率同樣可以起到提高城市資源承載力的作用。以人均能源消耗為例，北京市近年來以發展高新技術產業為主，逐漸減少能源消耗大、資源消耗多的第二產業，效果明顯。根據國家統計局數據，北京市人均能源消費逐年遞減，人均能源消耗從 2005 年的 1.99 噸/人·年，下降到 2012 年的 1.09 噸/人·年。在資源總量不變的情況下，北京市的資源承載力在能源方面提高了 80%。因此，技術和生產方式的革新與升級同樣會提高城市的資源承載力。

第四節　城市最優規模形成路徑模擬

對城市資源承載力和城市規模間的相互影響進行分析後，就需要構建城市資源承載力下的城市最優規模的求解路徑。結合前人對城市最優規模和資源承載力的研究，本書將構建最優城市規模的推動力和約束邊界：擬將聚集經濟下的城市最優產出規模作為無資源約束的城市最優規模求解基礎，再在此基礎上加入城市資源承載力作為其約束條件，形成資源承載力約束下的城市最優規模研究路徑。

一、無約束的城市最優規模求解路徑

目前，已有的城市最優規模研究大多僅從聚集經濟角度討論產出最大化下的城市規模的求解，抽象為經濟學一般問題，只能將其看作無約束的城市最優產出規模求解問題。在這類問題的研究中，可將城市規模與城市收益間的關係假設為倒「U」型，如圖 4-2 所示。在不考慮資源承載力的約束下，城市收益將隨著城市規模的擴大，呈現出先增後減的形態，而城市最優產出規模的求解則是立足於尋找城市規模與城市收益的具體形態，並以倒「U」型頂點所對應的城市規模作為城市最優規模的解。而在操作層面，可以在最後，通過人口流動管理和人口流動現狀尋找城市可達到最優產出規模的路徑。

城市收益

（城市最優產出規模U*）　城市規模

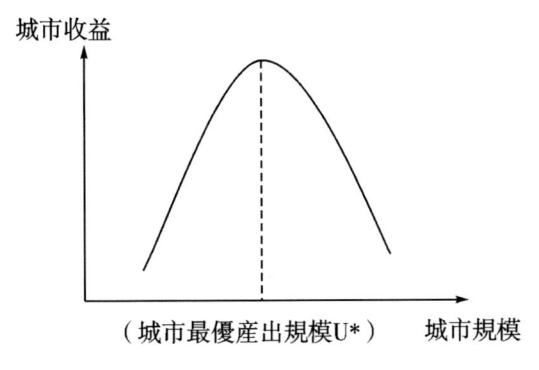

圖4-2　無約束的城市最優規模求解問題

在圖4-2中，橫軸代表城市規模，而縱軸代表城市收益。大多數研究表明，城市收益會隨著城市規模的增加而呈現出先增加後減少的特徵，形成倒「U」型的相互關係。在城市形成之初，隨著城市規模的增加，城市由於聚集經濟的作用，其產出將隨之增加，當城市規模達到頂點 U^* 時，城市產出達到最大化，此時的城市規模 U^* 為城市最優產出規模。

二、資源承載力約束下的城市最優規模求解路徑

中國的城市發展受到地區資源與生態環境的影響，許多城市的發展已經嚴重超過了資源承載範圍，無法達到可持續發展的目的。因此，城市規模的擴大需要以城市資源為支撐，城市自身資源承載力將對城市最優規模路徑形成約束，而在一定生產方式和生活方式下，城市資源承載力將以城市資源存量為基礎，成為制約城市規模擴張的剛性約束。因此，中國的最優城市規模研究應該是受資源約束的城市規模優化問題，如圖4-3所示。

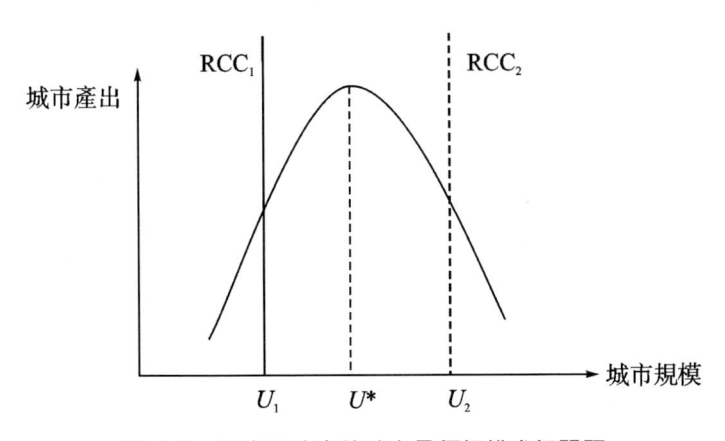

城市產出　RCC$_1$　RCC$_2$

U_1　U^*　U_2　城市規模

圖4-3　受資源約束的城市最優規模求解問題

可以發現，在確定城市規模與城市收益之間關係的同時，需要確定在一定生產水平下的城市資源承載力的大小。圖4-3中的RCC表示某一城市在一定生產條件下的城市資源承載力，RCC₁所對應的城市規模U_1和RCC₂所對應的城市規模U_2表示為在相應生產條件下資源承載力能夠承載的人口規模。以人口規模為橋樑，將城市規模求解函數與城市資源承載力水平相結合，得到兩者的相對位置。

當資源承載力水平在倒「U」左側時，此時城市資源承載力小於城市最優產出規模，城市的最優規模變成有約束的城市最優規模求解問題。城市最優規模為城市資源承載力能夠承擔的人口規模水平U_1，無法達到城市最優產出規模。當資源承載力水平在倒「U」右側時，城市資源承載力水平大於城市收益最大化時的人口規模，城市最優規模的求解轉化為城市最優產出規模的求解問題。此時的城市最優規模則為倒「U」頂點所對應的U^*。本書力求將過去常規的城市最優產出規模求解進行拓展，發展成為受資源承載力約束的城市最優規模求解問題。

第五節　本章小結

本章為本書核心內容的第一部分，主要是明確本書的研究重點。在人口規模和空間規模的比較分析中，本書將城市規模的研究對象確定為城市人口。城市規模的研究在實踐和理論中都獲得了豐碩的成果，但也存在一些問題，如：將城市的資源利用方式和資源儲量相分離；從城市聚集收益的角度討論城市最優規模，忽略了城市資源的有限性；從城市承載力的角度討論城市適度規模又忽略了城市資源的生產性。因此本書嘗試將城市規模形成的動力機制與城市資源承載力為代表的約束機制進行有機結合，尋求資源承載力約束下的收益最大化的城市人口規模。在此背景下，最優規模的城市發展將呈現出非約束性特徵和約束性特徵。非約束性特徵主要體現為城市人口、城市空間規模相對穩定，城市經濟高效、健康發展以及城市管理水平優化。而城市最優規模的約束性特徵則表現為城市宜居度高以及資源可持續利用。

為了尋找城市最優規模，首先就需要弄清楚城市最優規模的形成路徑。城市最優規模的形成由動力機制和約束機制兩方面共同作用。在動力機制方面，城市的宏觀政策、城市政府管理、城市區位條件以及城市的資源稟賦都將推動並影響城市的形成和發展。但這些因素或是政府行為或是短時間內無法改變的

先天區域因素，都是影響城市發展的外生因素。聚集經濟才是促使城市規模擴大的內生因素，這也是本書的研究重點。

其次，城市資源承載力為城市最優規模形成的約束機制。承載力概念經過一百多年的運用，已衍生出了與城市發展相關的諸多概念，但關於承載力的研究也存在一些不足，如某些承載力概念只關注城市發展中單一方面的承載情況，沒有考慮到城市的發展性以及經濟性；或是在承載力研究中加入太多人為因素，使得評價結果存在偏向性，無法客觀反映城市資源與城市規模間的互動關係。本書針對這些問題，將城市資源承載力拓展為在特定生產方式、生活方式和貿易條件下，城市在不損害後代發展權利的前提下所能提供的自然資源、經濟資源以及社會資源能夠維持的城市最大人口數量，並充分考慮了城市資源與城市規模之間的互動關係。

最後，本章深入分析了城市資源承載力與城市規模之間的相互作用路徑。城市資源承載力是城市發展的基礎：在城市發展中，自然資源、經濟資源以及社會資源都將影響城市的興起、發展，對資源的利用不當也可能造成城市的衰落。同時，城市發展也會影響城市資源承載力水平，如城市規模的擴大、對資源的過度利用和環境污染都將導致資源承載力水平的降低。但貿易的擴大、技術的革新有利於提高資源承載力。因此，在研究城市最優規模時必須同時考慮資源的生產性和有限性，在資源可承載的情況下尋找城市產出最大化下的人口規模，將無約束的城市最優規模求解問題擴展為城市資源承載力約束下的城市最優規模求解問題。在接下來的研究中，也將分別針對城市最優規模形成的動力機制和約束機制進行討論。

第五章　城市最優規模動力機制分析：
城市最優產出規模

　　城市最優規模的動力機制分析，是指促使城市規模不斷擴大的因素及其相互作用的路徑研究。在上一章中，已經對影響城市規模的宏觀政策、政府管理、區位條件、資源禀賦以及聚集經濟進行了分析。其中宏觀政策、政府管理、城市區位條件以及城市資源禀賦都是影響城市規模形成的外生性因素。而聚集經濟來源於城市規模的形成和發展，同時又促進了城市規模的擴大，是影響城市規模的內生性因素。聚集經濟的作用原理是通過人口的聚集產生技術外溢等影響，從而提高經濟產出，而城市規模擴大的動力就是經濟產出擴大帶來的；同樣，在無資源約束的城市發展中，城市產出最大時，城市規模最優。本章主要將以聚集經濟為核心的最優產出規模求解作為依據，尋找城市規模擴大的動力源泉。本章主要內容結構如圖 5-1 所示。

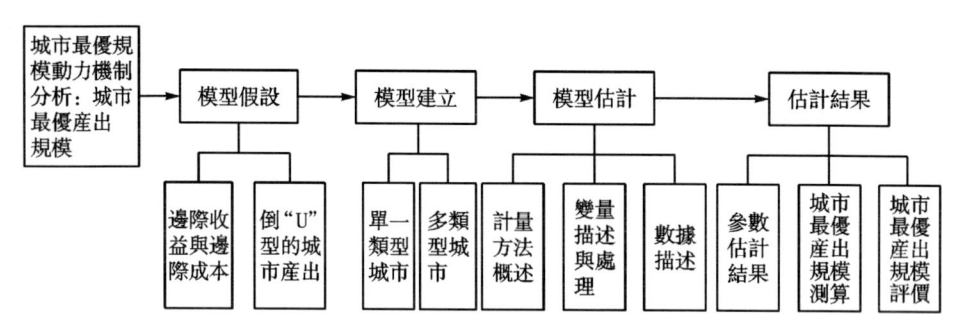

圖 5-1　城市最優規模動力機制分析結構示意圖

第一節　模型假設

在研究過程中，理論研究和現實問題總是存在差距，而合理的假設可以剝離掉一些次要的因素，抓出主要因素，簡化模型，從而反映模型的本質問題。在探求城市最優規模形成動力的過程中，需要對其作用原理、求解路徑和基本形態進行假設。本書將利用經濟學中的投入-產出模型來分析城市發展中的邊際成本與收益的變化規律，並假設城市收益與城市規模相互關係的函數為倒「U」形態，從而求解城市最優產出規模。

一、邊際收益與邊際成本

城市規模的擴大是人口與企業的聚集的結果。企業作為城市發展的微觀個體，其規模選擇、區位選擇以及勞動力需求都將影響城市規模的發展。本書將以企業決策為基礎來分析城市最優產出下的人口規模。在最基本的投入-產出問題中，企業以利潤最大化來確定最優生產規模，而利潤最大化的確定依據是邊際收益等於邊際成本（MR = MC）。邊際收益和邊際成本都是經濟學中的基本概念。邊際收益（Marginal Revenue）是指每多生產一單位產品銷售後帶來的收益的增加。相對應地，邊際成本（Marginal Cost）指的是每新增一單位生產的（或者新購）產品所帶來的總成本的增量。當邊際收益大於邊際成本時，廠商生產淨收益為正，廠商將繼續生產。當邊際成本大於邊際收益時，表明繼續生產會使廠商的利潤降低，因此廠商會縮小生產規模，當邊際收益等於邊際成本時，廠商達到利潤最大化。

將這一思路擴展到城市規模研究當中，借鑑埃戴爾（Edel, 1972）和理查森（Richardson, 1972）的研究思路。假設城市發展中的城市平均收益/成本、邊際收益/成本與城市人口規模的關係如圖 5-2 所示，其中平均收益曲線（AR）代表不同規模下，人均獲得的集聚經濟效益；而平均成本曲線（AC）表示不同城市規模下城市對居民造成的人均負擔，如交通擁擠、環境污染帶來的損失。隨著城市規模的增大，城市平均收益首先迅速上升，隨後逐漸減弱；而城市平均成本則逐漸上升。邊際成本隨著城市規模的擴大，呈現出先下降後上升的變化趨勢；而邊際收益則與之相反，呈現出先增加後減少的變動規律。當城市的邊際收益與邊際成本相等時，則得到城市的最大淨收益。

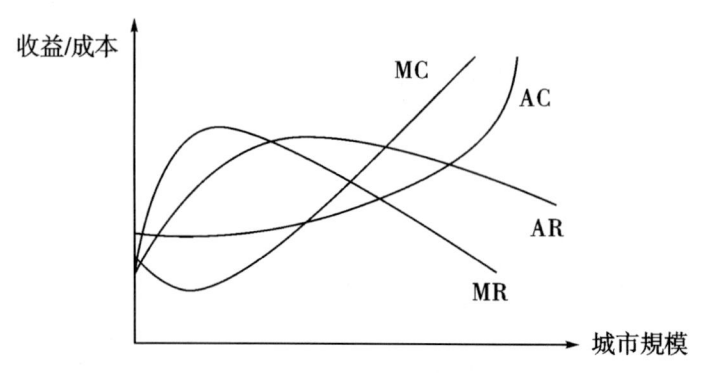

圖 5-2 城市收益與成本隨人口增加的變化情況

從圖 5-2 可以發現，當城市人口達到城市最優產出規模時，平均收益仍然大於平均成本。因此，還會吸引人口進入，當平均成本和平均收益曲線相交後，城市規模才趨於穩定，形成均衡的城市規模。而均衡的城市規模將超過城市淨收益最大時的城市規模。由此可見，四條曲線的不同形態和相對位置將會影響城市規模的大小。① 因此，本書在討論城市最優產出規模時，將運用城市淨收益最大化的概念，以邊際成本與邊際收益的交點來確定城市最優規模。

二、倒「U」型的城市產出

在確定城市最優規模的求解依據後，需要分析城市收益與城市規模的作用方式。從城市的收益/成本與人口規模的關係出發可以發現，在聚集的初期階段，城市擴張獲得的收益將大於成本，這一階段城市規模的增加將提高城市淨收益。但當人口聚集到一定程度後，聚集帶來的收益將逐漸減少，產生的成本將逐漸提高，當聚集的邊際收益低於邊際成本時，城市規模的增加將降低城市的淨收益。這與現實中的城市規律相契合，在聚集初期，城市規模的擴大帶來人口的集聚、市場的擴大、基礎設施的改善以及生產效率的提高。城市規模過大後，將會帶來交通擁擠、生活環境污染、社會犯罪增加等問題，從而造成城市收益的減少。因此，城市淨收益與城市規模之間應呈倒「U」型關係，如圖 5-3 所示。

---

① 周文. 城市化、城市增長與城市結構的理論研究 [J]. 經濟學動態, 2003 (4): 31-34.

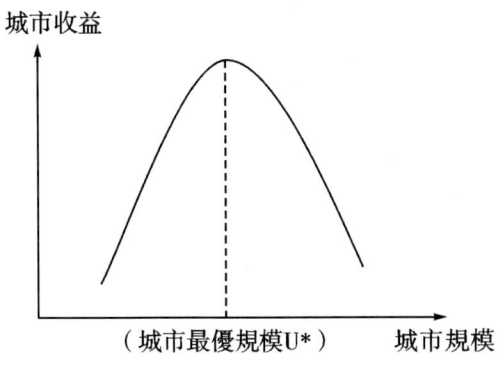

图 5-3 城市收益與城市規模的關係

　　許多學者也以此為假設開展研究。鮑莫爾（W. J. Baumo, 1967）根據研究發現隨著城市人口規模的增長，該城市的經濟聚集水平存在先增加後減小的形態，也就是兩者存在倒「U」型關係。阿隆索（W. Alonso, 1971）在此基礎上建立起阿隆索模型（Alonso Model），用來衡量城市聚集經濟和城市人口數量的二次函數關係，並用此模型來測算城市最優規模。此後許多學者都利用阿隆索模型對城市最優規模進行研究，卡莉（G. A. Carlino, 1982）利用 Alonso 模型對美國 1957—1977 年的城市數據進行量化分析，並對美國的最優城市規模進行估計。Choi Yong-Ho（1998）也利用 Alonso 模型，運用大邱市 1979—1996 年的城市數據，計算韓國大邱市最佳城市規模。另外 J. V. Henderson（1974），Helsley、Strange（1990）[1]，Black、Henderson（1999）[2]，Fujita、Krugman、Venables（1999）[3]，Duranton、Puga（2001）[4] 等學者都認為城市收益（人均勞動力收入）與城市規模存在倒「U」型關係，並展開相關城市研究。本書也將沿用這些前輩的研究思路，假設城市淨收益與城市規模間存在倒「U」型關係，並以此作為計量分析的基礎。

---

[1] HELSLEY R, STRANGE W. Matching and agglomeration economies in a system of cities [J]. Journal of Urban Economics, 1990 (20): 189-212.

[2] BLACK D, HENDERSON V. Urban evolution in the USA [J]. Journal of Economic Geography, 2003, 11: 343-373.

[3] FUJITA M, KRUGMAN P, VENABLES A J. The spatial economy [M]. Cambridge: MIT Press, 1999.

[4] DURANTON G, PUGA D. Nursery cities [J]. American Economic Review, 2001, 91: 1454-1463.

第二節　模型建立

　　構建模型，是通過數量化的語言對問題的因果關係及相互作用進行描述。城市規模的形成是人口和企業在空間上的聚集過程。因此，城市規模形成的微觀基礎在於人口和企業對城市的選擇過程。當企業實現利潤最大化，居民實現福利最大化，以及在此基礎上實現城市最大化收益時，人口規模便為城市最優產出規模，也是形成有資源承載力約束下的城市最優規模的驅動力。人均收益是衡量城市收益的重要指標之一，Tolley（1974）最早提出了一個分析城市規模如何影響國民收入和成本的框架①，Henderson（1974），Fujita、Krugman、Venables（1999），Durarton、Puga（2001）通過不同的經濟模型論證了城市居民人均收入和城市規模的關係。本書將在前人研究的基礎上，利用城市規模與人均收益的關係，對中國城市最優產出規模進行分析。

　　但由於城市地理位置、文化傳統以及經濟發展階段的不同，城市的產業結構以及發展水平也存在差異。因此城市的最優產出規模也不是統一的，需要根據城市的實際情況來分析。本書首先將所有城市都簡化為同一類型城市，構建最優產出的求解路徑；再通過引入產業系數等，將城市進行分級，探尋多類型城市最優產出規模的求解問題。

一、單一類型城市的最優產出規模

　　為了簡化研究，本書將首先分析單一類型城市（或是說所有城市都是同一類型）的最優產出規模。企業從城市中雇傭勞動力，個人為企業提供勞動力的同時，還會購買和消費企業生產的產品，在此過程中實現企業利潤最大化和人口福利最大化，並最終達到城市淨收益最大化。在此條件下，將會達到一個均衡的勞動力供需市場，而勞動力的供需量則是確定城市最優產出規模的依據。因此，本書將從企業生產函數和居民福利函數入手，對城市產出最大化下的勞動力需求進行分析。城市中的企業分為兩類：一類為生產本地產品和提供本地服務的企業，這裡稱為本地產品商；另一類為生產對外貿易商品的貿易商品生產商。這兩種企業為城市提供產品並吸納所有勞動力。為便於分析，本書

---

① TOLLEY G, GARDNER J, GRAVES P. Urban growth policy in a market economy [M]. New York: Academic Press, 1979.

亦遵循一般研究習慣，假設所有企業涉足的市場都是壟斷競爭市場，而所有產品及服務都遵循 Dixit-Stiglitz 模型（壟斷競爭模型）。因此，所有產品都是差異化的產品。本地產品商生產的本地產品和服務不能進行區際交易，只能用於本地消費，或出售給貿易產品商和居民。本地產品及服務不僅為最終產品廠商提供中間產品，包括原料、半成品等，也為本地人口和企業的生產和生活提供服務。因此，本地產品商為居民提供的衣、食、住、行和其他生產所需商品和服務都屬於本地產品。

而貿易商品生產商生產的產品成為貿易品，這些貿易品不能用於本地消費，而全部進行區際交易。換句話來講，專門為本地消費提供產品和服務的為本地生產商，其生產的產品為本地產品；專門為城市間貿易生產產品的企業為貿易產品生產商，其生產的產品成為貿易品。所有的貿易品在運輸到其他城市過程中產生的運輸成本都遵循冰山運輸成本①。下面將分別對本地產品商和貿易商品生產商進行投入產出分析。

1. 貿易產品商投入產出分析

（1）生產函數構建。假設在單一（或單一類型）城市中，貿易產品商將投入資本 k_y、有效勞動 l_y 以及 n_x 種中間產品 $x(i)$ 來生產貿易產品 $y(i)$。在生產貿易產品過程中會存在固定成本 c_y，固定成本 c_y 只與貿易產品的數量有關，將會影響本地市場中廠商的規模和數量。因此貿易產品商的淨產出 $\tilde{y}$ 等於總產出扣除固定成本，可表示為：

$$\tilde{y} = y(i) - c_y = A(\cdot) k_y^{\alpha} l_y^{\beta} \left(\int_{n_x} x(i)^{\rho} di \right)^{\lambda/\rho} - c_y \qquad (5-1)$$

假設要素投入遵循規模產出不變的規律，即 $\alpha + \beta + \lambda = 1$，$0 < \rho < 1$，根據馬歇爾的外部經濟理論，廠商在集聚過程中，由於市場規模的擴大提高了中間投入品的規模效益，促進了信息交換和技術擴散，帶來了外部經濟收益。按照以前研究文獻裡通常的做法，這裡假設技術進步與集聚規模有關，可表示為：

$$A(\cdot) = AL^{\varepsilon} \qquad (5-2)$$

其中，L 表示城市有效勞動總量。n_x 表示本地產品的數量，在聚集過程中，n_x 將隨著城市規模的擴大而增加，而根據 Duranton、Puga（2004）的研究，本地產品的種類增加將會帶來聚集收益。而假設單位最終產品的中間投入是一定

---

① 在經濟學中運輸成本一般被看作「冰山」，冰山在漂流過程中由於海洋氣流和風的作用會溶化掉一部分（Samuelson，1952）。後來 Krugman 將其應用於國際貿易研究，表示一單位運往外地的產品中只有一部分能夠到達目的地，其餘部分都消耗在途中，消耗掉的就是運輸成本。

的，可以將總產出改寫為 $y = A(\cdot) k_y^\alpha l_y^\beta (xn_x)^\lambda n_x^{\lambda(1-\rho)/\rho}$，而 $n_x^{\lambda(1-\rho)/\rho}$ 就表示本地中間投入增加帶來的規模效應。而根據新經濟地理，最終商品的運輸成本將會對消費者產生隱性的集聚收益。

在國際、國內市場中的任意一個城市，廠商都是一個壟斷競爭者，假設在 j 城市，廠商對 y 商品的最優定價為：

$$p_{y,j} = MP_j^{1/\sigma_y} (y - c_y)^{-1/\sigma_y} \qquad (5-3)$$

其中，價格的需求彈性 $\eta_y = -\sigma_y$，用來測算廠商對中間商品投入的需求。對於 j 廠商來說，市場潛力 $MP_j = \sum_k \dfrac{E_k I_k}{\tau_{jk}^{\sigma_y - 1}}$，是所有其他地區市場對商品需求的總和，其中，$E_k$ 表示另一個城市 k 的消費者總支出，τ_{jk} 表示單位商品從 j 城市運到 k 城市所承擔的冰山成本；而價格指數 $I_k = \left[\sum_m s_{y,m} (p_{y,m} \tau_{km})^{1-\sigma_y} \right]^{-1}$，假設城市中廠商的行為一致，價格指數也是包含所有其他市場的和。其中，$s_{y,m}$ 表示所有在 m 城市生產的最終商品，$p_{y,m}\tau_{km}$ 表示在 j、k 之外的 m 城市生產的貿易商品在城市 k 的有效價格，因此，貿易生產商面對的市場潛力除了與自身產品價格有關外，也與其他城市的貿易商品價格有關。

(2) 最優解求解。對於貿易產品生產商來說，付出的成本是資本投入成本、勞動力雇傭成本以及中間產品的投入成本。假設廠商利潤為銷售收入減去固定成本、中間投入、勞動力成本以及資本成本。而企業的生產目的是實現利潤最大化，因此貿易產品生產商利潤最大化函數為：

$$\max \pi_y = \max \left\{ p_y \left[A(\cdot) k_y^\alpha l_y^\beta \left(\int_{n_x} x(i)^\rho di \right)^{\lambda/\rho} - c_y \right] - \int_{n_x} p_x(i) x(i) di - w l_y - r k_y \right\} \qquad (5-4)$$

其中 p_y 表示最終產品的價格，w 表示有效勞動力的工資，r 表示資本回報率，即資本的使用成本。$p_x(i)$ 表示本地中間投入 $x(i)$ 的價格，即中間投入的成本。因為 $p_y = MP^{1/\sigma_y}(y - c_y)^{-1/\sigma_y}$，將價格函數帶入利潤函數中，根據利潤最大化的要求，對資本 k_y、有效勞動 l_y 以及中間投入 $x(i)$ 分別求一階條件，整理後獲得如下式子：

$$MP^{1/\sigma_y} (y - c_y)^{-1/\sigma_y} \left(\frac{\sigma_y - 1}{\sigma_y} \right) \alpha y / k_y = r \qquad (5-5)$$

$$MP^{1/\sigma_y} (y - c_y)^{-1/\sigma_y} \left(\frac{\sigma_y - 1}{\sigma_y} \right) \beta y / k_y = w \qquad (5-6)$$

$$MP^{1/\sigma_y} (y - c_y)^{-1/\sigma_y} \left(\frac{\sigma_y - 1}{\sigma_y} \right) \lambda y / (n_x x) = p_x \qquad (5-7)$$

2. 本地產品商投入產出分析

本地產品商為了給貿易產品商提供中間產品以及為居民生活提供生活必需品，同樣需要進行要素投入。其生產函數遵循 Dixit-Stiglitz 壟斷競爭市場的產出模型。而成本函數需要進行進一步假設，在提供非貿易產品及服務中，將產生一定的成本，但與貿易產品商的投入不同，本地產品商在提供本地服務時，更多地是以勞動密集型的行業為主，而主要投入也是人力資本投入。當然，還有其他投入，但為了方便分析並與貿易品生產商相區別，將其成本設定在對勞動力的需求上，而成本函數定義在單位勞動成本上：

$$l_x = f_x + c_x X \tag{5-8}$$

其中，f_x 表示單位勞動力的固定成本，c_x 表示為單位有效勞動力的邊際成本；而 X 表示為中間產品總產出量，表示中間品產出越多，投入的成本越高。這裡同樣假設中間產品只在本地的壟斷競爭市場中進行交易。

假設本地產品商的價格需求彈性 $\eta_x = -(1-\rho)^{-1}$，以本地產品商達到利潤最大化為目標。在 Dixit-Stiglitz 壟斷競爭模型下，本地產品商的本地商品及服務價格、產品產量以及成本的最優解可表示為：

$$p_x = \frac{wc_x}{\rho} \tag{5-9}$$

$$X = \frac{f_x \rho}{(1-\rho)c_x} \tag{5-10}$$

$$l_x = \frac{f_x}{(1-\rho)} \tag{5-11}$$

3. 市場出清下最優解求解

對整個城市而言，貿易產品商和本地產品商共同的勞動力需求構成本地勞動力需求，而本地產品商提供的中間商品是二者的橋樑。s_x 表示本地產品商的數量，s_y 表示貿易產品商的數量，x 是單個貿易產品商對中間產品的需求量，而 X 則是貿易產品商對中間產品的總需求量。由此可得：

$$s_x l_x + s_y l_y = L \tag{5-12}$$

$$X = s_y \times x \tag{5-13}$$

假設本地產品商和貿易產品商的有效勞動需求比為 γ/β，結合（5-11）式，得到 l_y 的表達式：

$$l_y = \frac{\beta}{\gamma} \times \frac{f_x}{1-\rho} \times \frac{s_x}{s_y} \tag{5-14}$$

再利用（5-12）式可以得到本地產品品種的最優數量的表達式：

$$s_x = \frac{\gamma}{\gamma + \beta} \times \frac{(1-\rho)}{f_x} \times L \qquad (5\text{-}15)$$

最後可以得到貿易產品品種最優數量的數學表達式：

$$s_y = Q^{\frac{1}{1-\alpha}} M P^{\frac{\alpha/\sigma_y}{1-\alpha}} r^{\frac{\alpha}{1-\alpha}} A^{\frac{1}{1-\alpha}} L^{\frac{\varepsilon+\gamma/\beta+\rho}{1-\alpha}} \qquad (5\text{-}16)$$

4. 居民效用與有效勞動力供給

（1）居民效用函數。為了解決這個模型問題，我們需要知道該城市廠商對勞動力和資本的需求量，而這可以推演為該城市對貿易產品的勞動力和資本的需求量。假設 p_y 是貿易產品的價格，在壟斷競爭模型中，將會隨著廠商的產出而變化。假設消費者的效用函數，如下：

$$U = \left[\int y(i)^{\frac{\sigma_y-1}{\sigma_y}} di\right]^{\frac{\sigma_y-1}{\sigma_y}}, \quad \sigma_y > 1 \qquad (5\text{-}17)$$

（2）有效勞動力供給。城市最優產出規模的推演來自於對城市有效勞動力的推算，目前，我們考慮的是規模經濟帶來的收益，而沒有考慮到規模收益帶來的不利因素。但城市的過度聚集同樣會造成效率的損失，如城市規模的擴大，將增加人們通勤的距離和時間。假設在單一類型城市中，只有一個中央商務區（CBD）位於城市的中央，所有勞動力都在 CBD 工作，而人口均勻分散在 CBD 的周圍，將 CBD 縮略成一個點，則可以測量人口通勤的距離。同時假設這個城市呈圓形分佈，勞動力總量為 N，則該城市的半徑為 $\pi^{1/2}N^{-1/2}$。生活在與中央商務區距離為 h 的人口每單位路程將耗費時間 t，通勤的總成本則為 td，而整個城市在通勤上花費的成本為 $\int_0^{\pi^{1/2}N^{-1/2}} 2\pi h(th) dh$，其中 $\pi h dh$ 的人口生活在離 CBD 半徑為 h 的生活圈內，整合後城市人口通勤的總時間為 $2/3\pi^{1/2}tN^{3/2}$，那麼可以推算出該城市的有效勞動力 L：

$$L = N - (2/3\pi^{1/2}t)N^{3/2} \qquad (5\text{-}18)$$

通過建立效勞動力和城市規模的關係，可以以企業利益最大化為標準，來選擇最優的勞動力需求，從而求解城市最優的人口規模。

5. 最終模型求解

在得到貿易產品商和本地產品商的均衡解後，利用城市勞動力規模 N 的表達式替代有效勞動供給 L 可以求出人均最優產出和城市規模的關係，而城市最優產出下的勞動力規模 N^* 可以表示為式（5-19），城市最優產出下的勞動力規模可轉化為如下參數估計值：

$$N^* = \left\{\frac{\varepsilon + \gamma(1-\rho)/\rho}{a_0[\varepsilon + \gamma(1-\rho)/\rho + 1/2(\varepsilon + \beta + \gamma/\rho)]}\right\}^2 \qquad (5\text{-}19)$$

得到城市最優產出下的勞動力規模的數學表達式後，可對其進行靜態分析：ε 表示城市規模的外部性特徵，$\partial N^*/\partial \varepsilon > 0$，表示外部性特徵的增強將優化城市產出規模，將倒「$U$」型的波峰往上移動。$\rho$ 代表要素替代率，$\partial N^*/\partial \rho < 0$，替代率與最優產出規模為反向關係，要素替代率越低，表示生產中間品的投入減少或產品多樣性的價值提升，城市最優產出規模將上升。γ 表示中間投入效率，表示部門經濟多樣性，但其影響由 $\beta(1-\rho)$ 與 $\varepsilon\rho$ 的相對大小來確定。當 $\beta(1-\rho) > \varepsilon\rho$ 時，$\partial N^*/\partial \gamma > 0$，表示當限制規模外部性特徵 ε 時，會影響勞動力私人回報 β。這時，規模外部性的增加或者是部門經濟多樣性增加，將提高城市最優產出規模。

雖然獲得了城市產出規模的數學表達式，但根據已有的數據來源，並不能直接對其進行計算，因為並不能直接得到資本的價格，無法直接得到資本的使用成本。而根據已有的數據基礎，可以通過城市資本增加量來進行轉換，間接得到城市規模的表達式：

$$CV = QMP^{1/\sigma_y} AK^\alpha (N - a_0 N^{3/2})^{\varepsilon+\beta+\gamma/\rho} \qquad (5-20)$$

其中 CV（City Value）表示城市總資本增加量，Q 是參數的組合，為常數。通過已有的數據基礎，對參數進行估計，可以得到城市最優產出規模。為了計量的便利，將城市產出定義為勞均產出，兩邊同時除以勞動力總量 N，再進行對數化，得到：

$$\ln(CV/N) = 1/\sigma_y \ln MP + \ln A + \alpha(K/N) + \\ [\ln Q + (\beta + \gamma/\rho + \varepsilon)\ln(N - a_0 N^{3/2}) - (1-\alpha)\ln N]$$
$$(5-21)$$

該式可以作為單一類型城市勞動力規模的計量依據。但是在現實中，城市類型是多種多樣的，需要對城市類型進行拓展，再進一步展開分析。

二、多類型城市的最優產出規模

在城市實際發展進程中可以發現，城市間具有不同的等級和類型。中國的成渝城市群，橫跨四川省和重慶市，以成都、重慶兩市為雙核，主要範圍包括四川省內的成都、綿陽、德陽、樂山、眉山、遂寧、內江、南充、資陽、自貢、宜賓、廣安、達州以及重慶主城九區及各縣；美國的紐約都市圈包括波士頓、紐約、費城、巴爾的摩和華盛頓5個大城市，以及40個10萬人以上的中小城市；另外還有東京都市圈以及長三角、珠三角等城市群形態。這些城市群中的城市規模不同，在經濟發展中扮演的角色也不同。因此，本書將結合現實，體現不同城市間存在的不同類型和等級，同樣也將從理論層面體現不同城

市的差異化的最優產出規模。在這一部分，本書將單一城市類型求解擴展為具有不同等級的多類型城市的最優產出規模求解問題。

城市間差異體現在許多方面，如城市地理位置、資源禀賦、經濟發展水平、人均收入以及產業優勢等，因此，表徵城市差異的指標很多。其中產業結構作為衡量經濟發展水平和發展質量的重要指標，對城市的經濟發展水平、社會發展水平以及未來發展潛力都具有重要代表性。借鑑 Au、Henderson（2005）對城市體系的研究，本書選擇表示產業結構差異的產業結構比來表示城市差異。產業結構比（Manufacturing to Service Ratio，MS）指的是第二產業與第三產業產出總量之間的比例。地區產業結構表明了當地的經濟發展狀況和發展階段，而第二產業與第三產業的發展是工業革命用以衡量地區發展最重要的指標，隨著社會經濟的發展，產業結構比同樣能夠衡量不同城市的發展階段與發展定位，其中 MS 越大，表明該地區工業發展越強，服務業發展較弱；MS 越小，表明該地區第三產業越發達，而以工業為代表的第二產業相對薄弱。表 5-1 為中國主要城市的產業結構比變化情況。

表 5-1　　　　　2011—2015 年中國主要城市 MS 情況

地區	2011 年	2012 年	2013 年	2014 年	2015 年
北京	0.30	0.30	0.28	0.27	0.25
天津	1.14	1.10	1.04	0.99	0.89
石家莊	1.24	1.24	1.17	1.07	0.98
太原	0.87	0.84	0.80	0.68	0.61
呼和浩特	0.62	0.62	0.51	0.44	0.41
瀋陽	1.16	1.16	1.18	1.10	1.01
大連	1.26	1.25	1.19	1.05	0.85
長春	1.29	1.24	1.32	1.28	1.15
哈爾濱	0.77	0.68	0.65	0.61	0.58
上海	0.71	0.64	0.57	0.53	0.47
南京	0.86	0.82	0.79	0.73	0.70
杭州	0.96	0.90	0.83	0.76	0.67
寧波	1.36	1.26	1.20	1.19	1.13
合肥	1.40	1.41	1.40	1.42	1.23
福州	1.01	0.99	1.00	0.98	0.90

表5-1(續)

地區	2011年	2012年	2013年	2014年	2015年
廈門	1.07	0.97	0.92	0.82	0.78
南昌	1.62	1.46	1.39	1.36	1.32
濟南	0.78	0.74	0.71	0.70	0.66
青島	1.00	0.95	0.91	0.87	0.82
鄭州	1.46	1.38	1.34	1.11	1.01
武漢	0.98	1.01	1.02	0.97	0.90
長沙	1.42	1.42	1.36	1.30	1.13
廣州	0.60	0.55	0.52	0.51	0.47
深圳	0.87	0.80	0.77	0.74	0.70
南寧	0.77	0.79	0.83	0.82	0.79
海口	0.36	0.36	0.34	0.27	0.25
重慶	1.53	1.33	0.97	0.98	0.94
成都	0.93	0.94	0.91	0.87	0.83
貴陽	0.80	0.79	0.73	0.69	0.67
昆明	0.96	0.94	0.90	0.77	0.72
拉薩	0.55	0.57	0.58	0.62	0.63
西安	0.85	0.82	0.83	0.71	0.62
蘭州	0.99	0.96	0.90	0.73	0.62
西寧	1.24	1.16	1.20	1.07	0.99
銀川	1.27	1.29	1.26	1.28	1.19
烏魯木齊	0.84	0.72	0.67	0.59	0.43

不同類型城市的產業結構不同，相應的產業結構比也不相同。如產業結構比最小的為北京市。北京市是中國的政治、經濟、文化中心，其強大的社會資源使得其服務業發展迅猛，在未來，北京市將強化其全國政治中心、文化中心、國際交往中心、科技創新中心的核心功能[①]，因此其第三產業的比重將更高。與北京相鄰的天津市的第二產業經濟總量高於第三產業經濟總量，而天津市在京津冀協同發展中的定位，是全國先進製造研發基地、國際航運核心區、

---

① 在2015年通過的《京津冀協同發展規劃綱要》中明確提出了城市定位。

金融創新示範區、改革開放先行區。天津市在產業上與北京市實行差別化的發展戰略，在產業結構上也就不同。

本書將第三產業總量占二、三產業總量和的比例設定為 γ，根據不同部門的產出數學表達式，可以將產業結構比表達成如下關係：$MS = (1-\gamma)/\gamma$。因此，根據參數的變換，可以轉換成：$\gamma = 1/(1+MS)$，並將其帶入模型中進行分析。

城市差異的存在，使得城市中居民的效用函數也會不同，因此，居民的效用函數改寫為：$U = \prod_h \left[\int y(i)^{\frac{\sigma_h-1}{\sigma_h}} di \right]^{\frac{w_h \sigma_h}{\sigma_h-1}}$。其中，$h$ 表示不同的產品，而消費的權重 w_h 會在不同城市存在差異。

假設不同城市生產同一產品也會存在不同的效率，雖然這在已有的數據基礎中無法直接獲得，但根據城市發展規律來看，城市發展水平提高伴隨著第二產業比重下降、第三產業比重上升的規律。因此，可以以不同城市產業結構比來衡量城市的生產差異，同樣也可以以產業結構比的變化來衡量城市經濟發展水平的變化。

可以發現，如果城市的產業結構比發生變化，相應的 γ_h 就會發生變化，在企業生產規模不變的假設下，不同投入的參數將發生變化，從而影響到不同城市的最優規模。在存在不同等級城市的城市體系中，城市規模與城市增加值的關係改寫為：

$$CV' = Q'MP^{1/\sigma_y} AK^\alpha (N - a_0 N^{3/2})^{\varepsilon+\beta+\gamma/\rho} \left[(N - a_0 N^{3/2})^{(1+MS)^{-1}} \right]^{1-\rho/\rho} \quad (5-22)$$

這裡的 Q' 為參數的組合，這裡我們同樣認為是常數。為了方便計量，將城市產出定義為勞均產出，兩邊同時除以勞動力總量 N，再進行對數化處理。因為 $\beta + \gamma$ 和 $\rho + \varepsilon$ 會隨著 MS 而變化，因此在計量中，直接將其合併進入 MS 中進行核算，可以將其改寫為：

$$\ln(CV/N) = 1/\sigma_y \ln MP + \ln A + \alpha(K/N)$$
$$+ [a_1 N - a_2 N^2 - a_3 N \times MS + a_4 MS + a_4 MS^2] \quad (5-23)$$

通過上述變換，利用中國各個城市的第二產業與第三產業的比例，以及其他表徵城市差異的指標，根據已有的統計數據，對城市最優產出規模進行計量和求解。從理論上分析可知 a_1、a_2、$a_3 > 0$，以及 $a_1 - a_3 MS > 0$，通過優化勞均產出以及勞均資本比，可以得到最優規模的表達式：

$$N^* = \left(\frac{a_1 - a_3 MS}{2a_2} \right) \quad (5-24)$$

第三節　模型估計

一、計量方法概述

在第二節中已經得出了城市規模與城市產出間的函數關係。對函數進行對數化處理便可得到相應的估計，如下式（5-25）。其中，除了上文已經敘述的變量外，X 表示城市的其他控製變量，ε 表示誤差項，可以在本式的基礎上對城市規模與產出的關係進行模擬。

$$\ln(CV/N) = C + 1/\sigma_y \ln MP + \ln A + \alpha(K/N) + a_1 N + (-a_2) N^2 +$$
$$(-a_3) N \times MS + a_4 MS + a_4 MS^2 + \beta X + \varepsilon \quad (5-25)$$

根據式（5-25）可以對城市產出與城市規模關係進行計量估計。但需要注意的是計量分析中的內生性問題。可能存在因為遺漏其他影響城市產出的因素，或因為解釋變量與被解釋變量相互影響互為因果，造成估計的偏誤。例如，由於引進新的技術而帶來生產效率的提高，從而影響城市的投資與工資水平造成城市規模的擴大。而城市規模的擴大帶來供求市場的擴大又有利於技術水平的引進與提高。這樣的問題帶來的計量上的偏誤被稱為內生性問題。解決內生性問題最常用的方法為工具變量法。

工具變量法是在存在內生性問題的模型中，利用工具變量來替代有偏變量進行估計的方法。工具變量法的具體方式是尋找一個與模型產生內生性問題的解釋變量高度相關的變量，但卻不與隨機誤差項相關，那麼就可以用此變量對內生的解釋變量進行替代後，迴歸得到一個一致估計量。工具變量法的核心是尋找合適的工具變量來對產生內生性問題的變量進行替代以獲得無偏估計。

二、變量描述及處理

由於估計模型中存在市場潛力、技術等無法直接獲得的變量以及內生性問題，因此需要對變量進行處理和選擇。

1. 內生性問題變量處理

由於城市系統的複雜性和城市發展因素的系統性影響，再加上中國市場化進程較為緩慢，在計量估計中，內生性問題較為嚴重，本書也將從城市發展現實入手，針對變量存在的內生性問題進行討論，並選取合理的工具變量。

本書研究的是 2013 年城市發展規模與城市產出的關係，城市的發展除了

受到市場化要素投入的影響，由於中國特殊的發展體制，城市在最初發展階段還受到非市場因素的影響。由於政治因素、社會因素以及其他不可觀測因素對城市產出的影響將影響如今城市規模的形成，而這些變量同時也存在內生性的問題，可以利用工具變量法來進行一致性估計。

另外，為了控製城市經濟要素的內生性問題，選擇利用1997年及2000年的相關數據如資本勞動比、大專生及以上人口數的比例、城市建成區的面積、第一產業產值與其他產業產值比以及城市境外直接投資等（FDI），來替代2013年的技術變量、經濟變量等。這些以前變量的狀態與現在的狀態有著緊密聯繫，但與現在的城市產出不存在直接關係，滿足工具變量要求。

2. 間接變量處理

從城市規模與城市產出間的關係式可以發現，一些變量難以直接獲取，如技術變量 A 和衡量市場潛力的變量 MP 都無法直接利用已有的數據基礎來獲得，這些間接變量需要進行進一步處理。

（1）關於技術水平變量 A 的處理。技術水平是影響城市經濟發展和社會發展的綜合性影響因素，無法直接計量。根據前人的研究，可以利用兩個指標來表示城市的技術水平。一是城市大專生及以上學歷學生人數占勞動力總人數的比例，根據已有的研究和社會發展現狀可知，地區培養的高等教育學生占比越多，能夠在一定水平上表明該地區勞動力的學歷、素質越高，也能代表該地區的勞動生產技術越高。二是利用國外直接投資除以該城市勞動力總量的平均國外直接投資來表現有效技術水平。雖然這一指標對技術水平有一定的表徵作用，但是由於其表現與經濟水平存在「內生性」問題，因此需要加入工具變量，如2003年該省的科技投入以及2003年該地區外資利用情況以及2010年人口普查中該省的大專以上人口占勞動力的比例。

（2）關於市場潛力變量 MP 的處理。市場潛力表示國內外市場對本城市商品的需求程度，也就是衡量該城市的市場輻射度指標。有關文獻對該指標的構成進行了一些研究，如 Overman（2003）、Hummels（2004）從交易信息流的角度對不同國家間的產品進行了匹配研究。但是由於工作量巨大，也不是研究重點，在這裡將不再開展研究。再加上中國人口流動的限制，無法利用人口完全流動下的最優化市場方程（Hanson，2005）來求解影響城市市場潛力的關鍵因素。鑒於以上因素，本書將根據市場潛力的表達式，構建一個以中國市場發展為特色的市場潛力運算體系。

根據市場潛力表達式 $MP_j = \sum_k \dfrac{E_k I_k}{\tau_{jk}^{\sigma-1}}$，需要求解產品支出 E，從城市 j 到

城市 k 的交通運輸成本等。對於支出的衡量,本書將採取省級行政區劃下所有城市和農村的 GDP 來衡量。關於距離對運輸成本的影響,在文獻中一般將運輸成本認為是技術和距離的函數(Hummels,2004),使得 $\tau_{jk} = Sd_{jk}^{\delta}$,但對 δ 的取值有不同的研究,Hummels(2004)對美國的運輸成本進行研究,將鐵路運輸值定為 0.57。而 Poncet(2004)則將其定為 0.82,則 δ_y 取值為 1.6[①]。根據目前的經濟發展狀況和交通技術發展條件,本書認為將 δ_y 定為 0.8 左右較為合適。

城市內部的交通指數用於衡量城市內部市場的便利性,同樣假設城市或商圈呈圓形分佈,那麼城市內部人口到市場的距離為人口到市中心的距離(Davis & Weinstein,2001)。因此以一個勻質的圓來假設城市形態,則可以將城市內消費者到市場的距離設定為:$d_{jj} = (2/3)r$,其中 r 為該城市的市區半徑。而 S 的確定則是以城市內部運輸 $Sd_{jj}^{0.8} = 1$ 來求解。

對產品獨特性 I_k 的確定,表示在同一類型商品中(包括進口和本地產品),該商品獨特性帶來的價格差異。由於無法獲得商品的價格數據以及無法對商品進行區別,對該變量的構建存在一定難度。這裡借鑑 Head 和 Mayer(2004)的研究結果,將 I_k 標準化為 1 並設定為標準市場潛力來展開研究,並分析由此帶來的偏誤造成的影響。為了簡化分析,這裡將城市市場分為國內市場和國外市場。市場潛力可以分為兩個部分,用公式表示為:$\ln MP_j = \ln\left(\sum_{k \in China}\frac{E_k}{Ad_{jk}} + \frac{E_f}{Ad_{j,coast}}\right)$,其中國內市場是到其他城市和本城市市中心的相對距離和位置,國外市場是到中國最近的沿海地區的位置,E_f 表示國際收入,為方便計算,可以得到:

$$\ln MP_j \approx \ln(MP_{j,domestic}) + \frac{E_f}{MP_{j,domestic}(Ad_{j,coast})} \qquad (5-26)$$

3. 變量選擇

可以發現,在研究中選定的許多影響城市規模的指標如人均產出、城市聚集效率等都無法直接對應數據來源進行表徵,而需要其他一些可以直接獲取數據的指標來間接進行代表。根據數據可得性和研究相關性,本書主要選擇以下變量進行計量分析:

第一,城市人口,利用年末常住人口指標來衡量。雖然目前統計分錄中存在年末戶籍人口、年末常住人口等指標。但年末常住人口是指統計指標中的常

[①] PONCET S. A fragmented China: measure and determinants of Chinese market disintegration [J]. Review of International Economics,2005,13:409-430.

住人口概念，是指在完整年度內，經常在家或是超過半年在家，且經濟收益與生活成本都與家庭共擔的人口。這表明其經濟活動和生活活動多處於該城市，對城市規模造成影響。因此原則上來說，以該指標來衡量城市人口更為科學。

第二，城市產出，通常以城市國內生產總值（GDP）來衡量，國內生產總值是指按市場價格計算的一個國家（或地區）所有常住人口或企業在一段時間（通常是完整年度）內經濟活動的總價值。如果以物質來衡量，國內生產總值是所有在當地的常住人口和單位在一定時期內最終消耗的產品和服務的價值以及產品和服務的淨出口價值之和。本書將以市場價格表示的價值形態來作為研究憑藉。

第三，產業結構比（MS），因為城市是非農產業的聚集地，也是第二產業與第三產業的聚集地，因此第二產業與第三產業國內生產總值比可以表示城市產業結構比。

第四，城市雇傭勞動力，指的是城市中的從業人口總量。

第五，資本，初始投入資本是指在獨立核算系統中的工業企業初始投入資本量，在這裡用不包含農戶的固定資產投資來表示。

另外，還有一些變量表徵社會發展的指標，如道路建設、人力資本儲備、每萬人擁有醫務人員的數量、大專及以上專職教師數量、學生數量，以及互聯網接入戶數等指標。

除此之外，還可用多個控製變量來表示城市的區位條件，如建成區面積、道路建設裡程等。而在計算城市潛力時需要獲取城市與城市之間的距離，主要是利用交通運輸網站上對各個城市距離數據的匯總以及通過地圖上比例尺的換算來獲取。城市建成區面積，利用城市建成區面積等指標進行直接核算。

三、數據描述

根據國家統計局數據，截至2014年，中國共有地級市288個。但因為本書的目的在於尋找資源承載力約束下城市的最優規模，為了更有針對性地進行研究，本書選取較大規模的城市進行研究，這樣不僅簡化了研究內容，也更具有代表性和實用性。因此，本書研究了全國（不包括港、澳、臺地區）所有的直轄市、省會城市以及副部級非省會城市，共計36個城市。其中，直轄市4個，包括北京市、上海市、天津市和重慶市；省會城市有27個①，如沈陽市、

---

① 加上臺灣臺北市，中國一共28個省會城市，但由於數據可得性的限制，無法考察臺北市的相關情況，此處便不將其計入研究範圍之中。

石家莊市等；另外，還有5個非省會的副部級城市，包括大連市、青島市、寧波市、廈門市和深圳市。

1. 數據來源

本書原計劃選取這36個城市2005年至今的相關數據來對城市規模進行考察。由於不同年份間的城市數據統計口徑差異較大，無法獲得口徑統一的數據支持，因此本書只能對個別年份的城市最優產出規模進行考察。在本書中，以2013年的城市數據為主，對一定條件下的城市最優產出規模進行測算①。本書將選擇包含城市生產力、技術水平、資本投入以及市場潛力等因素的相關指標進行研究。另外，為了解決內生性問題，對教育、資本投入以及FDI（國外直接投資）等數據將追溯到1997年②至今的數據。

在本書中將引用到多個數據來源的數據支持，主要涉及以下數據及數據來源：城市層面的數據主要來自《中國城市統計年鑒（1997—2014）》相關數據、《中國統計年鑒（1997—2014）》相關數據，以各個城市1997—2014年的統計年鑒以及社會經濟發展統計公報等相關數據作補充。

2. 數據處理

變量 N 為城市勞動力總量指標，利用《中國城市統計年鑒（1998—2014）》中全市期末從業人員數來表示；城市淨產出 CV 則利用城市實際產出表示；資本 K 則利用《中國城市統計年鑒（1997—2014）》中的固定資產投資數量來表示；產業結構比 MS 則利用該市第二產值和三產值的比來表示。另外，城市最優產出規模除了勞動力總量外，還有非勞動人口，其總量可以利用城市常住人口表示。

技術水平 A 是一個非直觀變量，需要利用相關數據進行表示。根據前文的說明，這裡選擇兩個指標來表徵技術水平：一是2013年城市大專及以上學生占人口的比例，二是當年國外直接投資總量。兩者都可以從《中國城市統計年鑒（2004—2014）》中獲取。

城市市場潛力 MP。城市市場潛力同樣是一個非直觀指標，也需要用其他數據來表示，但情況更為複雜。市場潛力 $MP_j = \sum_k \dfrac{E_k}{(Sd_{jk}^{0.8})^{\sigma-1}}$ 表示國內外市

---

① 目前能夠獲得的是2014年的《中國城市統計年鑒》的數據，該年鑒統計的是2013年的城市數據，而2003年的數據來源於2004年的《中國城市統計年鑒》。2003年，由於缺少常住人口數據，因此只計算了戶籍人口數據，結果與2013年的趨勢相契合。

② 因為國家統計局數據以及城市統計年鑒中部分指標從1997年才開始統計，之前數據無法獲得，所以以此年份作為部分工具變量的代表。

場對本城市商品的需求程度,也就是衡量該城市的市場輻射度指標。根據前文的分析,該指標需要用到所有商品的支出數據,這裡的 E_k 利用全國的國內生產總值來表示。數據來源為《中國統計年鑑(2004—2014)》相關年份數據。而市場間的運輸距離 d_{jk} 來源於專業物流網站公布的距離數據①、火車票網的城市間距離的數據以及利用中國交通地圖比例尺獲得的數據②。

另外還有一些其他表示城市特徵的變量,這裡將選取表徵社會發展的單位產值的醫生數、網路普及率、單位產值圖書館藏書量、建成區面積等作為控制變量。這些數據都將從《中國城市統計年鑑(1998—2014)》中獲取。

3. 數據特徵

根據計量要求,從《中國城市統計年鑑(1998—2014)》《中國統計年鑑(1998—2014)》數據中獲取原始數據,並經過處理得到城市人均年產值、城市期末從業人數、城市產業結構比、城市人均固定資本投入、市場潛力、表徵技術水平的高等學生人數占比以及利用外資情況,數據結果如表 5-2 所示。

表 5-2　　　　　　　　　　2013 年城市主要數據特徵

數據	平均值	最小值	最大值	標準差
人均產值(元/人)	72,877.11	40,905.56	136,422.7	24,318.24
市場潛力	1,094	373.89	1,813.49	329.89
常住人口數(萬人)	863.5	60	2,970	611.31
城市期末從業人數(萬人)	526.11	34.19	1,597.47	373.68
產業結構比	0.96	0.29	1.4	0.3
人均固定資本投入(元/人)	48,228.37	23,371.14	93,344.45	14,934.05
高等學校學生(萬人)	951.5	105.59	2,150.96	476.79
勞均外資利用情況(美元/人)	1,255.59	21.42	6,358.64	1,159.05
互聯網接入數(戶/人)	0.33	0.15	1.43	0.25
每萬人建成區面積(平方千米)	0.16	0.031	1.64	0.26
醫生數(人/每萬人)	35.22	16.48	84.78	12.95

《中國城市統計年鑑(1998—2014)》中的人口數以及從業人員數均是以戶籍人口為基礎進行統計,但中國是個人口流動大國,而城市又是人口流動的

---

① 易物流網具備查詢城市間距離的功能。
② 中國火車票網具備查詢城市間距離的功能,但是都以火車里程計算,需要結合百度地圖來調整里程。

熱點地區，因此以城市常住人口數為依據來討論要素的人均產出與投入更加符合實際。因此本書利用各城市 2014 年的統計年鑒與 2013 年各個城市國民經濟和社會發展統計公報收集的各城市常住人口數與從業人口數①來進行計算，獲得數據。

第四節 計量結果

利用常規最小二乘法與工具變量法對城市數據進行估計將得到各參數的估計結果，在此結果基礎上推斷中國城市產出與城市勞動力規模之間的關係。再利用勞動力規模與城市總人口規模的關係推算出城市最優產出規模，並對中國城市規模發展進行評價和分析。

一、參數估計結果

利用常規最小二乘法與工具變量法對城市數據進行估計將得到各參數的估計結果，如表 5-3 所示。

表 5-3　　　　　　　兩種迴歸方式計量結果比較

	一般迴歸	IV 迴歸
市場潛力	0.1（-0.134）	0.170***（-0.059）
技術水平	0.158***（-0.044）	0.084,2***（-0.026,3）
人均資本	0.053,4（-0.193）	0.187**（-0.086,2）
勞動力（N）	0.508,95**（-0.215,5）	0.431**（-0.190,3）
N^2	$-2.07E-04$**（$-5.98E-05$）	$-1.92E-04$**（$-3.84E-05$）
$N \times MS$	-0.219,24（-0.046,4）	-0.181（-0.038,7）
產業結構比（MS）	0.731（-0.642）	0.428（-0.463）
MS^2	-0.208（-0.341）	-0.103（-0.241）
醫生數	-0.000,636（-0.005,94）	0.000,279（-0.003,05）
互聯網	0.656**（-0.309）	0.601***（-0.188）
建成區	2.414***（-0.45）	1.718***（-0.36）

---

① 由於許多地區沒有直接公布從業人員總人數，本書利用已有的從業人數占比以及外來人口從業人數占比來分別計算城市從業總人數。

表5-3(續)

	一般迴歸	IV 迴歸
技術	0.085, 0** (−0.036, 1)	
工具變量（IV）		0.157*** (−0.025, 5)
常數	6.950*** (−1.898)	5.453*** (−0.918)
R 平方	0.828	0.938

可以發現，根據上文得到的一般估計模型中，關於 a_1、a_2、$a_3 > 0$ 的理論推斷在實證計量中得到了檢驗。將 $a_2 N^2$、$a_3 N \times MS$ 表示為扣除部分，其運算符號為負。而在實證檢驗中，得到的結果也為負，表示 a_2、a_3 為正數，與理論推斷相一致。另外，相比於一般迴歸結果，工具變量迴歸結果對整個模型的擬合度更高，表示有效性更高。在工具迴歸中，市場潛力、人均資本的影響係數提高，但勞動力規模與產業結構比的影響係數卻下降，表明工具變量起到一定作用，避免了一部分不可觀測的因素影響產出。

從迴歸結果中可以發現，市場潛力、資本投入都對城市的淨產出產生正向影響。對代表技術水平的累計外資利用率以及十六歲以上的大專及以上學歷人口同樣具有促進作用，而勞動力規模 N 的係數為正，而勞動力規模的平方項 N^2 的符號為負，驗證了城市淨產出與城市規模間存在倒「U」型關係。

二、城市最優產出規模測算

通過上述計量迴歸的結果，本書的理論假設和論證都得到了驗證，因此可以利用該實證結果得到的參數對無約束下的城市最優規模進行測算。但這裡的 N^* 表示為最優產出下的勞動力需求規模，由前文理論分析可知，城市最優產出下的勞動力規模在量化中存在以下關係：

$$N^* = \left(\frac{a_1 - a_3 MS}{2a_2}\right) \qquad (5-27)$$

因此，根據迴歸結果，可以得到不同產業結構比下的城市最優產出的勞動力規模。由於在數據描述中，對產業結構比進行匯總發現，產業結構比 MS 最小值為 0.25（北京市），最大值為 1.5（重慶市），因此，本書將以 0.2 為下限，1.5 為上限，每隔 0.1 來計算不同產業結構比下的最優產出下的勞動力需求規模。但城市實際規模包括勞動力與非勞動力之和，因此，利用已有的城市常住人口和勞動力人口之間的統計比例可以將城市最優產出下的勞動力人口規模，轉化為城市常住人口規模即城市最優產出規模。

在現實情況中，無法對城市中勞動人口與非勞動人口的比例和構成進行精確的計算，只能通過已有的數據進行估算。在《中國城市統計年鑒》中，利用城市內的戶籍人口數以及戶籍人口就業人數進行統計，可以得到該城市戶籍人口的勞動力與非勞動力的構成比例，本書也將借鑑這一比例對不同城市最優勞動力規模進行換算，得到城市最優產出規模（見表5-4）。通過比例換算成城市最優產出規模並不會對城市產出與人口規模的關係（倒「U」型的形狀）產生影響。

表 5-4　　　　　　　　城市最優產出規模測算結果

產業結構比	城市勞動力規模範圍（萬人）		城市最優產出規模範圍（萬人）	
	下限	上限	下限	上限
0.2	925.2	1,130.8	1,545.1	1,888.4
0.3	882.9	1,079.1	1,474.4	1,802.1
0.4	840.6	1,027.4	1,403.8	1,715.8
0.5	798.3	975.7	1,333.2	1,629.4
0.6	756	924	1,262.5	1,543.1
0.7	712.8	871.2	1,190.4	1,454.9
0.8	670.5	819.5	1,119.7	1,368.6
0.9	628.2	767.8	1,049.1	1,282.2
1	585.9	716.1	978.5	1,195.9
1.1	543.6	664.4	907.8	1,109.5
1.2	501.3	612.7	837.2	1,023.2
1.3	459	561	766.5	936.9
1.4	416.7	509.3	695.9	850.5
1.5	373.5	456.5	623.7	762.4

在計算過程中得到的結果雖然是一個固定值，但是城市規模的形式應該是範圍值，借鑑已有文獻的做法，本書將最優產出規模上下浮動10%的人口規模作為最優產出下勞動力規模的範圍，並根據常住人口與勞動力人口的統計比例計算出城市最優產出規模的範圍。根據中國城市產業結構比可以推算，中國城市最優勞動規模應該在370萬~1,100萬人，而相應的城市最優產出規模為623萬~1,888萬人。不同的產業結構比下，城市勞動力的最優規模不同。產業結構比越高，表示第二產業相對於第三產業的比重越高，其城市最優產出規模越小。相反，如果第三產業比重越高，城市能夠容納的勞動力就越多，這與產業

發展規律、城市一般發展路徑相契合。在產業發展方面，隨著技術的進步和勞動力成本的增加，以工業為主的第二產業生產越來越傾向於機械化、智能化生產，對勞動力的需求也逐漸降低。而以服務業為主的第三產業以勞動密集型產業為主，需要更多的勞動力來滿足產業的發展。

而總結國內外城市發展路徑，城市都是由工業發展推動，再逐漸轉向高新技術產業和服務業發展。第一次工業革命開啓了城市發展的大門，隨著工業的發展，紐約、倫敦、巴黎等一批國際化城市形成，但隨著工業發展帶來的污染和環境的破壞，如倫敦菸霧事件①、洛杉磯光化學菸霧事件等嚴重危害城市人口的生活，城市開始逐漸轉型，發展金融業、高新技術產業，倫敦等城市也成為世界著名的金融中心。因此，由第二產業向第三產業轉變是城市發展的一般規律，有助於促進人口的聚集和經濟的增長。

第五節　城市實際規模與最優產出規模比較分析

以中國 36 個城市的產業結構比與相對應的城市最優產出規模為參照，可以對中國不同城市的規模效率進行評價。根據城市實際人口規模與城市最優產出規模相比較可以得出三類規模效率不同的城市：城市實際規模沒有達到最優產出規模的城市、城市實際規模達到最優產出規模的城市以及城市實際規模超過最優產出規模的城市。

一、城市實際規模沒有達到最優產出規模的城市分析

本書是以中國行政級別最高的 36 個城市發展情況為基礎，以城市最優產出下的勞動力規模為參照，研究中國城市在無約束下的城市規模效率。城市在區位條件、地理條件以及資源條件上的差異會影響城市規模效率，而本書利用產業結構比來表徵城市間的差異雖然不能完全克服城市的異質性問題，也能從經濟發展方式上表徵區域差異，具有較強的可操作性和代表性。

可以發現，中國城市規模效率呈現出未達到最優產出規模而城市數量較多的現象，在納入研究框架的 36 個省會城市、直轄市以及非省會副部級城市中，有 26 個城市沒有達到城市最優產出規模，表明中國大多數副部級以上城市都

---

① 倫敦菸霧事件和美國洛杉磯光化學菸霧事件都由於煤炭燃燒產生顆粒和菸塵毒害人體，造成多人死傷，是世界著名的環境公害事件。

未達到城市最優產出規模，與王小魯、夏小琳（1999）和 Chun-Chung Au、J. Vernon Henderson（2005）等人的研究結果一致。具體情況如表 5-5 所示。

表 5-5　　城市實際規模未達到城市最優產出規模情況分析

城市	產業結構比	實際勞動力規模（萬人）	常住人口規模（萬人）
太原市	0.80	256.41	427.77
呼和浩特市	0.51	185.78	300.11
沈陽市	1.18	490.68	825.7
大連市	1.19	416.93	694
長春市	1.32	441.70	772.9
哈爾濱市	0.65	620.11	1,066
南京市	0.79	505.08	818.78
杭州市	0.83	542.88	884.4
寧波市	1.20	477.58	766.3
合肥市	1.40	442.54	761.14
福州市	1.00	433.84	734
廈門市	0.92	253.03	373
南昌市	1.39	295.63	518.42
濟南市	0.71	416.90	699.9
青島市	0.91	536.57	896.41
長沙市	1.36	422.87	722.14
南寧市	0.83	380.05	685.37
海口市	0.34	135.69	217.11
貴陽市	0.73	273.58	452.19
昆明市	0.90	398.85	658
拉薩市	0.58	34.19	60
西安市	0.83	499.50	858.81
蘭州市	0.90	216.10	364.16
西寧市	1.20	128.76	227
銀川市	1.26	126.86	208.27
烏魯木齊市	0.67	215.87	346

在 26 個未達到最優勞動力規模的城市中，又有瀋陽市、大連市、長春市、哈爾濱市、南京市、杭州市、寧波市、合肥市、福州市、濟南市、青島市、長沙市以及西安市這十三個城市與最優產出規模差距不大，勞動力規模為 400 萬~620 萬人，而城市常住人口規模為 700 萬~1,000 萬人。而呼和浩特等 13 個城市規模與城市最優勞動力規模差距較大，勞動力人口為 30 萬~400 萬人，而常住人口為 60 萬~700 萬人，遠未達到城市最優的產出規模。可以發現，與最優規模差距不大的城市多為東部和中部地區城市，這些地區經濟發展水平較高，氣候環境較好。而差距較大的城市多為西部地區城市，這些地區經濟基礎較差，氣候環境也相對較差，影響城市規模的擴大。

二、城市實際規模達到最優產出規模的城市分析

根據城市的產業結構比與勞動力規模的匹配，在 36 個副省級城市中，石家莊市、鄭州市、武漢市、廣州市以及深圳市五個城市的勞動力規模在相應產業結構比的最優產出規模範圍內，其常住人口規模達到城市最優產出規模。具體情況分析見表 5-6。

表 5-6　　　　　城市實際規模達到最優產出規模情況分析

	產業結構比	實際勞動力規模（萬人）	常住人口規模（萬人）
石家莊市	1.17	605.02	1,050
鄭州市	1.34	553.92	919.12
武漢市	1.02	625.28	1,022
廣州市	0.52	840.56	1,292.68
深圳市	0.77	780.32	1,062.89

這些城市中，除了鄭州市勞動力規模未達到 600 萬人外，其他 4 個城市的勞動力規模均超過 600 萬人，廣州市更是達到 840 萬人。同樣，常住人口規模除了鄭州市以外，其他 4 個城市都超過 1,000 萬人。這 5 個城市中，3 個為東部城市，2 個為中部城市。廣州市和深圳市是中國一線城市，經濟發展水平高，產業結構比較低，第三產業發展態勢良好，人口聚集的勢頭仍然很強。鄭州市第二產業比重較大，這與鄭州市產業基礎以及將汽車產業、先進裝備製造業和電子信息產業確立為 3 大戰略支撐產業的發展戰略有關。

三、城市實際規模超過最優產出規模的城市分析

在 36 個副省級城市中，北京市、天津市、上海市、重慶市以及成都市 5

個城市勞動力規模超過了城市最優勞動力規模。5個城市勞動力規模都超過850萬人，其中上海市和重慶市更是有接近1,600萬的就業人數。這5個城市常住人口數都超過1,400萬人，重慶市更是有接近3,000萬的常住人口數。但重慶市的行政區劃面積超過80,000平方千米，是北京市的5倍左右，更是超過上海市10倍。但作為一個「城市」的發展，其城市實際規模過大，同樣導致效率的損失。城市實際規模超過最優產出規模情況分析見表5-7。

表5-7　　　　城市實際規模超過最優產出規模情況分析

	產業結構比	實際勞動力規模（萬人）	常住人口規模（萬人）
北京市	0.29	1,386.03	2,114.8
天津市	1.05	943.93	1,472.00
上海市	0.60	1,597.47	2,415.00
重慶市	1.22	1,591.89	2,970
成都市	0.91	867.52	1,429.76

中國4個直轄市的實際人口規模均超過了城市最優產出規模，這一方面與經濟發展基礎有關，另一方面與直轄市所獲取的政治資源存在一定關係。行政級別越高，獲取的政治資源越多，就能吸引更多的經濟資源聚集，使得城市規模擴大。因此，利用政府「無形」的手可以對城市規模形成影響。

另外，2015年，北京市產業結構比為0.25，是產業結構比最低的城市，2013年北京市第三產業比重便已超過75%，文化創意產業、金融業、高新技術產業等已經成為推動北京發展的重要產業。北京市城市發展道路為其他城市的發展提供了有益的借鑑。然而，可以發現，雖然北京、上海等城市的城市規模已經超過了最優城市規模，但這些城市的人口仍在增加，一些學者也對此進行了研究，如孫三百等（2014）發現中國人口在城鄉遷移過程中存在客觀非理性現象，更願意往規模較大的城市集中。而直轄市除了擁有豐富的政治資源，也擁有豐富的經濟資源與社會資源，使得人口向這些城市遷移。關於人口流動的研究已經十分豐富，對城市效率的討論也十分成熟，本書主要對城市資源承載力進行研究，在此便不再贅述。

北京市第三產業發展迅速，是由於遵循城市發展的一般規律，即由第二產業向第三產業發展，也是由於北京資源環境的限制，難以維持資源消耗大的工業企業繼續發展。城市規模的過度擴張，不僅影響城市的產出效率，同時對城市資源環境造成影響，影響可持續發展。而目前習近平總書記提出的「疏解

北京非首都功能、推進京津冀協同發展」的策略，也是為了應對由於資源過度消耗而帶來的資源、環境問題。為了實現城市可持續發展目標，就要基於本地區的城市資源承載力，實現城市規模的最優化。在這一章中已經對城市產出最優化的規模進行分析，在下一章中，就將進一步分析城市最優規模形成的約束機制，即資源承載力與城市規模的互動關係。

第六節　本章小結

本章主要對城市最優規模的動力機制進行分析，城市規模的形成與擴張動力主要來源於聚集經濟下外部性收益帶來的邊際收益的增加。因此，在城市產出與城市規模表現出倒「U」型關係的假設下，本書在聚集經濟的基礎上構建了城市最優產出規模的求解模型，並且將單一類型城市模型向多類型城市進行擴展，得到了在沒有資源承載力約束下的最優產出規模的求解方法；再利用中國 36 個行政級別最高的城市的現實數據，對中國不同產業結構的城市最優產出規模進行測算和評價。

利用中國城市數據進行測算可以發現，中國城市最優勞動需求規模應該為 370 萬~1,100 萬人，而城市最優產出規模為 623 萬~1,888 萬人。不同的產業結構比下，城市勞動力的最優規模不同。產業結構比越高，表示第二產業相對於第三產業的比重越高，其城市最優產出規模越小。相反，如果第三產業比重越高，城市能夠容納的勞動力就越多，這與產業發展規律和城市一般發展路徑相契合。在產業發展方面，隨著技術的進步和勞動力成本的增加，以工業為主的第二產業的生產越來越傾向於機械化、智能化生產，對勞動力的需求也逐漸降低。而以服務業為主的第三產業以勞動密集型產業為主，需要更多的勞動力來滿足產業的發展。

而在對城市實際規模與最優產出規模的比較中可以發現，中國城市規模效率未達到最優產出規模的現象較為普遍，在被納入研究框架的 36 個省會城市、直轄市以及非省會副部級城市中，有 26 個城市沒有達到最優的城市勞動力規模，表明中國大多數副部級以上城市都未達到城市最優規模。

而城市實際規模達到最優產出規模的只有石家莊市、鄭州市、武漢市、廣州市和深圳市 5 個城市。這 5 個城市的勞動力規模在相應產業結構比的最優產出規模範圍內，達到無約束下的城市最優規模。另外還有北京市、天津市、上海市、重慶市以及成都市 5 個城市實際人口規模超過了城市最優產出規模。這 5 個城市實際規模過大，會導致城市效率的損失。

第六章 城市最優規模約束機制分析：城市資源承載力

第三章已經對城市資源承載力的基本概念進行了全面的闡述。城市資源承載力是指在特定生產方式、生活方式和貿易條件下，城市在不損害後代發展權利的前提下所能提供的自然資源、經濟資源以及社會資源能夠維持的城市最大人口數量。因此，如何來測算城市的資源承載力以及如何制定城市資源承載力的評判標準成為城市資源承載力發揮作用的關鍵。為了構建城市資源承載力的自然資源－經濟資源－社會資源三位一體的承載力評價標準，就需要從指標建立的目標、原則以及方法上構建科學、全面的評價值體系。本章的主要結構如圖6-1所示。

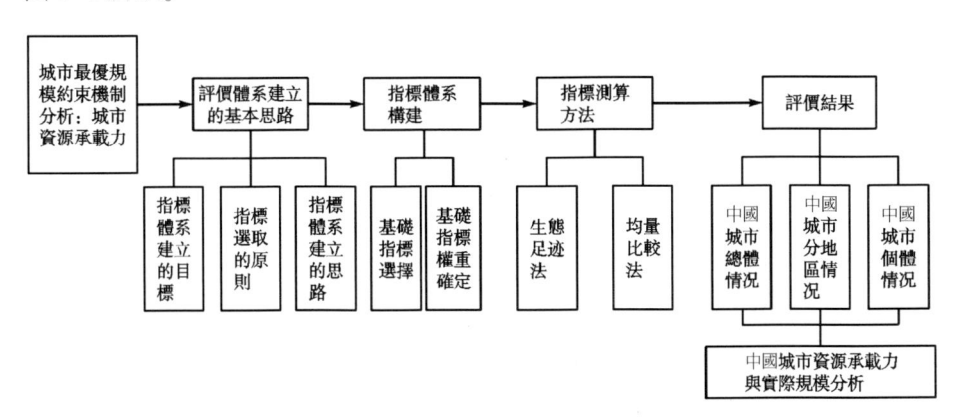

圖6-1　城市最優規模約束機制分析結構示意圖

第一節　城市資源承載力評價體系建立的基本思路

一、指標體系建立的目標

1. 構建包含自然資源、經濟資源與社會資源的綜合指標體系

根據城市發展現狀，在影響城市發展的要素中，除了自然資源外，經濟資源和社會資源都具有重要作用。因此城市資源承載力將資源概念從單純的自然資源概念擴展到包含自然資源、經濟資源以及社會資源的廣義資源概念，囊括了城市發展所需要的生態資源、經濟發展潛力以及社會容納力的基本要素，能夠較全面地反映城市發展的基礎。

（1）自然資源。自然資源（Natural Resources）的一般定義為：凡是自然物質經過人類的發現、加工以及使用，成為具有使用價值、能夠為人類帶來便利和經濟價值，從而提高人類生產和生活水平的物質與能量的總稱。而在城市資源承載力評價體系中，本書將選擇影響城市發展的最重要以及城市發展中最為稀缺的自然資源進行討論。城市在地理空間上表現為人口與產業的聚集，人類基本生活需要種植農作物、養殖牲畜來支持；人類燃燒能源產生廢氣需要土地上的綠色植物對其進行吸收，產生的廢渣需要土地進行掩埋和進行其他處理；人類修建廠房、住宅以及商務區，同樣需要土地資源，因此土地資源是影響城市發展的重要資源。另外，人的生產和生活都離不開水資源的供給，目前中國部分城市正面臨水資源稀缺、地下水超採的問題，因此水資源同樣需要引起重視。最後是消耗型的能源，在維持人類基本生活中需要能源提供便利，在生產活動中需要能源提供動力。能源過度使用和不科學利用導致氣候變暖、空氣污染等問題產生，同樣會影響城市的發展，因此自然界提供的能源也是城市發展的重要資源。

自然資源影響城市發展，城市發展同樣影響到自然資源的存量和活力。自然資源的使用能維持並促進城市的發展，但不當使用會造成一系列生態環境問題，影響城市發展。本書將對城市發展中的最主要的土地資源、水資源以及能源進行評價和分析。

（2）經濟資源。經濟資源是城市資源承載力的表徵及系統性反映。城市的經濟發展需要城市資源作保障。以聚集經濟為基礎，城市區位、資源稟賦以及生存環境都是吸引人口聚集與促進經濟發展的重要因素，因此經濟資源的多少，能夠在一定程度上表徵城市資源承載力的大小。資源的稀缺性主要表現在

兩個方面：一是絕對量的稀缺，即地區某種或某些資源嚴重不足，制約經濟發展甚至影響人類正常生活，如北方城市水資源嚴重不足，導致經濟發展成本高，難以實現人口合理聚集與促進經濟發展；二是資源相對不足，這體現在市場的供求關係中，就是豐裕的資源相對便宜而稀缺的資源相對昂貴。這也體現了城市資源的稀缺程度。

在以往的研究中，一些學者在進行城市承載力相關研究時對經濟資源的表徵功能使用較多，使得在加入城市相關經濟指標後，如人均 GDP、人均收入以及人均財政支出等，指標承載力明顯向經濟承載力增強的結果上引導，對自然資源以及環境容量有限性不夠重視，難以客觀評價城市承載力的真實水平。本書將吸取此類教訓，更加注重經濟資源帶來的價值尺度功能，在自然資源以及社會資源中扣除經濟水平發展的差異，利用不同的價格來表徵資源的稀缺性：價格越高，表示此類資源越稀缺，資源承載力約束越緊。

（3）社會資源。社會資源是城市資源承載力的重要組成部分。社會資源中的教育資源、醫療資源以及交通資源等都會影響城市的協調發展。社會資源的短缺將會影響城市生活與發展基本需要，從而影響城市資源承載力。本書將在資源承載力體系中加入人均醫生數、人均學校數、人均教師數、人均劇場數、劇院數和圖書館藏量等指標，來反映城市社會資源。

但社會資源的特殊性在於，社會的發展是經濟發展的結果，也是資源利用的結果，因此社會資源與其他兩類資源具有天然的「內生性」。一般來看，經濟資源較豐富的地區其社會資源也較豐富，如果將兩者並列考慮，將會因為兩者的正相關性使得結果存在偏誤，因此在考慮社會資源時，需要注意內生性因素帶來的影響。

2. 構建系統開放的指標體系

在一般的城市承載力研究中，往往將城市當作一個封閉的系統，城市的供給與消費都在城市有限的空間範圍內，因此其研究也是以區域空間內部的存量以及消耗為基礎來研究承載力。這樣，城市資源承載力退化為城市「資源稟賦」承載力，而未考慮到城市利用資源的能力與區際貿易對承載力的影響。

城市利用資源的能力是指城市利用經濟發展帶來的技術進步來改造資源利用方式和引進區外資源的能力。如「南水北調」工程以及「西電東輸」工程，為北方部分城市和東部部分城市的水資源和能源進行補充，提高了這些城市的資源承載力。一些城市由於耕地不足，沒有足夠的土地生產糧食和蔬菜，但是可以通過區際貿易向其他地區或城市購買糧食和蔬菜，緩解城市耕地不足的問題，這同樣是對資源承載力的延伸。因此在本體系中應該構建開放性的指標體

系，考慮區域貿易對承載力的影響，同時考慮區域合作下的資源與能量的流動問題。

二、指標選取的原則

1. 針對性與普適性相結合

城市資源承載力，顧名思義，是對城市資源在可持續角度下的供需進行分析，但因為城市資源本就是促進城市發展的基礎，涉及城市發展的方方面面，其指標選擇應該分清主次，要有針對性地圍繞影響城市發展的自然資源、經濟資源以及社會資源進行選擇，通過對其本質特點的分析，篩選出能夠代表其核心內涵及角色的指標，避免出現指標冗雜、關係不清的問題。另外，不同城市的資源禀賦不同，有針對性的指標能夠有效地反映城市間資源承載力的差異與特點。同時，還需注重指標的普適性認知，盡量選擇社會認可和可以理解的資源指標，構建社會普遍理解的城市資源承載力的評價體系。

2. 綜合性和獨立性相協調

城市資源承載力涉及城市發展所需要的自然資源、經濟資源與社會資源，三者之間相互聯繫，相互影響。因此在考察城市資源承載力時需要構建自然-經濟-社會的複合系統，在指標選擇上也應該反映出集自然資源、經濟資源與社會資源於一體的綜合性指標體系，以確保指標體系能夠全面、綜合地體現城市資源承載力複合系統的特點。但正因為三者的相互關聯，導致部分指標之間相互加強或削弱，使得指標體系反映的結果存在偏差。因此在指標選擇過程中，應該注意指標間的獨立性，將相互關聯的指標運用替代法等手段進行處理，保證指標間的相互獨立，正確反映指標貢獻。

3. 科學性與簡明性相適應

城市資源承載力重在對城市資源的保有量、生產量、消耗量以及交流量進行準確估算，這就要求所選指標能夠科學地反映資源承載力的短期的承載狀態、長期的變化趨勢、在宏觀上的作用路徑以及在微觀上的構成基礎。要把握城市資源承載力的內涵以及形成機制，理清自然資源要素、經濟資源要素以及社會資源要素的組成以及作用方式。科學性的原則要求細緻、精確地選擇指標並分析指標間的關係。但在探尋系統間複雜的關係的同時，也應注意指標的簡明性，選取最具代表性和最核心的指標，根據指標重複與指標遺漏的利弊權衡，既不能使指標過於繁瑣、細化，造成指標間的信息重複，也不能過於簡化和粗糙，造成信息遺漏。力求指標體系能夠科學、簡明地反映城市資源承載力的內涵以及變化規律。

4. 可比性與可操作性相統一

城市資源承載力中，自然資源、經濟資源與社會資源涉及面廣，既有實際存在的物質資源，又有虛化的資源組合方式；既能反映絕對量的資源儲備，又能反映相對量的價值尺度；既有固定不變的資源擁有量，又有不斷變化的資源交換量。但指標的選擇都應被納入數據可得的框架下，堅持可操作性原則，選擇可以量化、可以比較的指標進行分析。同時，針對不同特性、不同內涵以及不同計量方法的指標，也應該通過無量綱化等方式統一計量，便於指標的組合。另外，針對因為區域差異產生的指標差異，也應通過權重調整、指標取捨進行統一。而計算方法也應在保持科學和切實的基礎上，盡量簡單明了，便於在未來研究中查漏補缺以及推廣運用。

三、指標體系建立的思路

本書將建立一個自然資源–經濟資源–社會資源綜合作用的複合評價指標體系。將其模型化可以發現，城市承載力是由自然資源、經濟資源與社會資源共同作用而形成。

$$SCP_j = F(NS_j, ES_j, SS_j) \qquad (6-1)$$

其中，SCP_j 表示 j 城市的城市資源承載力，是包含該城市自然資源 NS_j、經濟資源 ES_j 與社會資源 SS_j 的函數表達式。而指標體系的建立，一是要釐清指標設計的結構，二是要梳理清楚三者之間的關係以及相互作用的機制。

1. 指標體系結構設計

因此，在指標結構設計中涉及自然、經濟與社會3個維度，而整個指標體系也將分為4個層次（如圖6-2所示）：

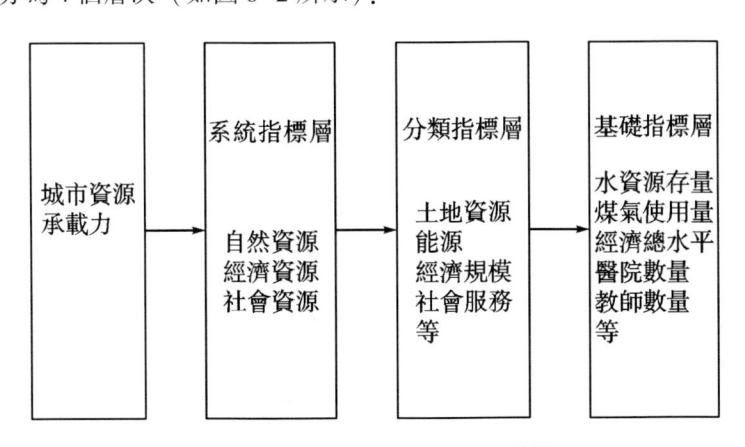

圖6-2　城市資源承載力指標結構

第一個層次為城市資源承載力的綜合層,表明城市資源承載力的系統性表達,直接反映城市資源承載力的最終結果。

第二個層次為系統指標層,表明城市資源承載力包含的最基本的 3 類要素:自然資源、經濟資源與社會資源。以便從不同角度分析城市資源承載力的影響因素,也為比較不同城市間的資源承載力差異提供支持。

第三個層次為分類指標層,是在系統指標之下,對基礎指標進行再分類的結果。因為不同指標的作用不同,對資源承載力的作用方式也不同,使得在核算上也需要採用不同的方法。而分類指標意在將不同作用方式的指標進行分類,從而便於計算。因此分類指標的作用是對系統指標下的不同基礎指標進行分類。分類指標成為連接系統指標和基礎指標的橋樑。

第四個層次為基礎指標層,是在分類指標下,利用更為具體的、由數據可得的指標來衡量不同類資源的豐盈程度。例如,自然資源指標下包含人均水資源擁有量、人均耕地面積、人均能源消耗等指標。經濟資源指標下包含城市物價水平、城市人均研發投入、城市單位產值能耗等指標。在社會資源指標下包含人均擁有醫生數、人均擁有教師數以及人均圖書館藏書量等。具體的指標選擇將在下一節通過指標分析和篩選後再進一步確定。

2. 系統指標互動方式分析

一般的指標體系核算中,多利用賦權的方式來確定指標的相對重要性,再通過加權求和的方式獲得最後的評價結果。這種方式實質上是將指標通過加權的方式進行「標準化」,使之成為影響評價結果的無差異因素。該方法是最常用的指標核算方式,思路直接明了,可操作性強。但這種核算體系使得指標之間的關係線性化,其隱含的假設是某一指標的變化,不會引起其他指標的變化,而只會從該指標的改變來影響最終評價結果的大小。

但是在自然資源-經濟資源-社會資源的複合城市資源承載力系統中,三者之間相互聯繫,互相影響。自然資源的變動還會影響其他兩大資源的變動,反之亦然。因此不能用單純的加權求和的方式來測算資源承載力,而是利用系統性的方法,將三者的關係進行動態融合。而狀態空間法是構建三者互動關係的有效方法。

狀態空間法(State-space Techniques)是現代控製理論中建立在狀態變量描述基礎上的對控製系統的分析和綜合的方法。狀態變量是對系統變量運動進行全面描述的重要方法。其運作原理為:在將外生變量輸入到系統後,根據這組變量對未來系統的變化及運動狀態進行模擬和預測。該方法可以利用內部狀態變量的描述和分析建立起外部輸入變量和系統輸出變量間的互動關係。而狀

態變量作為溝通橋樑，將其與輸入變量之間關係的數理化成為狀態方程；而狀態變量與輸出變量間的關係的數學描述為量測方程。狀態變量與狀態最早應用於物理學中，如經典動力學和其他相關領域。後來該方法被引入控制系統研究中，使得狀態空間法逐漸成型。

隨著狀態空間法在其他學科中的應用，生態學也逐漸將其引入並使之成為指標體系核算的重要方法。在承載力研究中，該方法將人類活動與資源承載力進行動態關聯。因為人類不同的經濟活動對資源和環境的影響程度不同，而不同的資源組合也會對人類行為產生影響。這就使得人類對資源的利用狀態形成一個個不同的點，而這些點在區域中形成的承載力的點又構成了一個承載力的面，人類對資源的利用應該在此曲面之下進行。如果人類活動對資源的消耗超過了該曲面，則表示人類活動超過了該地區的承載力。中國學者也運用該方法對中國部分地區的生態承載力進行了研究。毛漢英等（2001）[①] 利用狀態空間法對環渤海地區的生態承載力進行了測算和分析；熊建新等（2012）[②] 也利用狀態空間法對洞庭湖區生態承載力進行了評價。本書也將運用該方法來構建自然資源、經濟資源以及社會資源三維一體的資源承載力評價體系。

在狀態空間法中，通常由表示系統各要素的狀態向量以三維空間軸的形式組成。在承載力研究中，可將三維狀態空間軸表示為影響資源承載力的要素組合，如毛漢英等（2001）將三維空間軸界定為人類活動軸、資源軸和環境軸。本書根據自然資源-經濟資源-社會資源的複合城市資源承載力系統，將三維空間軸分別定義為自然資源軸、經濟資源軸以及社會資源軸。而三者的關係也都統一表示為狀態空間內的投影，其函數形式為：

$$|SCP_j| = \sqrt{W_{NS}NS_j^2 + W_{ES}ES_j^2 + W_{SS}SS_j^2}$$
$$= \sqrt{W_{NS}\sum_{a \in NS}(w_{aj} \times x_{aj})^2 + W_{ES}\sum_{b \in ES}(w_{bj} \times x_{bj})^2 + W_{SS}\sum_{c \in SS}(w_{cj} \times x_{cj})^2}$$

(6-2)

其中，x_{aj}、x_{bj}、x_{cj} 分別代表自然資源、經濟資源以及社會資源相應的指標，而 w_{aj}、w_{bj}、w_{cj} 則代表相應基礎指標的權重，W_{NS}、W_{ES}、W_{SS} 分別代表自然資源、經濟資源以及社會資源三個分類資源的權重。由於城市資源承載力是在不損害後代發展權利的前提下所提供的自然資源、經濟資源以及社會資源能夠維

[①] 毛漢英，餘丹林. 環渤海地區區域承載力研究 [J]. 地理學報，2001, 56 (11)：363-371.

[②] 熊建新，陳端呂，謝雪梅. 基於狀態空間法的洞庭湖區生態承載力綜合評價研究 [J]. 經濟地理，2012 (11)：138-142.

持的城市的最大人口數量，因此本書將各指標核算成資源承載的人口規模進行評價。

現實情況下，城市實際的資源占用與城市資源承載力之間存在一定差異。根據城市實際的資源占用與城市資源承載力的相對關係，可以將城市資源的利用情況分為三種情況：資源可載、資源滿載以及資源超載。城市實際的資源占用與城市資源承載力的關係可以表達如下：

$$RCP_j = SCP_j \times \cos\theta \qquad (6-3)$$

式中，RCP_j為j城市資源占用的實際情況，θ為現實的區域資源占用狀況矢量與城市資源承載力矢量之間的夾角。根據狀態空間法的分析思路，當超過資源承載力時，資源占用狀況的矢量模將大於資源承載力矢量模。反之，資源可載時，資源實際占用情況的矢量模則小於城市資源承載力的矢量模。據此，可利用夾角θ的大小來判別城市實際資源占用與資源承載力的關係。

當$\theta > 0$時，表示城市實際資源占用超過城市資源承載力，該城市資源利用表現為超載；當$\theta = 0$時，表示城市實際資源占用等於城市資源承載力，該城市資源利用表現為滿載；$\theta < 0$時，表示城市實際資源占用小於城市資源承載力，該城市資源利用表現為可載。而當資源可載和滿載時，城市發展模式為可持續發展模式；當資源超載時，城市發展模式為不可持續的發展模式，將造成資源過度利用、犧牲未來人類發展權利的問題。本書將借鑑此思路，對在城市一定規模下的城市實際資源占用與資源承載力的互動關係進行分析。

第二節　城市資源承載力的指標體系的選擇與確定

城市資源承載力指標的選擇工作主要從兩個方面展開。一是指標的選擇。在城市發展過程中，有眾多指標可以反映城市的自然資源、經濟資源與社會資源存量和使用情況，這些指標之間相互聯繫、相互影響，需要釐清它們之間的關係，並選出最具代表性的指標來表示。二是權重的選擇，權重代表指標相對於資源承載力的重要性，本書主要利用三角模糊層次分析法來測算指標重要程度。

一、指標結構及基礎指標選擇

基礎指標是基於城市資源承載力指標體系建立的基本目標、基本原則以及基本思路的分析。本書根據城市資源承載力中自然資源、經濟資源、社會資源的互動關係，初步設計了由1個1級維度綜合指標、3個2級維度系統指標、6

個3級維度分類指標以及23個4級維度基礎指標構成的城市資源承載力評價指標體系。如表6-1所示。因為城市資源承載力指標評價體系的目標為尋找資源能夠承載的最大人口規模，所以本書將一改過去歸一化[①]的指標處理方式，而選擇將所有指標折算成能夠支持的人口數來進行量綱的統一。折算成人口規模則需要首先獲得單位人口折算標準。

表 6-1　　　　　　　城市資源承載力評價指標體系

綜合指標	系統指標	分類指標	基礎指標	指標性質
城市資源承載力	自然資源	基礎資源	農業用地	總量正向
			綠色用地	總量正向
			建設用地	總量適度
			水資源	總量正向
		能源	電能	總量正向
			煤氣	總量正向
			液化石油氣	總量正向
		資源利用方式	工業廢水排放量	系統負向
			工業粉塵排放量	系統負向
			二氧化硫排放量	系統負向
			生活垃圾處理率	系統正向
	經濟資源	經濟規模	經濟發展水平	總量正向
			公共財政水平	總量正向
			外資利用水平	總量正向
			經濟交流水平	總量正向
	社會資源	基礎設施	道路建設	總量正向
			互聯網建設	總量正向
			醫療設施	總量正向
			文化、教育設施	總量正向
		社會服務	教育服務	總量正向
			醫療服務	總量正向
			社會保障	總量正向
			公共交通	總量正向

---

① 歸一化是一種簡化計算的方式，即將有量綱的表達式經過變換，化為無量綱的表達式，成為標量。

1. 1級綜合指標

城市資源承載力評價體系的一級指標是城市資源承載力的綜合指標，該指標是由自然資源、經濟資源、社會資源3個2級系統指標，通過狀態空間法在生態資源承載力上的投影而形成，表明三者之間相互聯繫，並且是反映城市開放性、動態性的城市資源承載力的綜合指標。

2. 2級系統指標

2級系統指標，即構成城市資源承載力的自然資源、經濟資源以及社會資源3個子系統所表現的指標內涵。利用土地資源、水資源等來表示城市發展中的自然資源；利用經濟發展水平、財政水平等反映城市發展中的經濟資源水平；利用道路建設面積、醫生數量等來衡量城市的社會資源存量。這三個指標不僅是反映城市資源承載力的基本要素，更是影響資源承載力的系統性要素。

3. 3級分類指標

3級分類指標，是指在系統指標之下，對基礎指標進行再分類的結果。因為不同指標的作用不同，如自然資源中，存在水資源、土地資源等支撐城市發展的自然資源，也有維持人類生活和生產的能源。兩者在利用方式上的不同，使得在核算上也需要採用不同的方法。另外，自然資源利用方式的不同也會影響自然資源的承載力。而物質資源和能源的作用方式又存在不同，因此需要對其分類討論。對於經濟資源，所有基礎指標都表示城市經濟發展規模。社會資源分為基礎設施建設和社會服務兩類。因此分類指標的作用是對系統指標下的不同基礎指標進行分類。分類指標成為連接系統指標和基礎指標的橋樑。

4. 4級基礎指標

4級基礎指標為反映城市資源承載力的最基礎的指標，也是指標核算的基本元素。其中，農業用地、綠色用地、建設用地以及水資源表示自然資源中的物質資源。地級市的統計數據中未包含對城市中的農業用地面積的統計，因為受限於數據的可得性。本書主要通過第一產業產值與當地指定的耕地平均年產值相除來獲取一個近似值[①]，根據生態足跡法的擴展，該土地測算面積中包括的耕地、林地、草地以及漁業用地則算成一般農業用地的面積，綠色用地採用《中國城市統計年鑑（2014）》中的綠地面積來表示；而建設用地利用《中國城市統計年鑑（2014）》中市轄區內城市建設用地的面積來表示；三者均可以運用在生態足跡法中，利用生態佔用來核算可承載的人口規模。城市水資源也未在地級市層面進行統計，因此，採用的方法是首先獲得《中國城市統計

---

① 在生態足跡法核算土地資源承載力中將對該方法進行詳細描述。

年鑒（2014）》中的供水總量，再除以全國城市人均水資源存量以獲得該城市水資源承載人口數量。

能源分類指標中，電能利用《中國城市統計年鑒（2014）》中的用電總量，再除以全國城市人均用電量以獲得該城市的電力承載人口數。煤氣和液化石油氣因為會在燃燒中排放廢氣，因此應納入生態足跡法中進行核算。而指標來源同樣是《中國城市統計年鑒（2014）》中煤氣及液化石油氣的使用總量指標。

資源利用方式分類指標中，工業廢水排放量、工業粉塵排放量以及二氧化硫排放量的高低反映城市資源利用水平的高低。排放量越高，說明資源利用效率越低。將其單位產值排放量與全國平均單位產值排放量進行比較，作為影響資源存量的權重。當排放比大於1，說明本城市資源利用效率低，工業粉塵以及二氧化硫排放量影響能源的資源存量，工業廢水排放量影響水資源存量。3個指標來源都利用《中國城市統計年鑒（2014）》中的工業廢水排放量、工業粉塵排放量以及二氧化硫排放量表示。而工業固體廢物綜合利用率、污水處理率及生活垃圾處理率越高，表示城市資源利用效率越高。表示城市資源利用效率的數據來源同樣為《中國城市統計年鑒（2014）》中的相應指標。

經濟規模分類指標中的經濟發展水平指標是城市經濟總量能夠貢獻的人口規模，由本市國內生產總值與全國人均GDP相比較獲得。公共財政水平表徵的是城市公共支出在全國平均水平下能夠支撐的人口規模，由全市地方公共財政支出除以全國城市平均人均地方公共財政支出來獲得。資金使用水平表徵的是本市資金利用水平在全國平均水平下能夠支撐的人口規模，由年末金融機構貸款餘額除以全國城市平均人均金融機構貸款餘額來獲得。外資利用水平衡量的是當年實際利用外資金額水平在全國平均水平下核算的人口規模，由當年實際利用外資金額除以全國城市平均人均當年實際利用外資金額來獲得。經濟交流水平是指當年城市貨運總量在全國平均水平下核算的人口規模，由當年城市貨運總量除以全國城市人均貨運總量來獲得。

社會資源中的基礎設施和社會服務都是表徵當年該城市擁有的基礎設施和社會服務量在全國城市平均水平下能夠支撐的人口規模，同樣可採用基礎設施和社會服務總量除以全國城市平均人均量來獲得。其指標都是《中國城市統計年鑒（2014）》中的相應指標。

二、基礎指標權重確定

指標權重確定的一般方法包括專家打分法、層次分析法等，但這些方法的

主觀性強、客觀性不足，特別是指標較多時，難以客觀評價各個指標的相對重要性。針對傳統層次分析法的不足，有學者開創了三角模糊層次分析法來對指標權重進行分析和計算。而本書也主要採用三角模糊層次分析法來確定基礎指標權重。

1. 三角模糊層次分析法的基本原理

三角模糊層次分析法（TFAHP）是在模糊層次分析法（FAHP）的基礎上提出的，模糊層次分析法又是在層次分析法的基礎上提出的。三角模糊層次分析法與模糊層次分析法的區別：在模糊層次分析中，主要採用一個因素比另一個因素重要的程度定量表示，從而獲得模糊判斷矩陣的方法來對因素間相對重要程度做兩兩比較判斷；而三角模糊層次分析法則是利用三角模糊數來對指標間的相對重要程度做定量化分析，三角模糊層次分析能夠有效衡量指標間模糊的相對關係。

在兩兩權重比較賦值上，把本來就模糊的指標進行直接比較是不合理的，而三角模糊層次分析法的提出則是為了彌補這種模糊性，採用量化的方式來判斷的方法。荷蘭學者 Van Laargoven（1983）[①] 提出用三角模糊數來改進模糊比較判斷的方法，並運用對數最小二乘法和三角模糊數的運算對指標進行排序，即用三角模糊函數來表示層次分析法中通過兩兩比較判斷的矩陣的重要性值，其中 m 為最有可能的取值，d 與 u 為可能值的下限和上限，也可稱為最保守值和最樂觀值。而當 $d = m = u$ 時，該判斷則成為一個確定的關係，變為一個實數。

人們在對較多的指標的重要性進行權衡時，由於指標選擇較為複雜，都會運用到模糊判斷，而該方法正是考慮到人類決策的這一特點，將判斷擴展成一個由三個要素組合的範圍來表示。假設指標為 $X = \{x_1, x_2, \cdots, x_n\}$，在進行比較時，當因素 x_i 與因素 x_j 之間的重要性存在差別時，可用三角模糊數 $l_{ij} = (d, m, u)$ 表示，d、u 的範圍分別表示判斷的模糊程度。當 $u - d$ 越大時，則表示判斷的模糊程度越高。$u - d = 0$ 時，兩者之間的關係是明確的，l_{ij} 退化為確定常數。當給出 $\dfrac{n(n-1)}{2}$ 個判斷結果後，可以通過兩兩比較來得到指標間的模糊判斷矩陣 $L = \{l_{ij}\}_{n \times n}$，其中 n 為評價準則的個數[②]。

---

① 徐骁，趙富強，李東序. 城市綜合承載力評價研究——基於三角模糊層次分析法 [J]. 當代經濟，2012（12）：1.

② 徐骁，趙富強，李東序. 城市綜合承載力評價研究——基於三角模糊層次分析法 [J]. 當代經濟，2012（2）：1.

2. 三角模糊層次分析法方法說明

而在城市資源承載力指標體系構建中，運用三角模糊層次分析對指標進行賦權主要包括以下幾個步驟：

（1）明確指標評價準則。在對指標相對重要性進行排序之前，要首先明確評價的準則。通常要進行指標重要性比較，一般而言，指標之間的重要性可以通過「一樣重要」「更加重要」「特別重要」等語言來描述。參考喻海燕（2015）的研究，指標重要性程度[①]、相應的標度比較如表6-2所示。

表 6-2　　三角模糊層次分析法指標評價標準

評價準則	說明
0.5	兩個指標重要性相同
0.6	一個指標比另一個指標稍微重要
0.7	一個指標重要性明顯大於另一個指標
0.8	一個指標重要性明顯且很大程度上大於另一個指標
0.9	一個指標重要性明顯且絕對大於另一個指標
0.1~0.4	表示反向的兩個指標的重要性關係，且數值越小表示另一個指標重要性越強

根據以上評價準則，可以對指標兩兩比較的相對重要性進行「打分」，為指標排序打下基礎。

（2）構建模糊判斷矩陣。把自然資源、經濟資源以及社會資源下的各個指標進行兩兩比較，確定指標間的相對重要程度。假設邀請 p 位專家對 n 個指標的重要程度進行評價，其結果可以表示為如下的三角模糊判斷矩陣：

$$\{\tilde{B}^k \mid \tilde{B}^k = (\tilde{b}_{ij}^k)_{n \times n} = (d_{ij}^k, m_{ij}^k, u_{ij}^k)_{n \times n}, k = 1, 2, \cdots, p\} \quad (6-4)$$

（3）綜合專家評判信息，得到綜合三角模糊判斷矩陣。而對專家評價結果進行匯總和整理後，將得到綜合性的三角模糊判斷矩陣 B，可以表示為：

$$B = \tilde{b}_{ij} = \frac{1}{p} \times (\tilde{b}_{ij}^{\,1} \oplus \tilde{b}_{ij}^{\,2} \oplus \cdots \oplus \tilde{b}_{ij}^{\,p}) = \left(\frac{\sum_{k=1}^{p} d_{ij}^k}{p}, \frac{\sum_{k=1}^{p} m_{ij}^k}{p}, \frac{\sum_{k=1}^{p} u_{ij}^k}{p} \right) \quad (6-5)$$

（4）計算各項指標的綜合重要程度。根據三角模糊計算公式，可以對其進行計算，得到3個維度下指標排序的三角模糊向量集。不同維度下各指標綜合重要程度 I_i 可以表示為：

[①] 喻海燕. 中國主權財富基金對外投資風險評估——基於三角模糊層次分析法（TFAHP）的研究 [J]. 廈門大學學報（哲學社會科學版），2015（1）：110-118.

$$I_i = \sum_{j=1}^{n} \tilde{b}_{ij} \Big/ \sum_{i=1}^{n} \sum_{j=1}^{n} \tilde{b}_{ij} = \left(\frac{\sum_{j=1}^{n} \tilde{b}_{ij}^{d}}{\sum_{i=1}^{n} \sum_{j=1}^{n} \tilde{b}_{ij}^{u}}, \frac{\sum_{j=1}^{n} \tilde{b}_{ij}^{m}}{\sum_{i=1}^{n} \sum_{j=1}^{n} \tilde{b}_{ij}^{m}}, \frac{\sum_{j=1}^{n} \tilde{b}_{ij}^{u}}{\sum_{i=1}^{n} \sum_{j=1}^{n} \tilde{b}_{ij}^{d}} \right) \quad (6-6)$$

（5）比較各項指標的重要程度。根據步驟（4）中得出的指標的綜合重要程度和同一維度內的指標與指標之間的相對重要度 RI，並計算各項指標比同一維度內其他指標重要的可能性 p_i。相對重要度 RI 和 p_i 的表達式如下：

$$RI(\tilde{b} > \tilde{c}) = \begin{cases} 0, & c^d \geq b^u \\ \dfrac{b^u - c^d}{(c^m - b^m) + (c^u - b^d)} & (b^m < c^m, b^u > c^d) \\ 1, & b^m > c^m \end{cases} \quad (6-7)$$

而 $p_i = RI(I_i > I_1, I_2, \cdots, I_n) = \min RI(I_i > I_k)$，$k = 1, 2, \cdots, n$，$k \neq i$。由此可得到各指標排序向量 $o' = [p_1, p_2, p_3, \cdots, p_n]^T$，根據該排序，進行歸一化處理，令權重 $w_i = \dfrac{p_i}{\sum_{i=1}^{n} p_i}$，$i = 1, 2, \cdots, n$，可以得到所有指標的權重賦值。

（6）計算評價指標綜合排序向量。指標綜合排序是指同一維度的所有指標相對於目標層相對重要性的排序，即對自然資源、經濟資源以及社會資源的相對重要性進行排序。通過重複以上方法和步驟可以得到 3 個維度對於城市資源承載力的相對重要程度，並進行排序，得到自然資源、經濟資源以及社會資源對城市資源承載力的綜合排序向量。

3. 三角模糊層次分析法的應用

（1）專家評分綜合分析。本書將以經濟資源指標為例來說明三角模糊層次分析法對指標的賦權方法。假設有三位專家參與城市資源承載力指標的評估，並對經濟發展水平、公共財政水平、外資利用水平以及經濟交流水平進行評估，並建立模糊判斷矩陣 A，如表 6-3 所示。

表 6-3　　　　　　　　　經濟指標專家打分矩陣

指標	經濟發展水平 (x_1)	公共財政水平 (x_2)	外資利用水平 (x_3)	經濟交流水平 (x_4)
x_1	(0.5, 0.5, 0.5)	(0.2, 0.4, 0.5)	(0.4, 0.4, 0.5)	(0.4, 0.4, 0.5)
	(0.5, 0.5, 0.5)	(0.2, 0.3, 0.5)	(0.4, 0.5, 0.6)	(0.4, 0.5, 0.6)
	(0.5, 0.5, 0.5)	(0.3, 0.4, 0.5)	(0.4, 0.4, 0.5)	(0.4, 0.4, 0.5)

表6-3(續)

指標	經濟發展水平 (x_1)	公共財政水平 (x_2)	外資利用水平 (x_3)	經濟交流水平 (x_4)
x_2	(0.5,0.6,0.8) (0.5,0.7,0.8) (0.5,0.6,0.7)	(0.5,0.5,0.5) (0.5,0.5,0.5) (0.5,0.5,0.5)	(0.4,0.5,0.6) (0.4,0.6,0.7) (0.5,0.6,0.7)	(0.4,0.5,0.6) (0.4,0.6,0.7) (0.5,0.5,0.7)
x_3	(0.5,0.6,0.6) (0.4,0.5,0.6) (0.5,0.6,0.6)	(0.4,0.5,0.6) (0.3,0.4,0.6) (0.3,0.4,0.5)	(0.5,0.5,0.5) (0.5,0.5,0.5) (0.5,0.5,0.5)	(0.4,0.5,0.6) (0.3,0.5,0.6) (0.3,0.4,0.5)
x_4	(0.5,0.6,0.6) (0.4,0.5,0.6) (0.5,0.6,0.6)	(0.4,0.5,0.6) (0.3,0.4,0.6) (0.3,0.5,0.5)	(0.4,0.5,0.6) (0.4,0.5,0.7) (0.5,0.6,0.7)	(0.5,0.5,0.5) (0.5,0.5,0.5) (0.5,0.5,0.5)

假設三位專家風險評估能力相當，三人評分具有同等效力，因此對他們評分賦權為（1/3，1/3，1/3），由此得到指標綜合模糊判斷矩陣，如表6-4所示。

表6-4　　　　經濟指標模糊判斷矩陣

	經濟發展水平	公共財政水平	外資利用水平	經濟交流水平
x_1	(0.5,0.5,0.5)	(0.24,0.37,0.5)	(0.4,0.43,0.53)	(0.3,0.43,0.53)
x_2	(0.5,0.63,0.76)	(0.5,0.5,0.5)	(0.43,0.47,0.67)	(0.43,0.53,0.67)
x_3	(0.47,0.57,0.6)	(0.33,0.43,0.57)	(0.5,0.5,0.5)	(0.33,0.47,0.57)
x_4	(0.47,0.57,0.7)	(0.33,0.47,0.57)	(0.43,0.53,0.67)	(0.5,0.5,0.5)

利用式（6-6）可以得到經濟資源各指標相對重要程度量化值，如表6-5所示。

表6-5　　　　各經濟指標相對重要程度量化比較

經濟指標	經濟發展水平	公共財政水平	外資利用水平	經濟交流水平
相對重要程度	(0.16,0.23,0.32)	(0.12,0.18,0.26)	(0.15,0.19,0.3)	(0.13,0.21,0.29)

根據式（6-7）就可得到不同指標間的相對重要程度 RI，具體運算過程如下：

$$\begin{cases} RI(x_1 \geqslant x_2) = 1 \\ RI(x_1 \geqslant x_3) = 1 \\ RI(x_1 \geqslant x_4) = 1 \end{cases}$$

$$\begin{cases} RI(x_2 \geqslant x_1) = (0.26 - 0.16)/[(0.23 - 0.18) + (0.32 - 0.12)] = 0.4 \\ RI(x_2 \geqslant x_3) = (0.26 - 0.15)/[(0.19 - 0.18) + (0.3 - 0.12)] = 0.57 \\ RI(x_2 \geqslant x_4) = (0.26 - 0.13)/[(0.21 - 0.18) + (0.29 - 0.12)] = 0.65 \end{cases}$$

$$\begin{cases} RI(x_3 \geqslant x_1) = (0.3 - 0.16)/[(0.23 - 0.19) + (0.32 - 0.15)] = 0.67 \\ RI(x_3 \geqslant x_2) = 1 \\ RI(x_3 \geqslant x_4) = (0.3 - 0.13)/[(0.21 - 0.19) + (0.29 - 0.15)] = 0.99 \end{cases}$$

$$\begin{cases} RI(x_4 \geqslant x_1) = (0.29 - 0.16)/[(0.23 - 0.21) + (0.32 - 0.13)] = 0.62 \\ RI(x_4 \geqslant x_2) = 1 \\ RI(x_4 \geqslant x_3) = 1 \end{cases}$$

因此，可以根據上式中相對重要性取值的求解結果，得到每一個指標重要性在數量上的排序：

$$p(x_1) = \min RI(I_1 > I_k), \ k = 2, 3, 4 = 1 \qquad (6-8)$$

$$p(x_2) = \min RI(I_2 > I_k), \ k = 1, 3, 4 = 0.4 \qquad (6-9)$$

$$p(x_3) = \min RI(I_3 > I_k), \ k = 1, 2, 4 = 0.67 \qquad (6-10)$$

$$p(x_4) = \min RI(I_4 > I_k), \ k = 1, 2, 3 = 0.62 \qquad (6-11)$$

因此，可以得到權重系數：

$$W = \left(\frac{1}{2.69}, \frac{0.4}{2.69}, \frac{0.67}{2.69}, \frac{0.62}{2.69}\right) = (0.37, 0.15, 0.25, 0.23)$$，可以得到經濟資源中各指標的權重，其他指標也將遵循該方法來進行計算。

第三節　城市資源承載力的指標測算

根據上一小節中對基礎指標的分析，本節將從實際數據角度來對相應指標代表的人口規模進行測算。由於城市資源承載力是研究在特定生產方式、生活方式和貿易條件下，城市在不損害後代發展權利的前提下所能提供的自然資源、經濟資源以及社會資源能夠維持的城市最大人口數量。因此，本書將所有指標按照生態足跡法或均量比較法折算成人口規模指標來進行核算。

由於自然資源、經濟資源與社會資源性質不同，城市發展的作用也不同，

需要採用不同的方法來與人口規模進行匹配。如自然資源中的土地資源，作為空間下的不可變要素和不可動要素，其承載人口與土地占用效率相關。其他資源如水資源、經濟資源與社會資源，相比土地資源是可以流動和變化的，其承載人口則需要通過相對資源的豐富程度來衡量。因此，本書擬對自然資源中的土地資源運用生態足跡法來測算，而對水資源、能源、經濟資源與社會資源部分利用均值比較法來獲得承載人口數量。獲得指標的人口承載量後，再利用模糊三角層次法對指標進行加權並最後運用狀態空間法來測算城市資源承載力。

一、生態足跡法

生態足跡法是利用人類消耗折算成的標準生產性土地與地區擁有的資源折算成的標準生產性土地之間的比較來衡量生態占用的高低，測算方法較為複雜。

1. 生態足跡法的基本思想

生態足跡法同樣是衡量城市承載力的重要手段。加拿大學者 Mathis Wackernagel 及其學生提出利用人類與土地之間緊密的聯繫，建立一種定量測算土地使用情況的計算方法，也就是生態足跡法①。該方法一經推出，便以其數據可得性和可操作性成為研究生態赤字問題的最主要的方法。按照生態足跡理論，可將地球表面的生態生產性土地分為 6 大類：農業用地（可耕地）、化石能源用地、林業用地、草地、建設用地和水域用地。

利用人口在城市中的經濟活動、農產品消費和能源消費數據，按照產品特性折算成 6 種類型的農業土地，作為城市中的生產型土地的占用。再根據全國或區域性的統計數據獲得該地區農業用地、林業用地、草地、建設用地以及水域用地的存量，折算區域內部不同類型土地的存量②。通過對兩者的比較來明確區域的生態占用程度和生態承載力。

2. 生態足跡基本模型

生態足跡法通過比較區域生態足跡與生態承載力的相對大小，從而確定該地區的生態赤字以及區域的可持續發展能力。因此，其計算過程也分為兩步，第一步計算區域的生態足跡，第二步則計算區域的生態承載力。

首先，為了統一計算口徑，將一定區域內的人類生活、生產所消耗的自然

---

① WACKERNAGEL M, REES W E. Perceptual and structural barriers to investing in natural capital: economics from an ecological footprint perspective [J]. Ecological Economics, 1997, 20: 3-24.
② 化石燃料用地在統計數據中無法獲得，可以通過農業用地、林業用地以及草地總量對其進行折算。

資源折算成相應的生產型土地面積。其計算公式表示如下：

$$A_j = \sum_{i=1}^{n} \frac{C_i}{W_i} \qquad (6-12)$$

A_j 表示消耗的自然資源所代表的生產型土地面積（hm^2），在生態足跡法中，生產型土地包括耕地、林地、草地、化石燃料用地、建築用地以及水域 6 種類型。C_i 表示人類對 i 種資源的消費量，在一般的數據計算中，包括對農林產品、畜產品以及化石燃料的消費。而對應的 W_i 則表示 i 種資源在該地區的單位面積生產量。其中農林產品在該地區的單位面積生產量可以直接通過數據收集、整理及計算獲得。但在能源消耗中，沒有可以直接獲得的單位能源產量所需要的生產型土地面積。一般的方法是，將當地的能源消費折算成相應的單位化石燃料產生的總熱量後，再以世界單位化石燃料所占用的生產型土地面積的平均發熱量作為標準，測算當地化石燃料消費所占用的生產型土地面積。

而生態足跡則是將該區域內的不同類型的生產型土地納入統一計算框架並以此代表人類所消耗的自然資源所需要的標準生產性土地面積的總和，表示如下式：

$$EF = \sum_{j=1}^{6} (A_j \times r_j) \qquad (6-13)$$

其中，EF 為該區域總的生態足跡占用量，表示 6 種類型土地所代表的人類生產、生活所消耗的自然資源經過折算後所占用的標準生產性土地的總面積。由於 6 種不同類型的土地具有不同的生態生產力，因此，需要引入均衡因子 r_j 將不同類型的生態生產性土地匯總為總生態足跡。針對不同類型土地的生產力，世界自然基金會於 2008 年發布的《地球生命力報告》(*Living Planet Report*) 中，對比了世界生產性土地的平均產量，計算出不同類型土地的均衡因子：耕地為 2.21、林地為 1.34、草地為 0.49、水域為 0.36。由於建築用地與化石燃料用地都是非「生態」①的，根據土地轉化過程，一般認為建築用地通常通過占用耕地來獲得，因此其均衡因子與耕地一致。而化石燃料多是從過去的森林等資源轉化而來，因此，其均衡因子與林地一致。

在獲得該地區的生態足跡後，需要測算其生態承載力。為了與生態足跡的標準生產型土地相一致，生態承載力的計算是通過測算區域內 6 種土地的面積，在與世界標準的 6 種生產型土地的生產力相比較後，經過標準化處理，得到 6 類土地的標準生產性土地面積的總和，從而表徵該地區的生態承載力。其

---

① 這裡說的非「生態」是指不是天然形成或實際存在的土地，如建築用地多從耕地轉化，而化石燃料土地則是一種虛擬測算的土地。

基本公式如下：

$$EC = \sum_{j=1}^{6}(L_j \times s_j \times r_j) \qquad (6-14)$$

其中，L_j 表示該區域內第 j 種生產性土地的實際面積；s_j 表示相比較於世界同類型土地的平均生產力，該地區第 j 種生產性土地的相對生產力。最後同樣通過均衡因子 r_j，來獲得標準生產型土地的面積。EC 則表示該地區所有標準生產性土地面積的總和，並以此表徵該地區的生態承載力。

由於 EF 和 EC 具有相同的計算單位，通過對二者的比較，則可判斷該地區的生態占用是否超過生態承載力，從而分析該地區生態赤字的情況。這便是生態足跡法最常規的分析模式。

生態足跡法以其簡單、可行以及便於比較的優勢獲得學界的認可。但是隨著區域的經濟發展特別是城市的發展，生態足跡的缺點也逐漸顯現，其弊端主要體現在以下幾個方面：一是在考慮資源的消費時，只注意了人口對資源的直接消費而未考慮經濟因素的影響，忽視了經濟生產對資源的消耗以及經濟效率對資源利用的影響，也未利用市場供求來反映資源的稀缺程度；二是生態足跡模型將區域當作閉合系統，只計算系統內部的資源消耗和內部的土地面積，而沒有考慮區際貿易和資源流動；三是生態足跡模型是一個靜態模型，它只對當下的生態條件進行衡量，因此模型不能考察人類活動的方式的改變、產業結構的調整以及技術的進步等因素對承載力的影響；四是該方法只考慮將人的當地消耗折算成生產型土地，並與區域類的生產型土地進行比較，因此該方法只考慮了區域內部的土地資源能力，而未考慮如水資源等其他自然資源，更未考慮經濟與社會資源的承載影響。

3. 生態足跡模型的改進

針對以上問題，本書將利用該方法對自然資源中的土地資源承載情況進行評估，並在模型中通過引入市場價格機制，調整計算口徑等措施，構建符合區域開放性和動態性的土地資源承載評價模型。本書主要從以下幾點入手，對該模型進行改進：一是將生物資源的消費改為對生物資源生產量的計算，而能源口徑保持不變，繼續使用區域能源消費作為土地資源消耗計算的依據；二是加入生物資源價格以及土地平均生產力來衡量資源的稀缺程度以及區域經濟發展水平和土地生產力的差距。

（1）針對生物資源占用的計算。同樣以生態足跡模型的思路為基礎，將生物資源的消耗、能源消費以及土地資源的使用折算成相應的生產型土地面積。為了準確反映生物資源對本區域內部土地資源的耗費，將生態足跡中測算

區域內部生物資源的總消費，改為計算區域內生物資源的總供給。為了反映資源的稀缺程度，需要引入資源價格來作為資源「權重」，但資源價格中包含了反映資源稀缺程度的「絕對價格」以及反映區域發展差距的「相對價格」，以此反映資源的供求狀況。另外，考慮到區域之間存在經濟水平發展的差異以及土地生產力的差異，引入各地區不同的單位土地生產值來作為體現區域差異的指標。

$$A'_j = \sum_{i=1}^{n} \frac{D'_i}{W_i} \times \frac{P_{ci}}{\bar{P}_d} = \sum_{i=1}^{n} \frac{D'_i \times P_{di}}{W_i \times \bar{P}_d} \qquad (6-15)$$

由於改變了生物資源的計算口徑，這裡 A'_j 表示該區域內消耗的自然資源所代表的生產型土地面積（hm²），同樣包括農業用地（可耕地）、化石能源用地、林業用地、草地、建設用地和水域用地6種類型。D'_i 表示該區域內第 i 種生物資源的總產量，能源同樣運用人口生產與生活活動的消費數據。W_i 表示該 i 種資源在本區域內部的單位面積生產量；引入 P_{di} 表示第 i 種生物資源的生產價格；$\bar{P}_d$ 則表示該地區生物資源的平均生產價格，$P_{ci}/\bar{P}_d$ 則表示第 i 種生物資源在扣除了區域發展水平和土地生產力的差以後的相對價格，用以表徵資源的相對稀缺程度。將價格與產量合併後，可以得到分子為第 i 種生物資源的產值，而分母為第 i 種生物資源所對應的土地的平均產值。為了便於計算，取本區域土地的平均年產值作為所有生物資源的土地平均產值，則上式可以改寫為式（6-16）。生物資源生產所占用的土地則可改寫為相應類型土地的總產值與區域內土地平均年產值的商。

$$A'_j = \frac{1}{\bar{W} \times \bar{P}_d} \times \left(\sum_{i=1}^{n} D'_i P_{di} \right) \qquad (6-16)$$

（2）針對化石燃料消費的計算。化石燃料的消費同樣應該被納入資源承載力的計算當中，在以標準型生產土地為計量單位的生態足跡法中，需要將化石燃料的消耗折算成標準生產性土地，作為生態占用的一部分。因此，化石燃料土地應被納入承載的生產性土地中，作為吸收化石燃料消耗的儲備，對其消費進行補償，從而保證生態承載力計算的合理性和慎重性。但在實際經濟發展過程中，對於化石燃料的消費以及補償未納入生產性土地的測算，從而會低估人類活動與經濟發展對生態造成的影響，但目前出現的空氣污染問題和氣候變化問題都與化石燃料燃燒相關。因此，為了謹慎性和科學性原則，應在土地資源承載力中考慮化石燃料燃燒帶來的生態占用，在運算過程中，同樣需要將化石燃料的消費換算成生態占用的標準生產性土地。

在生態占用中，一般計算過程包括：將當地的能源消費按照不同能源品種

折算成相應的單位化石燃料產生的總熱量,再以世界單位化石燃料所占用的生產型土地面積的平均發熱量作為標準,測算當地化石燃料消費所占用的生產型土地面積。[①] 但利用世界單位化石燃料的平均發熱量為標準,難以衡量區域內部之間的差異。因此,在本書中,為了與生物資源消耗的計算口徑相一致,採用本國單位化石燃料所占用的生產型土地面積的平均發熱量作為計算依據。假設某一地區化石燃料用地的生態占用為 A_6,則經過折算,該地區因為化石能源消費而占用的標準生產型土地為:

$$A_6 = (C_{energy_i} \times t_{energy_i}) / eff_{energy_i} \tag{6-17}$$

其中,C_{energy_i} 表示 i 種能源的消費總量(噸),t_{energy_i} 表示 i 種能源的平均發熱量,eff_{energy_i} 則表示將 i 能源按照一公頃標準生產性土地來折算的單位發熱量。這樣,i 種能源消費的總熱量與單位標準生產性土地的發熱量相比,便可以得到該種能源消費折算成標準生產性土地的面積。

(3)總土地資源占用的計算。為了考慮區域差異和中國特殊的生態環境,本書在生態足跡模型的基礎上將生態占用分為生物資源占用和化石能源占用兩個部分。因此,總生態占用為兩部分之和。生物資源占用的生態足跡以該地區不同類型土地經過生產力調整而得到的標準生產性土地面積的總和來表示。在這裡,同樣利用世界自然基金會(WWF)2008 年測算的均衡因子進行調整。化石能源占用的生態足跡則是利用化石燃料用地來表示兩部分之和。由此得到調整後的生態足跡的計算公式:

$$EF' = \sum_{j=1}^{5}(A'_j \times r_j) + A_6 \tag{6-18}$$

4. 土地資源承載力的計算

土地資源承載力的計算,是指將區域內的土地折算成標準生態生產性土地的面積。在常規的計算中,由於認為化石燃料用地不具備生產能力,因此,未將化石燃料用地納入生態承載力計算中。其計算的基本思路就是將區域內部的所有土地細分為 5 類,再按照本地的產量因子調整後,利用均衡因子統一成標準的生態性生產土地,納入生態足跡統一的分析框架,如下式(6-19)。

$$EC = \sum_{j=1}^{5}(L_j \times s'_j \times r_j) \tag{6-19}$$

為了對實際情況進行合理估計,本書主要做以下改進與調整:

(1)產量因子的選擇與調整。需要指出的是,在常規計算中,S 表示相比

---

① 聞潔. 湖北化石燃料土地生態足跡動態分析 [J]. 合作經濟與科技, 2007, 7 (2): 24-25.

較於世界同類型土地的平均生產力，該地區第 j 種生產性土地的相對生產力。但在比較國家內的區域差異時，則更多地利用國家內部的生產力作為比較基礎。因此，這裡的 s'_j 需要用中國土地平均生產力來替代世界平均生產力。另外，中國幅員遼闊，不同區域的地形地貌存在巨大差距，其土地生產力也存在明顯差異。而在以往的研究中，該問題未受到應有的重視，許多已有文獻都採用統一的產量因子來測算不同區域的生態承載力。但現實情況卻是，由於自然條件限制，即使都是耕地，不同地區如雲貴高原和成都平原的耕地的生產力存在明顯差異。採用統一的產量因子就無法表徵不同地區同一類型土地的生產力差異。本書根據所獲得數據的特點，利用收集到的不同地區的不同類型土地的代表性產品的產量與投入使用土地總量，用以表徵不同類型土地在不同區域的生產力差異。

(2) 化石燃料地的選擇與調整。在生態占用中，將化石燃料的消耗以化石燃料用地的形式計入生態足跡，同樣在計算生態承載力的過程中，需要將化石燃料用地納入其中。在世界自然基金會（WWF）2012 年發布的《地球生命力報告》（Living Planet Report）中將化石能源地定義為「用於吸收化石能源燃燒排放的溫室氣體的森林」。除了森林，綠色植物都能夠對化石能源燃燒起到吸收作用，因此，在計算中，應將生產綠色植物的土地都納入化石燃料用地的計算當中。謝鴻宇、王羚酈、陳賢生（2008）[①] 將林地與草地納入化石燃料用地中，但實際上，農作物同樣可以起到固碳作用，因此，本書將生態承載力中的化石燃料用地定義為「用於吸收化石能源燃燒排放的溫室氣體的森林、草地以及其他植物覆蓋的土地」。因此，在土地類型劃分中，農業用地、林業用地以及草地都可以作為生態承載力中的化石燃料用地。相應的計算為：生態承載力中的化石燃料用地＝林業用地的實際面積×林地吸碳產量因子＋草原實際面積×草地吸碳因子＋農業用地實際面積×農作物吸碳因子。其中，吸碳因子表示相應土地的吸碳能力與生長能力的乘積。

$$EC' = \sum_{j=1}^{3} L_j \times r_{ej} \qquad (6-20)$$

其中，L_j 分別代表林業用地、草地以及農業用地的實際面積。r_{ej} 表示相應土地類型的吸碳因子，而吸碳因子表示吸碳能力與生長能力的積。以林地為基礎，林地的吸碳能力＝本地林地的吸碳能力÷全國林地平均吸碳能力，即本區域在全國所有該類型土地中的相對位置，故本書假設吸碳產量因子與產量因子

[①] 謝鴻宇，王羚酈，陳賢生. 生態足跡評價模型的改進與應用 [M]. 北京：化學工業出版社，2008.

一致。生長能力為吸收碳排放過程中，相應綠色植物的增長情況。其中，耕地的生長能力最強，林地次之，草地最弱，由於在吸收過程中不存在消耗，因此，本書利用均衡因子進行折算，並假設草地的折算系數為1。已有研究結果表明，森林的吸碳能力平均是草地的2.5倍[1]，假設耕地的吸碳能力與草地相同。因此，要在林地的吸碳能力上對草地和耕地進行相應折算。

5. 數據處理

（1）土地占用數據處理。在土地資源占用計算中，土地主要在生物生產以及土地附著物參與大氣循環這兩方面被占用。因此本書也將從那兩個方面獲取土地占用數據。在生產方面，本書將以產值作為城市生產能力的衡量指標，利用《中國城市統計年鑒2014》來獲取城市第一產業產值情況。再通過省、直轄市和自治區發布的土地平均年產值作為城市土地產值的代表，來衡量地區單位土地生產能力，從而獲得土地生產性占用。

不同區域土地平均年產值主要是指各省、直轄市以及自治區的土地年平均產值。在城鎮化進程中，土地徵收以及土地流轉都需要對土地的生產力進行估算，而土地年平均產值的認定是進行徵地賠償以及土地租用價格制定的重要依據。2004年，國務院發布了《國務院關於深化改革嚴格土地管理的決定》，其中在完善徵地補償辦法中，要求省、自治區、直轄市人民政府要制定並公布各市縣徵地的統一年產值標準或區片綜合地價，徵地補償要做到同地同價。原則上全國從2009年1月1日起實施新的徵地補償標準，徵地補償標準也是依據各地的農業土地的產值來制定的，此項措施是本書進行數據採集的基礎。

在統一年產值標準的制定中，採用的是以基本農地為代表的前3年平均年產值，並綜合考慮地類、土地質量、人口密度差異等實際情況。因此，多數地區都是對土地年產值進行分檔，分區定價，在考慮了當地實際情況以及地質地貌總體環境的情況下，本書為了便於計算，多以該地區的中間值或平均值或代表地區的平均年產值作為該省、直轄市、自治區的土地年平均產值。另外，涉及水域、林地以及草地等類型的土地的平均產值，在相關文件中規定，應根據實地的經濟發展狀況、農業發展條件以及人口狀況，選擇合適的土地年產值檔位或利用修正系數對產值進行修正[2]。鑒於各地土地情況複雜，為了便於計算，同樣採用土地年平均產值作為基本依據進行計算。

全國31個省、直轄市、自治區中，有26個地區公布了其徵地統一年產值

---

[1] 楊洪曉，吳波，張金屯，等. 森林生態系統的固碳功能和碳儲量研究進展 [J]. 北京師範大學學報（自然科學版），2005（4）：172-177.

[2] 本書依照不同省份的文件中的一些規定進行。

標準，或以片區綜合定價作為徵地標準。北京市、上海市、福建省、遼寧省以及湖南省則沒有公布，沒有獲得其官方定價標準。對於這 5 個地區，則根據其產值及土地供應情況以及相應的土地賠償進行估算。而沒有公布綜合片區定價的地區則根據其土地存量、地質地貌、經濟發展水平以及周邊省份平均年產值進行定價。基於以上方法，頒布當年各省、市、自治區土地平均標準年產值，為了衡量動態的產值變化，以各地區年第一產業的環比增長指數為增長率，逐年調整各地區土地平均產量。由於該標準為地區內部土地徵地標準確定的年土地標準生產值的平均值，因此可以代表本地區耕地、林地、草地以及漁業用地的平均產值，從而簡化計算過程。

在土地參與大氣循環方面，主要是考慮化石能源消費帶來的土地占用。化石能源消費主要包括原煤、洗精煤、焦炭、原油、汽油、煤油、柴油、燃料油、液化石油氣、天然氣、其他石油製品、電力、其他能源共 13 類。但在中國城市統計數據中，僅對主煤氣、天然氣、液化石油氣以及電力進行統計。其中電力消費主要是由水電以及火電兩部分構成，其中水電不計入化石燃料消耗，而火電主要利用煤炭進行發電，因此，本書將中國火力發電比例折算成焦炭消費量[①]進行計算。另外，對於天然氣、煤氣等消費，依照使用體積（立方米）來計算。在一般情況下，天然氣的標準立方米指在大氣壓下，20 攝氏度時的 1 立方米。在這個條件下，任何氣體 22.4 升都含有 1 摩爾（6.02×10^{23} 個）分子。1 立方米為 1,000 升。而天然氣的主要成分是甲烷，分子量為 16，根據折算，1 立方米天然氣質量為：$1.672,623,1 \times (10^{-27}) \times 16 \times 6.02 \times (10^{23}) \times 1,000 \div 22.4 = 0.719,2$ 千克，因此可得每噸天然氣體積為：$1,000/0.719,2 = 1,390$ 立方米。煤氣遵循同樣的方法進行計算，得到每噸煤氣的體積為 795 升。根據以往的研究，結合中國統計的區域能源消費情況，具體折算如表 6-6 所示。

表 6-6　　　　　　　不同能源在生態足跡中的測算系數

化石燃料	全球平均能源足跡（GJ/hm²）	折算系數（GJ/t）
焦煤	55	20.934
原油	93	41.868
天然氣	93	38.978

---

① 中國電力建設企業協會 2014 年對外發布的《2013 年電力建設施工行業年度報告》中顯示，截至 2013 年年底，全國發電裝機容量達到 12.47 億千瓦，其中火電 8.62 億千瓦，占全部裝機容量的 69.13%，本書按此比例進行計算。

中國化石燃料存量雖大，但煤礦、油田開採難度較大，富礦較少，貧礦較多，在本書中採用世界平均產量以及能源足跡作為中國的平均產量及能源足跡運算依據。

（2）土地資源承載力數據處理。在城市發展中，土地主要承擔兩個職能：一是生產職能，如為農作物的生產以及城市建設提供土地資源；二是吸納職能，主要是對能源燃燒排放的廢氣等進行吸收。因此，土地承載同樣從這兩個方面入手。在土地資源承載計算中，主要將地區內部不同類型土地依照均衡因子折算成標準生產型土地後加總獲得。在一般計算中主要涉及農業用地、林業用地、草地、建築用地、水域以及化石燃料用地 6 類。但由於城市數據中未對各類土地情況進行詳細區分，考慮到城市土地的兩種職能，本書將利用實際生產來計算農業用地面積、城市建設用地總面積，以此來代表建設用地面積並表現土地資源的生產職能；利用城市綠色用地面積來表現土地資源的吸收職能，對土地資源承載情況進行測算。

6. 土地資源測算結果

利用生態足跡法對城市土地資源承載情況進行分析，實際上是通過城市土地資源情況與城市土地人均占用情況進行比較，得到城市土地資源能夠承載的人口數量。因此，分析結果也分為兩個部分：一是城市土地資源承載情況；二是城市人均占用情況。

（1）城市土地資源承載情況。城市土地資源存在兩種職能：一是生產職能，主要包括提供農業生產以及城市建設的土地，在城市土地資源中體現為城市農業用地面積和城市建設用地面積的總量；二是吸納職能，即提供土地對生活、生產活動中排放的能源燃燒氣體等進行吸收，主要是指城市範圍內的綠色用地以及農業用地。對城市土地資源進行統計並折算成標準生產型土地後，土地承載力結果如表 6-7 所示。

表 6-7　　　　　中國 36 個城市土地承載能力基本狀況

	均值	最小值	最大值
土地生產能力（公頃）	3,923,900.743	73,486.93	1.34E+07
土地吸納能力（公頃）	3,374,599.421	264,249.3	1.67E+07
土地資源承載能力（公頃）	7,294,699.164	337,736.2	3.01E+07

可以發現，36 個城市的土地生產能力平均值為 392 萬公頃，其中土地生產能力最低的城市為深圳市，而生產能力最高的城市為重慶市。城市土地平均

吸納能力折算成標準性生產土地為 377.5 萬公頃左右，其中吸納能力最低的城市為深圳市，而吸納能力最高的城市依然為重慶市。將兩者綜合構成土地資源承載能力，在土地資源上深圳市的承載能力最低，而重慶市的承載能力最高。

（2）城市人均占用情況。城市占用同樣分為土地生產占用和土地吸納占用。以下是 36 個城市土地資源的占用情況（見表6-8）。由於無法獲得城市分類土地存量，因此假設城市所有農業用地都被用來進行生產，因此城市生產占用與生產能力相當。土地資源占用的差異主要體現在吸納占用上。可以發現就全國 36 個行政級別最高的城市（不包括港、澳、臺地區）來看，城市土地平均承載力略高於城市土地資源占用，總體情況較為樂觀。

表 6-8　　　　　　　中國 36 個城市土地占用基本狀況

	均值	最小值	最大值
城市生產占用（公頃）	3,920,100	73,486.93	1.34E+07
城市吸納占用（公頃）	3,268,888	530,137.4	1.40E+07
城市土地占用（公頃）	7,188,988	1,336,105	1.96E+07
城市人均土地占用（公頃/人）	1.27	0.56	13.30

在城市土地占用中，城市生產占用最少和最多的城市依然分別為深圳市和重慶市。而在城市吸納占用中，土地占用最少的城市為海口市，而占用最多的城市為上海市。總體來看，土地資源占用最少的城市為海口市，而占用最多的城市為重慶市。從人均上來看 36 個城市平均資源占用為 1.27 公頃/人，其中人均占用量最少的城市為廈門市，而人均占用最高的城市為拉薩市，兩者之間相差 20 多倍，城市間土地資源占用差距明顯。根據城市土地資源承載與人均占用情況可以得到各個城市土地資源能夠承載的最大人口數量，從而獲得城市資源承載力中的重要指標，即土地資源承載力指標，其他指標將利用均量比較法來獲取。

二、均量比較法

均量比較法是指將本地區資源存量按照中國城市平均人均消耗情況來折算成該地區能夠承載的人口量的方法。該方法計算過程較為簡潔，也能夠較好地表徵中國城市相對於國家資源基礎的豐寡程度，本書將利用典型指標的計算來進行說明，並對水資源、經濟資源以及社會資源進行折算。

均量比較法較為簡單，主要就是將個體指標與均量指標進行對比、換算

(見表 6-9)。因此，主要過程涉及數據整理與折算。本書選出 23 個基礎指標對城市資源承載力進行測算和評價，其中非土地資源的自然資源、經濟資源和社會資源都以中國資源均量為基礎進行折算。因此，該部分對相應指標進行統計與整理，並找出相應的國家平均量進行對比即可完成。

表 6-9　　　　　　　　自然資源各項指標數據說明

指標	數據指標	城市均量	城市最小值	城市最大值	全國每萬人均量
水資源	供水量（萬噸/萬人）	64,481.75	11,280	319,072	8,799.78
電能	供電量（千瓦時/萬人）	3,169,167.00	555,210	14,100,000	3,983.445
煤氣、天然氣	供氣量（萬立方/萬人）	194,455.80	9,456	2,099,057	70.83
液化石油氣	液化石油氣使用量（萬噸/萬人）	127,693.70	3,488	994,614	81.55
工業廢水排放量	工業廢水排放量（萬噸/萬人）	13,224.69	333	45,400	51.12
工業粉塵排放量	工業粉塵排放量（噸/萬人）	40,620.53	658	179,841	93.93
二氧化硫排放量	二氧化硫排放量（噸/萬人）	89,865.31	1,075	494,415	150.21
生活垃圾處理率	生活垃圾處理率(%)	92.44	22.2	100	89.3

受限於數據可得性和可比較性，這裡將水資源、能源供應限定於全國對所有城市的水資源、電能以及能源供給，表示中國目前對城市的供給能力。在城市供水中，城市平均供水量為 64,482 噸左右，其中供水量最少的城市為拉薩市，也是人口最少的城市；而供水量最多的城市為上海市。供電量最少的城市為海口市，而供電量最多的城市依然為上海。在供氣方面，供氣量最少的城市為南寧市，供氣量最多的城市為拉薩市。液化石油氣使用量最少的城市為拉薩市，而石油液化氣使用量最多的城市為廣州市。工業廢水排放量最少的城市為拉薩市，而排放量最多的城市為上海市。工業粉塵排放量最少的是拉薩市，而排放量最多的是重慶市。二氧化硫排放量最少的城市是拉薩市，而排放量最多的城市為重慶市。在生活垃圾處理上，處理能力最低的城市為蘭州市，而許多城市都能對生活垃圾進行完全處理。可見上海作為經濟和人口大市對資源的需求量較大，而拉薩作為高原城市，人口較少，生態環境脆弱，對資源的消耗和對環境的影響較小。重慶市作為一個地域廣闊的直轄市，其廢物排放量巨大，

會對環境造成一定影響。

表 6-10　　　　　　　　經濟資源各項指標數據說明

指標	數據指標	城市均量	城市最小值	城市最大值	全國每萬人均量
經濟發展水平	國內生產總值 （萬元/萬人）①	64,000,000.00	340,043	216,021,200	43,213.80
公共財政水平	地方公共財政支出 （萬元/萬人）	9,814,942.00	1,319,166	45,300,000	8,799.78
外資利用水平	實際外資利用情況 （萬美元/萬人）	427,650.90	2,132	1,682,897	87.25
經濟交流水平	貨運量 （萬噸/萬人）	36,148.11	689	278,621	0.13

在經濟資源指標中（見表 6-10），在 2013 年，中國人均 GDP 已經達到 43,000 多元，生產總值達到 58.8 萬億元，在 36 個行政級別最高的城市中，產值最低的城市為拉薩市，產值最高的城市為上海市。以地方財政支出為標準，支出最少的城市為拉薩市，而支出最多的城市依然為上海市。外資利用水平上，實際上利用外資最少的城市為蘭州市②，而利用最多的城市為天津市。在貨運上，貨運量最少的城市為拉薩市，而貨運量最多的城市為長沙市。

在社會資源指標中（見表 6-11），社會保障以城鎮職工養老保險為參照，而由於無法在《中國城市統計年鑑》以及其他相關年鑑中收集到所有城市從業人員數量，因此，在這裡以城市常住人口為基量來計算覆蓋率。以該指標作為均量比較的相對量，因此，兩者同樣都用總人口作基量將不會影響對比結果。

表 6-11　　　　　　　　社會資源各項指標數據說明

指標	數據指標	城市均量	城市最小值	城市最大值	全國每萬人均量
道路面積	建成道路面積 （萬平方米/萬人）	5,731.14	886	12,761	4.737
互聯網建設	互聯網接入戶數 （萬戶/萬人）	215.20	39	766	0.14
文化設施	公共圖書館藏書量 （冊/萬人）	11,184.20	573	72,390	5,504.154

---

① 這裡的城市均量、城市最小值與最大值的單位為萬元、萬美元與萬噸；而全國萬人均量單位則是萬元/萬人、萬美元/萬人以及萬噸/萬人。

② 在城市統計年鑑中，受政策限制，拉薩市無任何外資利用數據，這裡外資利用最少的城市，是指可以進行外資投資的總量最少的城市。

表6-11(續)

指標	數據指標	城市均量	城市最小值	城市最大值	全國每萬人均量
教育服務	普通高等學校專職教師數量(人/萬人)	26,368.03	1,450	66,026	11.02
醫療服務	執業醫師數量(人/萬人)	22,984.72	1,661	85,819	16.80
社會保障	城鎮職工養老保險(%)	33.30	11.1	76.7	17.8
公共交通	公共汽車擁有量(輛/萬人)	6,728.92	317	30,590	3.40

在道路建設中，建成道路面積最小的城市為西寧市，而道路建成面積最大的城市為南京市。互聯網接入戶數最少的城市為西寧市，接入最多的城市為廣州。公共圖書館藏書量最少的城市為海口市，藏書量最高的城市為上海市。擁有普通高等學校教師數量最少的城市為拉薩市，而擁有該類教師數量最多的城市為北京市。在執業醫師方面，擁有執業醫師最少數量的城市同樣為拉薩市，而擁有執業醫師數量最多的城市依然為北京市。在社會保障方面，城鎮職工養老保險覆蓋率最低的城市為蘭州市，而覆蓋率最高的城市為深圳市。在公共交通方面，拉薩市公共汽車總量最少，而深圳市擁有數量最多的公共汽車。

從城市指標分析中可以發現，城市資源的使用和保有量，都與當地的經濟發展、人口規模有巨大聯繫，這也使得城市規模與城市資源之間存在密不可分的關係，也為進一步探討城市資源承載力與城市規模的關係提供了數據支持。當然各個城市的經濟、人口總量不同，自然條件的差異更是會影響城市資源的豐寡程度，因此不能單純地用總量來確定城市資源量，還應該結合人口、自然環境等因素來進行考慮，獲得綜合性的資源承載力評價結果。

第四節　城市資源承載力評價結果

前文對城市自然資源、經濟資源以及社會資源承載能力進行了測算，並運用狀態空間法將三者進行綜合得到城市資源承載力的評價結果。本節將分別從中國城市資源承載力的總體表現、分地區情況以及具體城市分析3個方面來對中國城市資源承載力進行評價。

一、城市資源承載力總體情況

以 36 個城市為基礎，對其相對資源量以及土地資源承載量進行測算、匯總後發現，3 個資源子系統承載力存在差異，其中自然資源平均承載力最低，平均承載力不超過 700 萬人，而 36 個城市平均常住人口已經達到 863.5 萬人，表明 36 個城市發展已經在總體上超過自然資源的承載力（見表6-12）。經濟資源的平均承載力與城市平均常住人口規模相近，在總體上表示為經濟資源聚集度與目前人口規模聚集度相適應。社會資源平均承載能力最高，在以城市相對資源量為基礎的衡量體系中，表明社會資源在城市的聚集高於城市經濟資源和自然資源的聚集強度。換言之，經濟資源與社會資源表現出較強的承載能力，社會資源比經濟資源或自然資源更傾向於向城市集中，使得大城市能夠提供更多的社會資源。

表 6-12　　　　　　全國 36 個城市資源承載力基本情況

	平均值	最小值	最大值
自然資源承載力（萬人）	699.93	131.02	2,554.89
經濟資源承載力（萬人）	863.93	36.93	2,958.22
社會資源承載力（萬人）	961.06	176.50	3,051.52
城市資源承載力（萬人）	783.60	157.31	2,405.22

根據該標準，對城市實際人口規模進行統計發現，36 個城市中，超過資源承載力的城市一共有 27 個；而超過經濟資源承載力的城市共有 21 個；另外共有 12 個城市的人口規模超過了社會資源承載力。而綜合來看，共有 24 個城市的人口規模超過了資源承載力規模。

二、城市資源承載力分地區情況

將城市資源承載情況按照東、中、西部地區進行比較，對城市地區的劃分，以國家統計局對省、直轄市及自治區的區域劃分為依據（見表6-13）。東部地區包括北京、天津、河北、遼寧、上海、江蘇、浙江、福建、山東、廣東、海南 11 個省及直轄市；東部城市包括北京市、天津市、石家莊市、瀋陽市、大連市、上海市、南京市、杭州市、寧波市、福州市、廈門市、濟南市、青島市、廣州市、深圳市以及海口市 16 個城市。中部地區包括黑龍江、吉林、山西、安徽、江西、河南、湖北、湖南 8 個省；中部城市包括哈爾濱市、長春

市、太原市、合肥市、南昌市、鄭州市、武漢市及長沙市 8 個城市。西部地區包括內蒙古、廣西、重慶、四川、貴州、雲南、西藏、陝西、甘肅、青海、寧夏、新疆 12 個省及自治區、直轄市；西部城市包括呼和浩特市、南寧市、重慶市、成都市、貴陽市、昆明市、拉薩市、西安市、蘭州市、西寧市、銀川市以及烏魯木齊市 12 個城市。

表 6-13　　　　　　全國 36 個城市資源承載力分區域情況

	東部地區	中部地區	西部地區
超過自然資源城市（個）	16	6	6
超過經濟資源城市（個）	4	6	11
超過社會資源城市（個）	4	2	6
超過資源承載力城市（個）	11	6	7

　　將城市按照東、中、西部進行劃分，發現東部地區 16 個城市的人口規模均超過城市自然資源承載力，中部地區有 6 個城市超過自然資源承載力，西部地區有一半的城市超過自然資源承載力。可見東部地區經濟發展水平較高，人口規模較大，但是對自然資源的消耗較多。經濟資源部分，東部地區只有 4 個城市超過了經濟資源的相對承載能力，中部地區有 6 個城市超過經濟資源承載力，而西部地區超過經濟資源承載能力的地區為 11 個。表明西部地區城市經濟資源相對不足，還需要進一步提高經濟資源的水平。在社會資源部分，東部地區有 4 個城市人口規模超過社會資源承載力，中部地區有兩個城市超過，西部地區有 4 個城市超過。這說明城市社會資源相對充裕，但東部地區、西部地區與中部地區城市相比，社會資源仍然相對不足。

　　綜合起來，在資源承載力方面，東部地區有 11 個城市的人口規模超過了資源承載力範圍，而中部地區有 6 個城市超過資源承載力範圍，西部地區有 7 個城市超過資源承載力範圍。東部地區超過資源承載力範圍的城市多是因為自然資源承載力不足，導致城市規模超過資源承載力，而中部與西部地區除了受自然資源約束外，經濟資源與社會資源的不足也是造成人口規模超過資源承載力的原因。因此，從總體來看，中國城市資源承載力存在大問題。一是目前中國 36 個行政級別最高的城市在發展中普遍存在城市規模超過資源承載力的情況。二是不同地區城市對不同子系統資源承載力的承壓能力存在差異，東部地區經濟發展水平好，資源承載力的短板主要體現在自然資源系統；而中部與西部地區受自然資源約束相對較小，經濟與社會資源的短缺使得其城市資源承載

能力受到限制。

三、各城市資源承載力的情況

借鑒生態承載力研究中的提法，本書將人口規模小於資源承載力可承載人口的90%的情況稱為可載，將人口規模在資源承載力可承載人口的90%～110%範圍裡的情況稱為滿載，將人口規模超過資源承載力可承載人口的110%的情況稱為超載。下面將就36個城市的資源承載力情況與實際人口規模進行比較分析，分別從單項指標、雙項指標、三項指標和綜合情況進行細緻討論。

1. 單項系統資源超載的城市情況

在36個城市中，一共有16個城市僅有一項系統資源處於超載情況，其中北京市、大連市等11個城市的人口規模超過了自然資源可承載範圍；而昆明市、拉薩市等5個城市的人口規模超過經濟資源可承載能力，而沒有城市的人口規模超過社會資源承載能力（如表6-14所示）。另外，可以發現超過自然資源承載能力的城市均為東部城市和中部城市，其中東部城市有9個，表明這些地區的經濟資源以及社會資源都十分豐富，僅自然資源制約城市的健康發展。而超過經濟資源承載力的城市均為西部地區城市，同樣表明這些城市在自然資源和社會資源方面都能夠承載更多的人口，但由於經濟資源的欠缺，使得城市資源承載力不足。東、西部地區間自然資源與經濟資源的不平衡問題突出。

表6-14　　　　　　　　　單項指標超載的城市情況

	城市
僅超過自然資源城市	北京市、大連市、沈陽市、上海市、杭州市、寧波市、廈門市、青島市、武漢市、長沙市、深圳市
僅超過經濟資源城市	昆明市、拉薩市、銀川市、蘭州市、烏魯木齊市
僅超過社會資源城市	無

在自然資源承載壓力下，北京市、廈門市實際人口規模超過自然資源可承載力的50%以上，屬於非常嚴重的超載情況。北京市水資源欠缺，土地資源存在壓力。而廈門市雖然人均資源占用較少，但由於其行政區劃面積較小，只有北京市的1/10不到，土地面積較小，因此土地資源承載壓力較大。

上海市、杭州市、寧波市、青島市、深圳市的城市實際人口超過自然資源承載力30%，屬於嚴重超載情況。上海市同樣受土地資源約束較大，上海市人均能源消耗較低，人口規模超過北京市，但城市行政區劃面積僅為北京市的一半。杭州市土地資源較為豐富，但水資源相對稀缺。根據2013年杭州市水資

源公報數據可以發現，杭州市多年平均水資源總量為 145 億立方米，2013 年水資源總量為 141 億立方米，全市人均水資源佔有量低於全國人均標準，僅為世界人均水資源量的 21%。杭州市水資源分佈時空不均衡，梅雨時節水資源豐富，但下半年水資源稀缺，城市用水已經接近資源管控紅線。

寧波市雖地處「江南水鄉」，但同樣也是水資源短缺城市，受到季節性缺水、水質性缺水等多種因素的困擾，寧波市多年人均水資源擁有量僅為全省人均的 59%、全國人均的 55% 和世界人均的 1/6，屬於全國 400 多個缺水型城市之一。青島市同樣是由於水資源稀缺影響資源承載力，青島市是北方嚴重缺水的沿海城市之一。根據青島市氣象局公布的數據，青島市年降水量僅為 664.4 毫米，是個嚴重缺水的城市，人均年佔有水資源量為 376 立方米，僅為全國人均水平的 13.9%，而根據國際標準人均 500 立方米，青島市為極度缺水城市。而深圳市主要受到土地資源的約束。

但瀋陽市、大連市、武漢市、長沙市的人口實際規模超過自然資源承載力不到 20%，屬於一般超載情況。其中北方地區的瀋陽市與大連市受到水資源的約束，中部地區的長沙市受到能源和水資源的約束，而武漢市資源承載力壓力較小，僅輕微受到能源資源的約束。

在經濟資源方面，拉薩市和蘭州市實際人口規模超過經濟資源承載力的 50% 以上，而昆明市與銀川市經濟資源壓力較小。拉薩市經濟總水平較低且無外資進駐，與其他地區的經濟交流也較少，使得經濟資源較為稀缺。而蘭州市同樣是因為外資利用水平較差以及區際市場較弱而受到影響。昆明市區際市場較為活躍，但經濟發展總水平和外資利用水平較弱。而銀川市和烏魯木齊市同樣是因為外資利用水平較差以及區際市場較弱而受到影響。

2. 雙項系統資源超載的城市情況

36 個城市中，有 6 個城市的人口實際規模超過該城市自然與經濟資源承載情況，有 2 個城市實際人口規模超過自然與社會資源承載力，另外還有 3 個城市的實際人口規模超過經濟與社會資源承載力，如表 6-15 所示。

表 6-15　　　　　　雙項系統資源超載的城市情況

	城市
超過自然與經濟資源的城市	太原市、長春市、南昌市、濟南市、鄭州市、西安市
超過自然與社會資源的城市	天津市、呼和浩特市
超過經濟與社會資源的城市	哈爾濱市、南寧市、西寧市

受到自然資源與經濟資源約束的城市有6個,其中太原市水資源稀缺問題較為嚴重而財政水平與外資利用水平較低,從而影響經濟資源存量。長春市同樣受到水資源的困擾,而能源的供給量也相對較少;在經濟資源方面,其財政水平與區際經濟交流水平較低。另外南昌市、濟南市、鄭州市與西安市都存在水資源供給較少,能源供給相對薄弱的問題。在經濟資源方面,南昌市財政水平與經濟交流水平較弱;濟南市外資利用水平較低;而鄭州市外資利用水平相對較低,西安市經濟發展水平與財政水平都相對較低,但程度較小,經濟資源壓力不大。

受到自然資源與社會資源約束的城市有2個。其中,天津市土地面積較小,而能源消耗較多,使得土地資源的占用較多,從而導致自然資源承載力較小;另外,天津市高等教育資源偏少,這可能是受到北京市教育資源過於集中而兩地距離較近的影響。呼和浩特市在水資源和能源供給上都存在較大壓力,其社會文化設施、醫療設施以及社會保障水平都低於其他城市整體水平,使得社會資源承載力受到影響。

受到經濟資源與社會資源約束的城市有3個,其中哈爾濱市外資利用水平以及區際市場交流的水平較低,在社會保障方面水平較低,使得經濟與社會資源難以支撐。南寧市受外資利用水平影響較大,在社會資源方面,受社會保障與市政管理影響較大。西寧市外資利用水平較低且區際市場交流能力較弱,使得其經濟資源承載力較低。而基礎設施薄弱,文化、教育資源稀缺以及社會保障不足影響了該市的社會資源承載能力。

3.3 項系統資源超載的城市情況

36個城市中,同時超過自然資源、經濟資源以及社會資源3項系統資源的城市共有7個,分別為石家莊市、合肥市、福州市、海口市、重慶市、成都市和貴陽市。其中東部地區城市有3個,中部地區城市有1個,西部地區城市有3個,3項指標都超載的城市在東、中、西部地區都存在。

石家莊市受到水資源、能源供給的約束,而外資利用水平較低,社會保障與市政設施建設影響其經濟與資源供給能力。合肥市同樣受到水資源與能源供給的約束,而在外資利用水平、社會保障等方面也相對較弱。福州市同樣受到水資源的制約,福州市屬於「水質型缺水」城市[1],水資源時空分佈不均衡,人口分佈、經濟佈局與水資源條件不匹配,供需矛盾突出,而外資利用水平、

---

[1] 佚名. 市民用水「任性」「滴滴水」或成犯罪[EB/OL]. [2015-03-29]. http://www.fjtv.net/folder475/folder476/2015-03-29/126661.html.

文化設施以及社會保障較為薄弱。海口市雖然臨海，但由於地理條件的限制，降雨難以儲存，主要降水量集中在5月至10月，11月至次年4月往往乾旱少雨，形成季節性缺水，也受到水資源的影響。另外這些城市在經濟發展總體水平、教育資源、社會保障等方面相對薄弱，影響城市經濟的發展。

重慶市土地資源豐富，而淡水資源相對欠缺，能源供給偏少，影響了該市的自然資源承載力。重慶市經濟發展總水平相對較低，而基礎設施建設以及教育資源相對較弱也會影響該城市的資源承載力。成都市水資源相對欠缺，超採地下水問題突出，而經濟交流水平與財政水平相對較低，另外，在文化設施方面還有待提高。貴陽市同樣受到水資源的約束，而經濟發展水平以及外資利用能力同樣較為薄弱，其基礎設施建設、文化設施建設以及社會保障方面也相對較弱。

最後，還有南京市和廣州市兩個城市的實際人口規模均未超過3項資源指標，這兩個城市資源存量相對均衡，經濟發展水平較高，社會管理以及社會保障方面水平較高，人口規模也較為適中。另外，這兩個城市臨近地區都有其他大規模城市與其共同構成城市雙核區，如南京市臨近地區有上海市，廣州臨近地區有深圳市，這種以大城市帶動的城市群建設中雖然會有超過承載力的城市出現，但也有益於形成資源可持續利用的城市規模，值得進一步探討，本書也將在模式探討中進行深入分析。

4. 城市資源承載力與城市實際規模比較分析

本章的立足點為城市資源承載力的綜合評價，因此，需要將城市人口規模與城市資源承載力的最終結果進行比較和分析。這裡將實際人口規模超過資源承載力的50%及以上的情況稱為資源非常嚴重超載情況；將實際人口規模超過資源承載力的30%～50%的情況稱為資源嚴重超載情況；將實際人口規模超過資源承載力的10%～30%的情況稱為資源一般超載情況；而將實際人口規模為資源承載力的90%～110%的情況稱為資源滿載；最後將實際人口規模為資源承載力的90%以下的情況稱為資源可載。根據這一標準將36個城市進行分類，結果如表6-16所示。

表6-16　　　　　　城市資源承載力與城市實際規模比較

	城市
非常嚴重超載城市	鄭州市
嚴重超載城市	北京市、天津市、石家莊市、廈門市、濟南市、成都市、貴陽市、銀川市

表6-16(續)

	城市
一般超載城市	太原市、沈陽市、長春市、上海市、杭州市、寧波市、合肥市、福州市、南昌市、青島市、海口市、重慶市、西安市、西寧市
滿載城市	呼和浩特市、大連市、哈爾濱市、南寧市、武漢市、廣州市、南京市、昆明市、蘭州市、烏魯木齊市、深圳市
可載城市	長沙市、拉薩市

其中大多數城市都集中在資源嚴重超載和資源一般超載的區間內。非常嚴重超載城市為鄭州市，鄭州市2013年人口接近920萬人，但其水資源承載能力、能源供給能力以及經濟資源承載能力都相對薄弱，資源承載力僅為625萬人，導致其資源無法承載如此大的人口規模。

嚴重超載的城市中，東部地區城市都主要受到水資源與土地資源的約束，而西部地區城市除了受到自然資源約束外，經濟資源薄弱也是影響其承載能力的重要因素。

一般超載的城市最多，包括上海市、重慶市等14個城市。這些城市主要受到水資源和土地資源的約束，資源承載壓力較大。

城市人口規模在資源承載力滿載範圍內的城市有呼和浩特市、大連市等11個城市，這些城市的人口規模與城市資源承載力規模基本持平，城市人口的消耗在城市可提供的資源範圍內，資源承載壓力較小。而城市人口規模在資源承載力可載範圍內的城市有長沙市和拉薩市。這兩個城市的資源存量較為豐富，能夠承載更大規模人口的生活與生產活動。

第五節 本章小結

本章主要對城市最優規模的約束機制——城市資源承載力進行分析。城市資源承載力是集自然資源、經濟資源、社會資源於一體的複合型資源體系，因此，在評價城市資源承載力的時候，也需要構建複合的評價體系。本著構建綜合性、全面性、有針對性的自然-經濟-社會資源評價體系的原則，本章設計了包含3個子系統、5個分類指標、23個基本指標的三維評價體系。利用相關性、可操作性等要素對指標進行選擇，並利用三角模糊層次分析法對指標權重進行確定。由於在測算城市資源承載力的過程中，需要將承載力折算成可承載

的人口規模，因此需要利用生態足跡法和均量比較法對指標進行折算，最後得到中國 36 個行政級別最高的城市的資源承載力。

總體上來看，自然資源平均承載能力最低，平均承載力不超過 700 萬人，而 36 個城市平均常住人口已經達到 863.5 萬人，表明 36 個城市發展已經在總體上超過自然資源的承載力。而經濟資源與社會資源則表現出較強的聚集能力，經濟資源的平均承載力與城市平均常住人口規模相近，表示在總體上，經濟資源聚集度與目前人口規模聚集度相適應。而社會資源平均承載能力最高，在以城市相對資源量為基礎的衡量體系中，表明社會資源在城市的聚集高於城市經濟資源和自然資源的聚集強度。換言之，社會資源比經濟資源或自然資源更傾向於向城市集中，使得大城市能夠提供更多的經濟資源。

綜合起來，36 個城市中，大多數城市都集中在資源嚴重超載和資源一般超載的區間內。非常嚴重超載城市只有鄭州市，嚴重超載城市有北京市、天津市等 8 個城市；一般超載城市為太原市、瀋陽市、上海市等 14 個城市。滿載城市包括呼和浩特市、深圳市等 11 個城市。而可載的城市有長沙市和拉薩市兩個城市。東部地區城市多是因為自然資源承載力不足導致城市規模超過資源承載力，而中部與西部地區除了受自然資源約束外，經濟資源與社會資源的不足也是造成人口規模超過資源承載力的原因。因此，總體來看，中國城市資源承載力較弱。在城市中，中國自然資源超載現象明顯，大多數城市都集中在資源嚴重超載和資源一般超載的區間內。這些城市主要受到水資源和土地資源的約束，其資源承載壓力較大。

第七章　城市最優規模的確定

前文對城市最優規模的動力機制－城市最優產出規模以及約束機制－資源承載力進行測算後，本章便可通過兩者的相互作用來確定城市最優規模。本章主要以人口規模為橋樑將城市最優產出規模與城市資源承載力相結合，分析兩者間的互動關係。在此基礎上，延伸討論外部衝擊，如技術水平提高或資源約束的外移對城市最優規模的影響。本章主要結構如圖7-1所示。

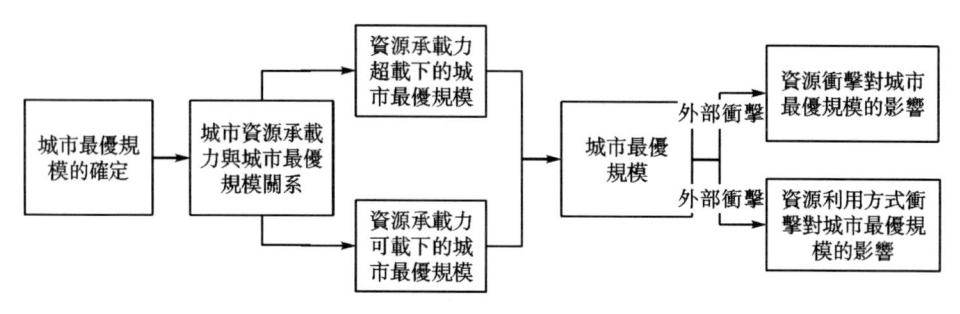

圖7-1　城市最優規模的確定研究結構示意圖

第一節　資源承載力約束下的城市最優規模比較分析

在前兩章中，已經對城市最優規模的形成機制進行了分析，並通過實證的方法測算了中國行政級別最高的36個城市（不包括港、澳、臺地區）的城市最優產出規模的範圍和資源承載力。城市最優產出規模是指實現城市淨產出最大化下的城市人口規模。而城市最優規模則是指在資源約束條件下，實現城市產出最大化的城市人口規模，因此，城市最優規模概念中除了包含產出優化的概念，還應考慮資源承載力的約束。

要確定城市最優規模，就需要首先弄清楚目前城市的資源承載狀況，而城

市的資源承載狀況可以通過城市實際人口規模與城市資源承載力進行比較獲得。根據兩者的關係，可以將城市分為資源承載力超載城市、資源承載力可載城市與資源承載力滿載城市3類。本節將針對這幾類情況，與城市最優產出規模相結合，確定城市的最優規模。

一、城市資源承載力超載的城市最優規模分析

城市資源承載力超載下的城市最優規模求解是指當實際人口規模超過了城市資源承載力，即 $U > U_{RCC}$ 時，判斷和尋找城市最優規模的方法。將這種情況具象為圖形，可表示為城市實際人口規模在資源承載力約束的右側。由於此時城市資源承載力與城市最優產出規模的相對位置無法確定，因此可以分為兩種情況：一種情況是城市資源承載力小於最優產出規模，即資源承載力約束線在「波峰」的左側；另一種情況則是城市資源承載力超過了城市最優產出規模，即資源承載力約束線在「波峰」的右側。本節將對這兩種情況進行討論，得到城市資源承載力超載下的城市最優規模的確定原則。

1. 城市資源承載力小於城市最優產出規模的情況

在城市資源承載力超載的城市中，城市資源可承載人口少於城市實際人口，但無法確定城市資源可承載人口與該城市的最優產出規模的關係，如果城市資源承載力小於城市最優產出規模，表明城市資源承載力在「波峰」的左側。此時，城市實際人口規模與最優產出規模相比，又存在兩種可能性：一種是城市實際規模小於最優產出規模，另一種是城市實際人口規模大於城市最優產出規模。如圖7-2所示。

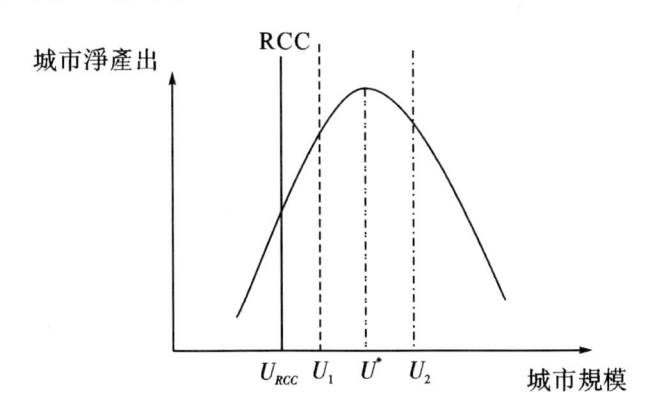

圖7-2　城市資源承載力小於城市最優產出規模情況

其中 RCC 表示城市資源承載力（Resource Carrying Capacity），U_{RCC} 表示資源承載力可承載的人口規模；U^* 表示城市最優產出規模，U_1 和 U_2 表示城市實

際人口規模的兩種情況。當城市實際人口規模為 U_1 時，此時雖然人口實際規模還未達到最優產出規模，但城市資源承載力已經無法支撐城市可持續發展，需要收縮城市規模，達到資源承載力能夠承載的規模。而此時的城市最優規模應該為資源承載力可承載的人口規模，利用 U_r^* 表示城市最優城市規模，則可表示為 $U_r^* = U_{RCC} < U_1 < U^*$。

當城市實際人口規模為 U_2 時，此時的實際人口規模不僅超過了城市資源承載力，還超過了城市最優產出規模，需要收縮城市規模。但此時即使將規模收縮到最優產出規模，城市資源承載力仍然無法支撐其繼續發展。因此，城市規模還將繼續收縮，直到城市規模達到資源承載力可承載的人口規模，此規模則為城市最優規模：$U_r^* = U_{RCC} < U^* < U_2$。

可以發現，這兩種情況都不會影響城市最優規模的確定，只要城市資源承載力小於城市最優產出規模（$U_{RCC} < U^*$），城市最優規模可確定為城市資源可承載的人口規模：$U_r^* = U_{RCC}$。

2. 城市資源承載力大於城市最優產出規模的情況

在城市資源承載力超載的情況下，如果城市資源承載力大於城市最優產出規模，表示目前的城市實際人口規模超過了城市資源承載力，而資源承載力又超過了城市最優產出規模，即 $U_1 > U_{RCC} > U^*$。此時的城市最優規模的求解問題變為城市最優產出規模的求解問題。如圖 7-3 所示。

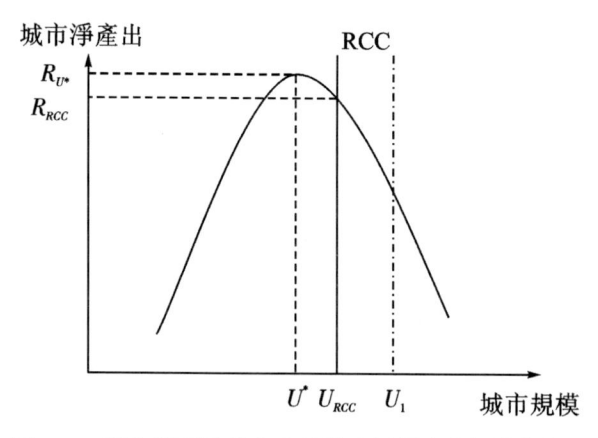

圖 7-3　城市資源承載力大於城市最優產出規模的情況

此時城市實際規模超過了城市資源承載力，無法實現可持續發展，需要將城市規模進行收縮。當城市規模收縮到城市資源承載力下的人口規模時，得到淨產出城市的淨產出小於城市最優產出 $R_{RCC} < R_{U^*}$，可以繼續減小城市規模來擴大城市產出，直至城市規模達到最優產出規模。此時的城市最優規模為城市

最優產出規模：$U_r^* = U^* < U_{RCC} < U_1$。所以，當 $U_{RCC} > U^*$ 時，城市最優規模為城市最優產出規模，表示為 $U_r^* = U^*$。

二、資源承載力可載下的城市最優規模

城市資源承載力可載下的城市最優規模求解是指當實際人口規模沒有超過城市資源承載力時，判斷和尋找城市最優規模的方法。在這種情況下，城市實際人口規模在資源承載力約束的左側，但城市資源承載力與城市最優產出規模之間的關係卻不確定，可能存在兩種情況：一種情況是城市資源承載力約束小於城市最優產出規模，在倒「U」型的波峰的左側；另一種情況是城市資源承載力約束超過城市最優產出規模，即在倒「U」型的波峰的右側。本節也將分兩種情況進行討論，得到城市資源承載力可載下的城市最優規模的確定方法。

1. 城市資源承載力小於城市最優產出規模的情況

在資源承載力可載下，城市資源承載力小於城市最優產出規模，是指當前城市的實際人口規模小於城市資源承載力，而城市資源承載力又小於城市最優產出規模，即 $U_1 < U_{RCC} < U^*$，如圖 7-4 所示。

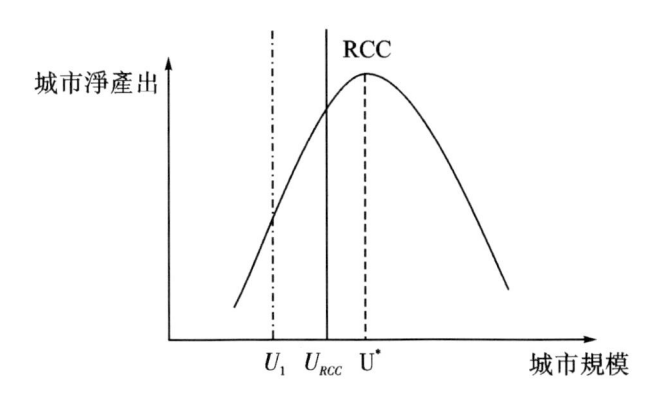

圖 7-4 城市資源承載力小於城市最優產出規模情況

此時的城市發展在資源承載和城市產出上，均有較大的提升空間，城市規模可以繼續擴大。如果人口規模再繼續擴大，雖然理論上可以提高城市生產收益，但是城市的資源卻面臨被過度利用的困境，城市發展不可持續。在此情況下，城市最優規模為城市資源可承載的規模，表示為 $U_r^* = U_{RCC}$。

2. 城市資源承載力大於城市最優產出人口規模的情況

在資源承載力可載下，城市資源承載力大於城市實際人口規模，表示城市資源承載力不僅超過了城市實際人口規模，還超過了城市最優產出規模。此時，人口實際規模與城市最優產出規模同樣可能存在兩種關係：一是城市實際

人口規模小於城市最優產出規模；二是城市實際人口規模大於城市最優產出規模。

當城市實際人口規模小於城市最優產出規模時，$U_1 < U^* < U_{RCC}$。此時城市資源承載能力較高，城市可以進一步擴大城市規模，達到更高的產出效率。當城市規模擴張到城市最優產出規模時，城市產出達到最高值。此時雖然可以進一步提高城市規模，但是城市產出效率將隨著規模的繼續擴大而降低。因此，此時的城市最優規模為城市最優產出規模 $U_r^* = U^*$。

當城市實際人口規模大於城市最優產出規模時，$U^* < U_2 < U_{RCC}$。此時城市資源承載能力較高，但是城市的產出效率小於城市最優產出規模下的產出，$R_{U2} < R_{U^*}$。應當縮小城市規模達到城市最優產出規模。此時的城市最優規模也就是城市最優產出規模，$U_r^* = U^*$，如圖 7-5 所示。

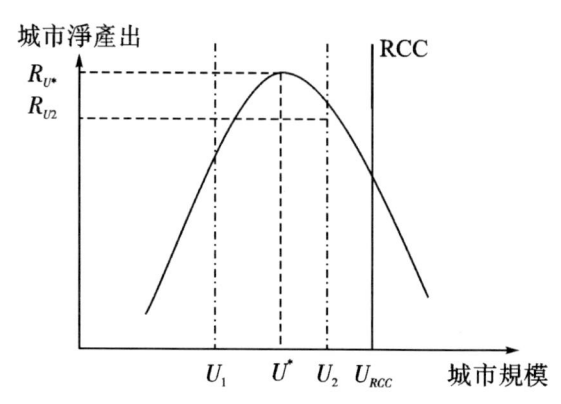

圖 7-5 城市資源承載力大於城市最優產出規模的情況

三、小結

因此可以發現，城市實際人口規模與城市資源承載力的相對大小並不影響城市最優人口規模的確定。只有城市資源承載力與城市最優產出規模間的互動關係才能影響城市最優規模。當城市資源承載力大於城市最優產出規模時，城市最優規模為城市最優產出規模；當城市資源承載力小於城市最優產出規模時，城市最優規模為資源承載力可承載的人口規模，簡化為一般求解公式，可表示為：$U_r^* = \min(U_{RCC}, U^*)$。

當然還存在城市實際人口規模滿載下的最優城市規模的確定，在這種情況下，城市實際人口規模與城市資源承載力可承載人口規模相等：$U_{RCC} = U_i$。而城市最優規模依然由城市資源承載力和城市最優產出規模來決定：$U_r^* = \min(U_{RCC}, U^*)$，與滿載和可載情況下確定城市最優規模的方法相同。

第二節　外部衝擊對城市最優規模的影響

長期來看，城市最優產出規模與城市資源承載力都會隨經濟發展水平和資源利用方式變化而變化，從而無法確定城市最優規模。因此，本書重點關注短期內在生產、生活方式保持不變的情況下，以區域資源可持續利用為前提，實現城市產出最大化的人口規模。而短期內通過外部條件改變資源承載力的存量而影響城市最優規模的情況，可以稱為外部衝擊。結合城市的實際發展情況，外部衝擊通過兩種方式對城市最優規模產生影響：一是通過改變區域資源存量衝擊影響城市資源承載力，從而影響城市最優規模；二是通過技術手段的改進來提高資源利用率，從而影響城市最優規模。

一、通過資源衝擊改變資源可得性來影響城市最優規模

資源衝擊是指通過技術手段改變一個區域的資源可得性，從而影響地區的資源承載力水平。如特高壓輸電技術以及水電技術的發展使得「西電東送」項目得以實施。通過開發西南水電，向東部輸送電力，不僅可以滿足東部地區電力需求，還可以通過能源結構的改善提高西部地區的資源承載力。2000—2009 年，「西電東送」3,800 億千瓦時，相當於節約標準煤約 12,000 萬噸，減少二氧化硫排放 230 萬噸，減少菸塵排放 120 萬噸。通過技術革新使得資源進行重新配置，增加了資源稀缺地區的資源可得性，並間接改善了東部地區的生態環境，提高了東部城市的生態資源承載力。而「南水北調」工程同樣是由於經濟實力和技術的發展，使得超長輸水線路的鋪設得以實現。南水北調中線工程正式通水，為北京市每年提供的水資源達 10.5 億立方米[1]，提高了北京市的資源環境承載力。

這種形式的資源承載力改變僅是單純地增加地區資源環境絕對量，以圖 7-6 來表示，資源衝擊使得資源約束線向右移動。如果資源承載力在城市最優產出規模左側，則隨著資源承載力水平的提高，城市最優規模也逐漸提高。如最初資源承載力為 U_{RCC}，外部資源衝擊使得資源承載力提高到 U'_{RCC}，而最優

---

[1] 佚名. 南水北調中線工程通水 北京年均受水 10.5 億立方米 [EB/OL]. [2014-12-23]. http://business.sohu.com/20141223/n407218460.shtml.

城市規模也從 U_{RCC} 提高到 U'_{RCC}。隨著資源承載力的提高，城市最優規模還將隨之提高，直到達到城市最優產出規模 U^*。

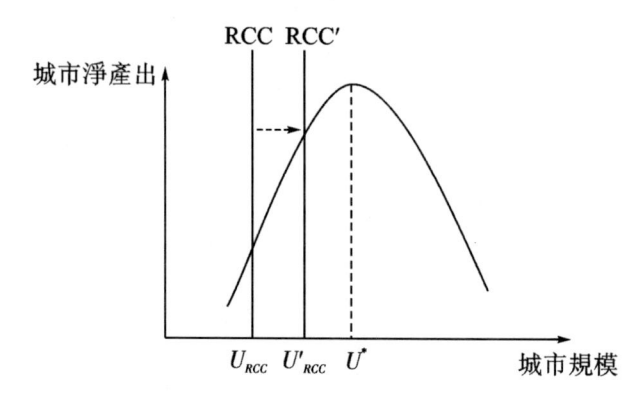

圖 7-6　資源承載力小於最優產出規模下資源可得性變化對最優規模的影響

如果城市資源承載力大於城市最優產出規模，表示城市資源約束在倒「U」型波峰的右側，如圖 7-7 所示。此時資源承載力從 RCC 提高到 RCC′，但承載力的提高短期內對城市最優規模無影響，城市最優規模依然保持為無約束條件下的城市最優規模 U^*。

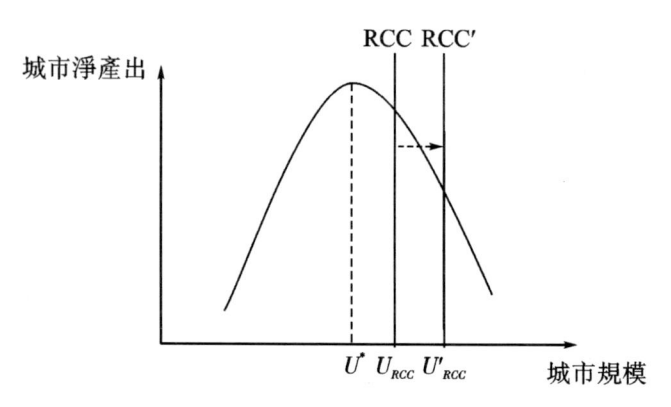

圖 7-7　資源承載力大於最優產出規模下資源可得性變化對最優規模的影響

因此，資源衝擊只能影響城市最優規模的約束條件——城市資源承載力的水平移動，不會影響城市規模與城市產出的關係。城市最優規模依然由最終的城市資源承載力和城市最優產出規模的相對位置來決定，依然遵從 $U_r^* = \min(U'_{RCC}, U^*)$ 的選取原則。

二、通過技術衝擊改變資源利用方式來影響城市最優規模

城市發展中生產技術的提高還能通過提高資源利用效率來增強城市資源承載力。城市資源承載力作為一個人口的容量概念。在資源一定的前提下，人均資源耗費量越低，城市資源承載力越大。如北京市人均能源消耗從 2005 年的約 2 噸/人·年，下降到 2012 年的 1.09 噸/人·年。在資源總量不變的情況下，北京市的資源承載力在能源方面提高了 80%。因此，技術和生產方式的革新與升級同樣會提高城市的資源承載力。

資源利用方式的改變代表生產方式的改變，從而提高資源利用率。如圖 7-8 所示，假設城市資源承載力小於城市最優產出規模，$U_{RCC} < U^*$。而原有的城市資源承載力 RCC 與城市規模-產出的函數 P 的交點 Q 為在該生產條件下，城市資源承載力達到極限時承載的城市規模。而 Q 點的斜率表示該生產條件下的城市規模生產效率，即單位規模增加提高的城市產出；在該規模生產效率下，城市資源承載力與城市生產相匹配。隨著技術的改進，城市生產水平提高，城市規模與城市淨產出函數從 P 提高到 P′。使得具有同樣規模生產效率的生產點也從 Q 點提高到 Q′點，此時城市資源承載力與生產效率的匹配點也提高到 Q′，相當於資源承載力 RCC 提高到 RCC′，從而使得城市最優規模也從 U_{RCC} 提高到 U'_{RCC}，而城市淨產出也相應提高。

如果城市資源承載力在 U^* 的右側，表明此時的資源承載力超過城市最優產出規模，隨著生產效率的提高，資源承載力同樣會「間接」提高，但是城市最優規模不會發生變化，依然保持在 U^*，而城市淨產出卻會因為生產效率的提高而高於之前的城市產出。

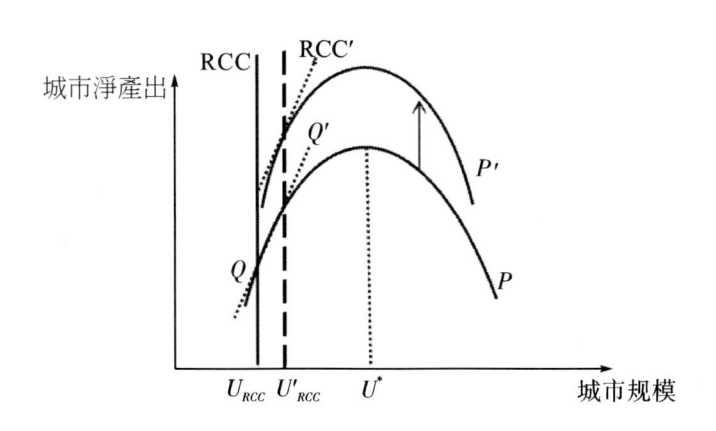

圖 7-8　超載情況下資源利用方式變化對城市最優規模的影響

因此，相比於資源衝擊只帶來城市資源承載力的平移，技術手段改進帶來的資源利用方式的改變將間接提高資源承載力的絕對水平，同時提高了城市的淨產出，提高了城市資源的利用效率和生產效率。運用到現實生活中，單純地通過資源的「轉移」來提高一部分城市的資源承載力是無法從整體上提高資源利用效率的。通過技術的改進來提高資源利用效率，不僅能夠緩解資源緊缺的壓力，還能提高資源的生產能力，擴大城市產出，是城市資源利用與規模發展的明智選擇。

第三節　本章小結

本章主要通過分析城市實際人口規模、城市資源承載力以及無約束條件下的城市最優規模三者的關係來尋求城市最優規模的求解依據。在假定了城市實際人口規模與城市資源承載力的相對關係後，通過辨析城市資源承載力與城市最優產出規模之間的相對關係來確定城市最優規模，可以發現，無論城市實際人口規模處於何種狀態，城市最優規模都由城市資源承載力所承載的人口規模與城市最優產出規模的較小值來確定。這為確定中國城市最優規模的應用提供了理論支持。

確定了城市最優規模的求解原則，本章還對可能影響城市最優規模的外部衝擊進行分析。由於在長期內所有的要素和要素組合方式都將發生改變，無法進行靜態分析，只有短期的外部衝擊才對城市最優規模的改變產生實際影響。而外部衝擊主要通過影響資源存量和資源利用方式來影響城市最優規模。資源存量的衝擊主要是通過技術手段將原本具有區域鎖定性質的資源轉化為可以進行區際移動的資源，從而改變區域資源稟賦，提高資源承載力的絕對量。該手段將直接平移城市資源承載力的約束條件，從而影響城市最優規模的形成，但並不能提高資源的利用效率。相比之下，資源利用方式的改變是通過提高資源利用率從而「間接」提高資源承載力，並影響城市最優規模的形成。該方法不僅提高了資源利用效率，更能提高城市產出，是影響城市最優規模形成的更優選擇。

第三部分
城市最優規模的測算、評價及道路選擇

第八章 中國城市最優規模測算及評價

在第五章中,本書討論了城市最優規模的動力機制,得到城市最優產出規模的形成路徑。在第六章裡,通過對城市資源承載力的測算及評價,分析了城市最優規模的約束機制。而第七章從理論上討論了城市資源承載力與城市最優產出規模的互動方式,為確定中國城市最優城市規模奠定了基礎。本章將運用前幾章的分析結果,對中國城市最優規模的理論值進行測算,並與現實規模相比較,對城市規模的發展現狀進行評價和分析。本章基本結構如圖 8-1 所示。

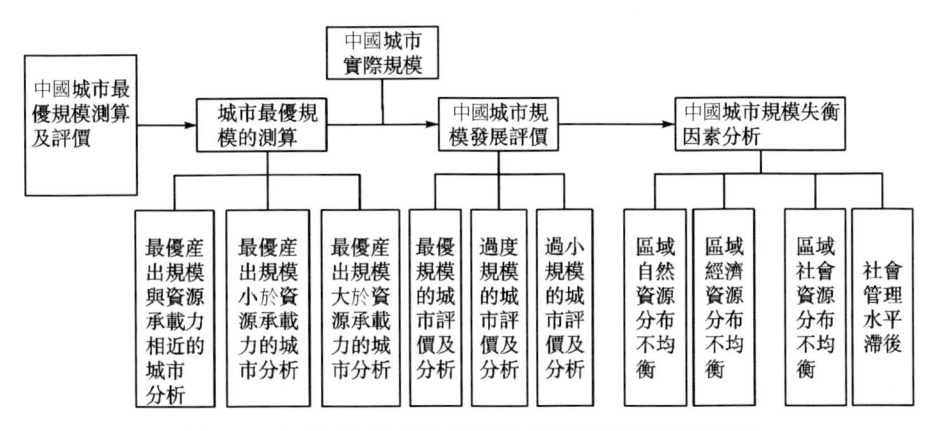

圖 8-1 中國城市最優規模測算及評價研究結構示意圖

第一節 城市最優規模測算

為了從理論上獲得中國城市最優規模測算值,需要將城市最優產出規模與城市資源承載力進行匹配、比較。以中國 36 個行政級別最高的城市為例,城市之間產業結構比不同,城市自然資源、經濟資源與社會資源總量不同,導致城市之間具有不同的城市最優產出規模與城市資源承載力。因此,本節將首先

根據不同城市特點，對城市最優產出規模和城市資源承載力進行匹配，以獲得各個城市的最優城市規模範圍。

根據城市最優產出規模與城市資源承載力的比較可以計算出36個城市的城市最優規模，鑒於城市規模的動態性和延伸性，這裡將城市最優規模值為90%~110%的區間作為城市最優規模範圍。通過對城市最優產出規模與資源承載力的比較可以將36個城市分為三類：第一類是城市最優產出規模與資源承載力相近的城市；第二類是城市最優產出規模小於資源承載力的城市；第三類是城市最優產出規模超過資源承載力的城市。

一、最優產出規模與資源承載力相近的城市分析

最優產出規模與資源承載力相近，表明城市最優產出規模與城市資源承載力規模相互匹配。當城市達到最優產出規模時，城市資源承載力也達到承載飽和值，此時不僅可以使城市淨產出最大化，還可以使得資源能夠持續利用，獲得資源持續與生產效率最高的雙重收益（見表8-1）。

表8-1　　　　最優產出規模與資源承載力相近的城市　　　　單位：萬人

城市	最優產出規模	資源承載力	最優規模下限	最優規模上限
北京市	1,693.29	1,768.18	1,523.97	1,862.62
天津市	1,074.97	1,197.37	967.48	1,182.47
廣州市	1,503.64	1,516.57	1,353.28	1,654.01
武漢市	1,104.20	1,053.90	948.51	1,159.29
深圳市	1,306.42	1,081.02	972.92	1,189.13
成都市	1,188.13	1,132.62	1,019.36	1,245.88

36個城市中一共有6個城市達到最優產出規模以及與城市資源承載力相匹配的水平，這6個城市的最優產出規模與資源可承載水平都超過1,000萬人，且經濟發展水平良好。其中北京市、天津市、廣州市及深圳市是東部地區經濟發展的中心城市。武漢市和成都市分別是中部和西南地區經濟發展中心。北京市城市最優規模最高，其人口可以保持在1,520萬~1,860萬人。廣州市城市規模控製在1,350萬~1,650萬人，是進行生產、生活的最優城市規模選擇。成都市的最優產出規模保持在1,000萬~1,200萬人。天津市與深圳市、武漢市城市最優規模相近，其最優城市規模保持在950萬~1,180萬人。

二、最優產出規模小於資源承載力的城市分析

最優產出規模小於資源承載力的城市是指當前生產水平下的城市最優產出規模小於城市資源承載力。此類城市最優規模求解問題就簡化為城市最優產出規模的求解問題，最優產出規模即是城市最優規模。在考察的36個城市中，僅有3個城市的最優規模為此類情況，結果如表8-2所示。

表8-2　　　　最優產出規模小於資源承載力的城市　　　　單位：萬人

城市	城市最優產出規模	城市資源承載力	城市最優規模下限	城市最優規模上限
上海市	1,444.98	2,146.91	1,300.48	1,589.48
長沙市	830.49	1,150.93	747.44	913.54
重慶市	942.73	2,405.22	848.45	1,037.00

在不考慮城市實際人口規模的前提下，僅有上海市、長沙市與重慶市的城市資源承載力較大，能夠支持較大城市規模的資源利用。這3個城市分別居於中國東、中、西部地區，上海市是中國的經濟中心，經濟資源豐富；重慶市面積寬廣，擁有較多的自然資源，而長沙市資源均衡且最優產出規模較小。在目前的生產條件下，上海市的最優人口規模應該保持在1,300萬~1,600萬人；重慶市最優人口規模應該保持在848萬~1,037萬人；而長沙市的最優人口規模為750萬~920萬人。

三、最優產出規模大於資源承載力城市的結果分析

中國資源雖然豐富，但人口眾多，人均資源稀缺，而城市作為人口的聚集地，其資源稀缺程度更為嚴峻。因此，中國城市發展普遍存在的問題是城市資源承載力已經無法支撐中國城市最優產出規模。在36個城市中，有27個城市的資源承載力小於城市最優產出規模。

為了便於分析，本書按照城市最優規模範圍的不同，對城市進行分類對比。第一類為城市最優規模在400萬人以下的城市，這裡稱之為小型規模城市；第二類為城市最優規模在400萬~700萬人的城市，這裡稱之為中型規模城市；第三類為城市最優規模在700萬人以上的城市，這裡稱之為大型規模城市。

1. 小型規模城市概覽

城市最優規模在400萬人以內的城市，其資源承載力與最優產出規模都有

較大差距。這一方面是因為在城市最優規模求解中利用的是全國行政級別最高的城市數據，得到的是最優產出規模的理論值，而未考慮城市實際的地理條件以及其他硬件限制；另一方面是因為在計算城市資源承載力時，會考慮城市的地理情況和城市資源的相對可得性，而資源承載力小的城市往往區劃面積較小、資源可得性較差，使得資源承載力與產出規模間差距較大。在這 10 個城市中，銀川市的資源承載力最弱，其可承載人口不超過 200 萬人。而太原市資源承載力相對較強，但也未超過 400 萬人。如表 8-3 所示。

表 8-3　　最優產出規模大於資源承載力的小型規模城市　　單位：萬人

城市	最優產出規模	資源承載力	最優規模下限	最優規模上限
銀川市	905.24	157.31	141.58	173.04
海口市	1,649.32	185.04	166.53	203.54
西寧市	954.72	185.92	167.33	204.51
呼和浩特市	1,517.73	288.39	259.55	317.22
廈門市	1,182.35	309.74	278.76	340.71
烏魯木齊市	1,383.88	329.24	296.32	362.16
蘭州市	1,195.73	333.79	300.41	367.17
貴陽市	1,333.67	340.01	306.01	374.01
拉薩市	1,459.11	342.76	308.48	377.03
太原市	1,284.15	349.64	314.68	384.60

2. 中型規模城市概覽

在此類的 7 個城市中，合肥市與鄭州市的最優產出規模與城市資源承載力規模相近，而其他 5 個城市兩者差距依然較大。這些城市的最優規模都集中在 500 萬~680 萬人，其中合肥市、昆明市、南寧市以及鄭州市的最優規模十分接近，最優規模都集中在 550 萬~680 萬人。而城市最優規模相對較小的是江西省會城市南昌市，其城市最優規模僅為 500 萬人左右，如表 8-4 所示。

表 8-4　　最優產出規模大於資源承載力的中型規模城市　　單位：萬人

城市	最優產出規模	資源承載力	最優規模下限	最優規模上限
南昌市	800.33	470.32	423.29	517.36
濟南市	1,353.54	564.33	507.89	620.76

表8-4(續)

城市	最優產出規模	資源承載力	最優規模下限	最優規模上限
福州市	1,122.16	581.46	523.32	639.61
合肥市	792.58	618.69	556.82	680.56
昆明市	1,199.89	620.55	558.49	682.60
南寧市	1,258.49	622.81	560.53	685.10
鄭州市	840.89	625.04	562.53	687.54

3. 大型規模城市概覽

如表8-5所示，城市最優規模在700萬人以上的城市達到10個，可見中國城市不僅實際規模呈現出兩極分化的趨勢，理論上求解的最優規模也表現出兩極分化的現象。寧波市、長春市及西安市最優規模在600萬～800萬人，而青島市、杭州市、南京市等7個城市最優規模都在700萬～1,000萬人。

表8-5　　最優產出規模大於資源承載力的大型規模城市　　單位：萬人

城市	最優產出規模	資源承載力	最優規模下限	最優規模上限
寧波市	954.39	660.52	594.47	726.57
長春市	858.47	677.81	610.03	745.59
西安市	1,255.52	723.12	650.81	795.43
青島市	1,193.61	754.96	679.47	830.46
瀋陽市	973.98	761.99	685.79	838.19
石家莊市	980.46	762.63	686.37	838.89
大連市	967.94	812.96	731.67	894.26
杭州市	1,256.95	818.56	736.70	900.41
南京市	1,287.07	872.55	785.29	959.80
哈爾濱市	1,402.71	986.80	888.12	1,085.49

第二節　中國城市實際規模發展評價及分析

2013年，中國36個行政級別最高的城市（不包括港、澳、臺地區）的常

住人口達到20,123萬人,占到全國總人口的15%左右①,目前的城市規模是否合理成為本書分析的重要內容之一。通過將城市實際規模與城市最優規模進行對比,可以對中國城市規模的發展情況進行評價。中國城市實際規模與最優規模之間存在三種可能關係:一是城市實際規模與城市最優規模相匹配,獲得最優的城市發展規模;二是城市實際規模超出城市最優規模範圍,形成過度規模城市發展;三是城市實際規模未達到城市最優規模範圍,形成過小規模城市發展。

一、最優規模城市評價及分析

最優規模城市是指城市實際生產、生活人口規模在城市最優規模範圍內的城市,在全國36個行政級別最高的城市中有14個城市達到城市最優規模,其中東部地區包括寧波市、南京市等6個城市,中部地區包括長春市、武漢市、哈爾濱市3個城市,西部地區包括呼和浩特市、烏魯木齊市等5個城市,如表8-6所示。

表8-6　　　　　　　　中國最優規模城市基本情況　　　　　　　　單位:萬人

城市	最優產出規模	資源承載力	最優規模下限	最優規模上限	實際人口規模
呼和浩特市	1,517.73	288.39	259.55	317.22	300.11
烏魯木齊市	1,383.88	329.24	296.32	362.16	346
蘭州市	1,195.73	333.79	300.41	367.17	364.16
南昌市	800.33	470.32	423.29	517.36	518.42
南寧市	1,258.49	622.81	560.53	685.1	685.37
寧波市	954.39	660.52	594.47	726.57	766.3
長春市	858.47	677.81	610.03	745.59	772.9
南京市	1,287.07	872.55	785.29	959.8	818.78
瀋陽市	973.98	761.99	685.79	838.19	825.7
杭州市	1,256.95	818.56	736.7	900.41	884.4
武漢市	1,104.2	1,053.9	948.51	1,159.29	1,022
深圳市	1,306.42	1,081.02	972.92	1,189.13	1,062.89
哈爾濱市	1,402.71	986.8	888.12	1,085.49	1,066
廣州市	1,503.64	1,516.57	1,353.28	1,654.01	1,292.68

① 根據《中國城市統計年鑒》和中國國家統計局網站數據匯總計算獲得。

從上一小節的分析結果可知，武漢市、深圳市以及廣州市的城市最優產出規模與城市資源承載力在理論上匹配度高，而實際發展中，這3個城市的實際規模又與城市最優規模相匹配，因此這3個城市從實踐和理論兩個層面均達到了最優的城市規模，獲得資源可持續發展以及城市產出最大化的雙重收益。但是另一方面，由於三個城市的城市最優規模已經逼近了資源承載力的臨界值，因此，在資源利用方式沒有發生改變以及無資源外部衝擊的情況下，如果人口規模繼續擴大，將超出城市資源承載力範圍，使得資源過度消耗。針對這類城市，應該維持目前發展狀態，在生產水平提高和資源利用率同時提高的基礎上，適當增加人口規模。

另外11個城市的資源承載力都小於城市最優產出規模。因此其最優規模均由其資源承載力所對應的人口規模確定。這些城市實際人口規模都在其資源承載力可承載範圍內，實現了資源的可持續發展。但由於受到生產條件的限制，其城市產出效率還存在提升空間，但這種提升不能依靠單純的人口聚集，因為其實際人口規模同樣已經達到了資源可承載的臨界範圍。如果要實現城市產出效率的提高，就必須先通過提高資源利用效率，增加城市資源可得性來提高資源承載力，再通過人口規模的增加提高城市淨產出。針對這類城市，應該控制人口規模，提高資源利用效率和增強自身資源承載水平。

二、過度規模城市評價及分析

過度規模城市是指城市實際人口規模超過城市最優規模的城市，在全國行政級別最高的36個城市中，有19個城市的人口規模超過了城市最優規模，城市規模過度現象普遍，如表8-7所示。其中東部地區有海口市、福州市、上海市、北京市、天津市等9個城市，東部地區省會城市、直轄市及副省級城市中超過一半的城市處於規模過度狀態。中部地區包括太原市、合肥市、鄭州市3個城市。西部地區包括銀川市、西寧市、成都市、重慶市等7個城市，也有超過一半的省會城市、直轄市及副省級城市存在規模過度現象。

表8-7　　　　　　　　中國過度規模城市基本情況　　　　　　　單位：萬人

城市	最優產出規模	資源承載力	最優規模下限	最優規模上限	實際人口規模
銀川市	905.24	157.31	141.58	173.04	208.27
海口市	1,649.32	185.04	166.53	203.54	217.11
西寧市	954.72	185.92	167.33	204.51	227
太原市	1,284.15	349.64	314.68	384.6	427.77

表8-7(續)

城市	最優產出規模	資源承載力	最優規模下限	最優規模上限	實際人口規模
昆明市	1,199.89	620.55	558.49	682.6	658
濟南市	1,353.54	564.33	507.89	620.76	699.9
福州市	1,122.16	581.46	523.32	639.61	734
合肥市	792.58	618.69	556.82	680.56	761.14
西安市	1,255.52	723.12	650.81	795.43	858.81
青島市	1,193.61	754.96	679.47	830.46	896.41
鄭州市	840.89	625.04	562.53	687.54	919.12
石家莊市	980.46	762.63	686.37	838.89	1,050
成都市	1,188.13	1,132.62	1,019.36	1,245.88	1,429.76
天津市	1,074.97	1,197.37	967.48	1,182.47	1,472
北京市	1,693.29	1,768.18	1,523.97	1,862.62	2,114.8
上海市	1,444.98	2,146.91	1,300.48	1,589.48	2,415
重慶市	942.73	2,405.22	848.45	1,037	2,970
廈門市	1,182.35	309.74	278.76	340.71	373
貴陽市	1,333.67	340.01	306.01	374.01	452.19

　　北京市、天津市以及成都市的城市最優產出規模與城市資源承載力在理論上相匹配，如果能達到最優城市規模，這3個城市將在資源可持續利用的情況下達到城市最大產出。但遺憾的是，這3個城市的實際人口規模都嚴重超過了城市最優規模範圍，使得城市在發展中資源過度消耗，而城市生產率也進入了下降通道。隨著城市人口的增加，城市淨產出率將持續下降而資源消耗也將加劇，不利於城市經濟的可持續發展。針對這類城市，應該嚴格控制人口規模，甚至在短期內應該有序地疏導區內人口向區外流動。在經濟發展方面應該提高資源利用效率，增加資源承載力，同時提高城市生產效率。

　　上海市和重慶市的理論上的城市資源承載力超過了城市最優產出規模，但現實情況卻是兩個城市的實際人口規模已遠遠超過了城市資源承載力的承載範圍。兩個城市的城市規模同樣在生產低效和資源不可持續狀態下發展。針對這類城市，同樣應該嚴格控制人口規模，有意地將區域內的人口向區外引導，同時要提高生產效率，提高聚集收益，改善資源利用方式，提高資源承載力。

　　其餘12個城市的資源承載力都小於城市最優產出規模，而實際人口規模又超過了城市最優產出規模的範圍。如果城市實際人口規模嚴重超出城市最優

規模範圍，如福州市、鄭州市、石家莊市等城市，這類城市應首要控製人口規模，再通過資源利用效率的提高來增強資源承載能力。如果城市實際人口規模略微超過城市最優規模範圍，如西寧市、太原市、青島市等城市，這類城市可以首先通過提高資源利用效率，增加自身資源承載力來緩解規模過度問題。

三、過小規模城市評價及分析

過小規模城市是指城市實際人口規模小於城市最優規模的城市，其基本情況如表8-8所示。在全國行政級別最高的36個城市（不包括港、澳、臺地區）中，只有3個城市的實際人口規模小於城市最優規模。城市規模過小問題在中國省會城市、副省級城市以及直轄市中並不明顯。這3個城市分別是東部地區的大連市、中部地區的長沙市以及西部地區的拉薩市。

表8-8　　　　　　　中國過小規模城市基本情況　　　　　　單位：萬人

城市	最優產出規模	資源承載力	最優規模下限	最優規模上限	實際人口規模
大連市	967.94	812.96	731.67	894.26	694
長沙市	830.49	1,150.93	747.44	913.55	722.14
拉薩市	1,459.11	342.76	308.48	377.03	60

長沙市理論上的最優產出規模小於城市資源承載力可承載規模，而實際常住人口規模又小於最優產出規模，因此長沙市的資源承載能力較強，但其城市實際成長能力較弱。針對這類城市，可以努力吸引人口流入，提高人口聚集規模，從而提高城市生產效率。大連市和拉薩市常住人口規模均小於資源承載力範圍，而資源承載力又小於最優產出規模，針對這類城市應該在努力吸引人口流入的同時，提高資源利用效率和資源可得性，提高資源承載力。當然如拉薩這樣的高海拔城市，其地理位置特殊，政治環境複雜，又承擔著生態屏障的作用，城市生產功能較弱，對於人口規模擴大形成的聚集收益需求較少，針對這樣的城市，主要以提高資源利用率來提高資源承載力更為適宜。

第三節　中國城市規模失衡因素分析

通過對中國省會城市、副省級城市以及直轄市的城市實際人口規模與城市最優規模進行比較，可以發現中國城市規模存在失衡現象。這種失衡體現在兩

個方面。一是城市間規模的失衡，表現為過度規模城市與過小規模城市並存。雖然過度規模城市十分普遍，但在中國東、中、西部地區均存在過小規模城市。二是城市內部規模失衡，表現為城市實際規模遠超過城市最優規模，導致城市資源過度消耗，城市生產效率下降。而造成城市規模失衡的原因主要包括自然資源分佈不均衡、經濟資源分佈不均衡、社會資源失衡、社會管理滯後以及地理環境不同等問題。

一、區域自然資源分佈不均衡

中國自然資源總量豐富但人均存量較少，在地域上分佈又不均衡。如在資源承載力方面，影響城市資源承載力最主要的資源之一為水資源承載能力。中國是一個干旱、缺水的國家。據《中國水資源公報》統計，2013 年中國的淡水資源總量約為 2.8 萬億立方米，總量占到世界水資源的 6%，水資源總量排名全球第四。但是，中國人口眾多，人均水資源量僅為全球平均水平的 1/4，是世界人均水資源最少的國家之一。然而，中國又是世界上用水量最多的國家。由於人口眾多，中國每年的水資源取用量都高於其他國家取用水總量。

因此，對水資源龐大的需求以及水資源存量貧乏的矛盾使得城市發展的水資源供給壓力較大。除了面臨水資源供不應求的總體困境外，中國水資源分佈也極不平衡。中國位於太平洋西岸，地域遼闊，地形複雜，大陸性季風氣候非常顯著，因而造成水資源地區分佈不均和隨時間變化這兩大特點。降水量從東南沿海向西北內陸遞減，依次可劃分為多雨、濕潤、半濕潤、半干旱、干旱等 5 種地帶。由於降水量在不同地區分佈十分不平衡，使得全國水土資源分佈也十分不平衡，例如長江流域和長江以南，耕地面積只占到全國的 1/3 左右，而水資源總量卻占到全國的 4/5。黃河和淮河等流域，水資源量還不到全國的 1/10，可耕地面積卻占全國的 40%，水土資源分佈十分不均衡①。使得北方大部分城市水資源稀缺，成為制約資源承載力的重要因素。

南方城市面臨水資源的困擾。雖然南方城市水資源相對豐富，但「結構性缺水」「水質性缺水」問題嚴重，梅雨季節水資源充沛，而其他時候降水較少，只能通過超採地下水的方式來供應城市用水。同時，華北地區地下水超採嚴重，已形成世界最大的「漏門區」②，其他城市地下水超採問題也十分突出。

---

① 水利部發展研究中心. 中國水資源現狀 [EB/OL]. [2015-05-19]. http://news.irrigation.com.cn/china/2015/104968.html.

② 杜震，方亮. 華北地下水超採嚴重 已形成世界上最大「漏門區」[EB/OL]. [2014-05-07]. http://politics.people.com.cn/n/2014/0507/c1001-24984953.html.

另外，土地資源與能源等自然資源同樣影響城市最優規模的形成。中國雖然土地遼闊，土地類型多樣，但山地多、平地少、宜林土地多、宜農土地少，土地資源分佈不均衡等問題突出。城市發展需要較為豐富的土地資源，而平原、農地是發展城市的理想資源與基礎，這就導致本就稀缺的資源愈加稀缺。另外，東部土地生產力高，是中國重要的農區和林區，而西北內陸卻由於乾旱少雨，水資源少，使得土地多為沙漠、戈壁、草原與荒漠草原；青藏高原地帶海拔高、氣候寒冷、土地稀薄，生產能力低。總體來看，中國土地資源分佈不均衡，地區間差異明顯，也造成城市間資源承載力產生差異。

二、區域經濟資源分佈不平衡

中國經濟發展不平衡問題突出，這就導致中國經濟資源分佈也極為不均衡。如2015年，人均生產總值最高的深圳市達到16.2萬元每人；而人均生產總值最低的南寧市人均生產總值僅為4.9萬元每人，城市間相差3.3倍[1]，可見東部地區城市普遍高於中部與西部地區城市。而經濟水平的高低往往決定城市就業環境的優劣、市場的大小以及對投資活動的吸引程度。將城市按照人均GDP從小到大進行排列，可以發現人均國內生產總值越高的地區，其外資利用水平以及勞動人口比也呈現出越高的趨勢，如表8-9所示。這表明，人口集中的城市，其經濟資源豐富，人口規模大。

表8-9　　　　　　　　　　2013年城市經濟資源分佈情況比較

城市	每萬人利用外資情況（萬美元）	勞動人口比[2]（%）	人均GDP（萬元）
南寧市	84.66	0.09	40,905.56
海口市	235.83	0.43	41,667.15
重慶市	356.81	0.21	42,615.12
西寧市	10.93	0.16	43,107.11
貴陽市	139.32	0.35	46,118.34
石家莊市	93.38	0.12	46,320.56
哈爾濱市	212.23	0.18	47,064.25
蘭州市	5.85	0.27	48,777.52

---

[1] 根據2015年全國城市人均GDP排名計算得出。
[2] 這裡的勞動人口比指的是《中國城市統計年鑒》中年末從業人員數與戶籍人口之間的比例，這裡的從業人口也是當地戶籍人口中的從業人員。

表 8-9（續）

城市	每萬人利用外資情況（萬美元）	勞動人口比（%）	人均 GDP（萬元）
拉薩市①		0.71	50,811.67
昆明市	273.25	0.35	51,904.43
太原市	220.74	0.34	56,405.83
西安市	364.45	0.28	56,870.90
合肥市	251.97	0.24	61,393.57
銀川市	61.74	0.32	61,891.77
烏魯木齊市	64.45	0.40	63,666.32
成都市	784.47	0.51	63,709.23
福州市	194.87	0.28	63,739.72
南昌市	571.81	0.25	64,349.88
長春市	574.45	0.18	64,732.58
鄭州市	361.41	0.33	67,476.50
濟南市	188.68	0.31	74,727.74
廈門市	497.61	0.73	80,915.72
沈陽市	703.76	0.28	86,697.04
武漢市	513.71	0.35	88,564.29
青島市	616.04	0.28	89,318.50
上海市	694.81	0.58	89,449.77
呼和浩特市	268.86	0.32	90,313.22
北京市	403.07	0.66	92,209.95
寧波市	427.36	0.42	93,029.72
杭州市	596.60	0.48	94,341.01
天津市	1,143.27	0.46	97,623.37
南京市	492.52	0.44	97,850.22
長沙市	470.88	0.25	99,054.68
大連市	1,959.63	0.31	110,241.87
廣州市	371.62	0.54	119,288.17
深圳市	514.44	0.67	136,422.68

① 拉薩市無外資利用情況數據，此處則不予呈現。

因此，經濟資源的過度集中除了使得城市間經濟資源不平衡性加劇，更使得一些城市對人口的吸引能力增強，而自然資源過度利用造成的「滯後性」又使得人們產生城市資源仍然可載的「幻覺」，如北京、深圳等城市雖然面臨自然資源如水資源或土地資源的約束，但由於經濟資源充沛，依然能夠吸引越來越多的人進入城市。

三、區域社會資源分佈不平衡

社會資源的生產與分佈與經濟發展關係密切。一般來講，經濟發展的不均衡將帶來社會資源分佈的不均衡，且社會資源的不均衡現象要比經濟不均衡現象更為嚴重。城市中吸引人口聚集的社會資源主要分為兩類：一類是行政性社會資源，如開放的經濟政策、購房政策、政策管理水平以及完善的社會保障等；另一類為民生性社會資源，包括與居民生活息息相關的教育資源、醫療資源、文化資源以及交通便利性等。

在第一類社會資源中，如20世紀80年代初設立的深圳經濟特區、珠海經濟特區以及廈門經濟特區等地區，成為內陸開放的橋頭堡，政策的便利性使得這些地區迅速發展，城市規模也不斷擴張。上海市設立浦東新區、河北設立雄安新區等都對當地經濟發展注入強勁動力，而西部內陸地區城市的政策開放性和行政管理水平相對較低，使得城市經濟發展動力較低。

第二類資源中，城市醫療條件的完善、教育水平的提高都會對人口產生較強吸引力。如北京市教育與醫療資源豐富，每年吸引大量人口進入北京求學問醫。根據均量比較法可以發現，北京市擁有的執業醫師人數、享受社會保障的人數和高等學校教師人數，按照城市平均標準分別可以支撐5,100萬人、7,300萬人和6,000萬人的社會資源服務，遠遠超過北京市2,000餘萬人的實際供給水平。但是，教育與衛生資源在城市內部過度集中導致人口聚集，更會導致城市交通擁堵、資源供需不均衡等問題。

四、社會管理水平滯後

除了先天自然資源分佈不均和後天經濟發展差異以及伴隨的社會資源分佈不均外，中國社會管理總體水平滯後也是造成城市規模失衡的重要原因。由於宏觀人口管理以及微觀城市管理的雙重作用使得城市規模分佈不均，過度規模城市會越來越多。

社會管理水平滯後體現在兩個方面。一是宏觀上中國人口特殊的戶籍管理體制使得城市人口存在鎖定效應。中華人民共和國戶籍制度是中華人民共和國

對其公民實施的以戶為單位的戶籍人口管理政策。戶籍表明了自然人在本地生活的合法性。長期以來，中華人民共和國人口管理方針的制定與實施均基於此項制度。中國戶籍制度的特點是，根據地域和家庭成員關係將戶籍屬性劃分為農業戶口和非農業戶口。這種做法在新中國成立初期曾起到積極作用，但隨著城鎮化的發展以及人口向城市流動帶來的新的城市管理問題使得戶籍管理帶來的負面影響逐漸顯現。例如戶籍不僅是人口的身分證明，其背後更依附著城市的各種權利如教育權利、醫療權利等，因此對於擁有豐富社會資源的戶籍人口來講，這種戶籍鎖定使得他們不願離開戶籍所在城市而去其他地方，使得人口只進不出，城市規模不斷擴大。而無本地戶籍的外來人口卻無法享受到優質的社會服務，只能購買水平較低的社會服務，使得城市服務水平下降。二是微觀城市管理仍然存在諸多問題，如由於對人口欠缺精細化管理，難以掌控城市規模的實時動態變化，也難以確定城市規模的合理程度。另外，即使能夠對城市規模進行檢測，也無法對過度規模城市進行疏導，同時也難以吸引人口到過小規模城市，形成聚集。還有其他諸如城市生活服務、城市生產服務的行政管理水平都有待提高。

第四節　本章小結

本章結合城市最優產出規模和城市資源承載力的評價結果對中國不同城市的最優規模進行測算和評價。中國36個省會城市、副省級城市及直轄市的最優產出規模與城市資源承載力水平存在3種關係：第一種是城市最優產出規模與資源承載力相近，如北京市、天津市、廣州市等6個城市。這部分城市的城市最優規模、城市最優產出規模與資源承載力相近。第二種是城市最優產出規模小於城市資源承載力水平，如上海市、長沙市等，這類城市資源承載能力較強，其城市最優規模與城市最優產出規模一致。第三種是中國最為普遍的城市現象，即城市最優產出規模大於城市資源承載力，如銀川市、貴陽市等27個城市，這部分城市因為受資源約束，無法達到最優產出規模，城市最優規模與城市資源承載力一致。

確定最優城市規模後將對中國城市實際規模進行評價。同樣將城市實際規模與最優規模之間的關係分為3類：第一類為最優規模城市，即城市實際規模與城市最優規模相符合，達到現階段下資源可持續利用的最大產出。第二類為過度規模城市，這類城市的實際規模超過了城市最優規模，難以形成資源的可

持續利用，這類城市在中國最為普遍。第三類城市為過小規模城市，其城市實際人口規模小於最優城市規模，這類城市數量較小，且可能由於非經濟原因造成規模過小，這類城市應該注重對人口的吸引，擴大城市規模。

將城市實際規模與最優規模相比可以發現，中國城市規模存在非均衡現象，這種非均衡體現為城市內部規模過度情況較為普遍以及過度規模城市與過小規模城市並存的現象。而導致城市規模失衡的原因在於中國自然資源分佈非均衡、經濟資源分配非均衡、社會資源分配非均衡以及城市管理滯後。要處理規模失衡問題，需要從這些方面入手，對城市規模進行治理。

第九章 城市最優規模治理的國內外經驗分析

中國城市規模失衡現象突出，要科學地治理中國城市規模失衡現象，向城市最優規模轉變，就需要厘清中國城市發展軌跡，借鑑國外城市治理經驗與教訓，將中國城市發展和治理經驗同國外城市發展及城市治理相比較，找出中國城市發展的特殊性和共同性，設計出符合中國國情的城市最優規模治理措施。本章基本內容結構如圖 9-1 所示。

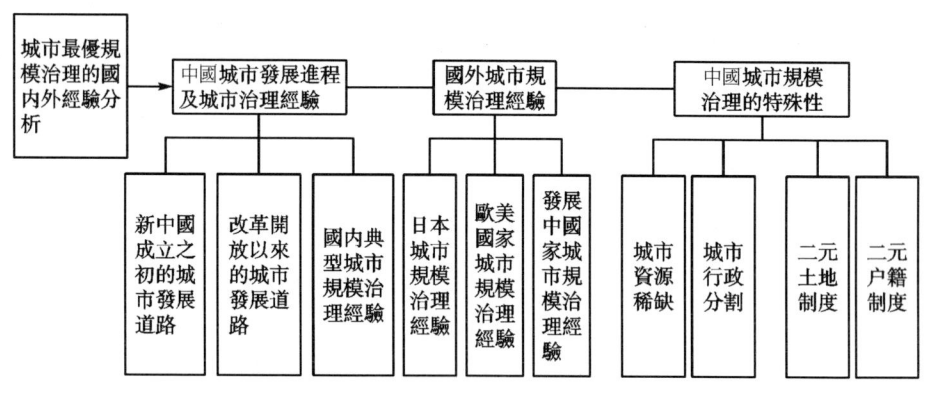

圖 9-1 城市最優規模治理的國內外經驗分析研究結構示意圖

第一節 中國城市發展進程

由於近代社會動盪、戰爭不斷，中國城鎮化起步較慢，城市發展過程也幾經起伏。雖然目前中國城鎮化已進入快速發展期，城市也在不斷快速發展，但總體來看，中國城市發展進程比西方發達國家城市發展更緩慢，目前仍以擴大城市規模為主，對城市規模治理經驗不足。

一、新中國成立到改革開放前的城市發展道路

新中國成立之初，國家百廢待興，農業作為城市發展的基礎，發展迅速，城市發展也進入了嶄新時期。據中國國家統計局統計信息網的數據可知，城市化率從 1949 年的 10.6% 增加到 1952 年的 12.5%，增長了 0.61 個百分點。但隨著大躍進時期農業「以糧為綱」、工業「以鋼為綱」的產業發展政策，重工業發展迅速。城市化率也經歷了大躍進，從 1957 年的 15.39% 提高至 1960 年的 19.75%，年均增長 1.45 個百分點。但大躍進透支式的發展模式，使全國經濟受到重創，農業基礎受到影響，1961 年農業產值只有 1952 年的 94.9%，1962 年產量略有提升，但仍未達到 10 年以前的水平①。農業產出無法支撐城市人口的生活；一年之間，城鎮化率也急遽下降近 2 個百分點。同時，在蘇聯大規模墾荒運動的啟發下，中國開始開展知識青年上山下鄉運動，將城市中的青年人向農村轉移，城市人口減少。直到改革開放後，下鄉青年才陸續回到城市進行生產和生活。

總體來看，新中國成立初期到改革開放前的城市化是一種停滯兼略微發展的城市化。進入 20 世紀 80 年代初，中國內陸地區的城市化率才由 1950 年的 11.2% 提高到 19.4%，而同一時期全世界的城市化率已經從 28.4% 提高到 41.3%。即使是與中國在同一經濟水平上的發展中國家，平均城市化率也從 16.2% 提高到 30% 以上。中國城市化進程十分緩慢。這一時期，中國城市雖然在數量和規模上有一定發展，但城市發展能力依然很弱，城市化呈現出這些特點：一是國家經濟發展由國家行政權力主導，而城市發展也是由政府主導，使得城市的區域發展受到計劃經濟體制的高度制約；二是在二元戶籍制度嚴格管控下的城市與農村二元空間結構嚴重分離，使得城市對人口的吸納能力較低；三是在特殊的計劃經濟時期，城市發展難以發揮聚集經濟優勢，市場經濟成分較少，城市社會職能和政治職能比經濟職能更易發揮。

這種城市化的結果，形成了城市和農村相互隔離和封閉的二元社會。這裡所說的二元社會結構，是指政府在對城市和農村的管理上行使不同的管理制度，在經濟上也採用不同的經濟發展方式。例如城市居民擁有非農戶籍，可以在城市中開展非農工作；而農村人口則擁有農業戶籍，不能擅自離開農村到城市中進行非農勞動；城市勞動者受職工養老保險制度保障，而農業人口則無任何的養老保障。兩者在經濟上也是分開發展，各行其是，使得城市和農村之間

---

① 「二五」期間農業總產值指數分別為 102.6、85.4、87.8、98.8、103.3。

的隔閡愈加深厚，造成城市與農村之間形成巨大差異。而以戶籍制度為代表的人口管理制度又限制了人口的流動，阻止了農村人口向城市自由流動。而城市人口規模在戶籍制度和政府行政計劃的嚴厲控制下也沒有較大發展。

二、改革開放以來的城市發展道路

改革開放後，隨著經濟發展，中國也逐漸解除了過去人口管理上的桎梏，人口流動逐漸頻繁。個體依據自身職業規劃以及生活方式的選擇進入城市或鄉村生活，大量農業戶籍人口流向城市。中國國家統計局統計信息網的數據顯示，城鎮化率由1978年的17.92%提高到2013年的53.7%。在市場經濟體制建立、工業發展以及城市製造業的刺激下，城市經濟快速發展，地級市數量由1978年的98個增加到2013年的286個。由於在農村推行了家庭聯產承包責任制，極大地提高了農民生產的積極性，伴隨而來的是農業生產率的快速提升，在農業產量攀升的同時也產生了大規模的剩餘勞動力，成為城市規模擴大的動力源泉。

在改革開放之初，國家為引導農村人口合理地向城市流動，國務院在全國城市規劃工作會議中確立了城市協調發展的指導方針，提出要根據不同城市的情況採用不同的發展路線，如大城市需要控制人口規模，而對規模中等的城市要合理發展，針對小城市要積極促進其發展。國家的城市化戰略也從限制城市與農村的交流與發展，轉變為引導城市協調發展。然而，隨著以鄉鎮企業為代表的農村非農產業的發展，農村剩餘勞動力的流向有了新的變化，從向城市流動變為就地非農化和向城市郊區流動。「就地城鎮化」成為中國城市化的特殊表現，也由此創造了「離土不離鄉，進廠不進城」的農村人口非農化模式。「就地城鎮化」雖然有效分流了部分進入城市的農業人口，但是這也帶來新的城市發展問題：小城鎮、中小城市數量激增，但資源利用方式粗放，資源消耗嚴重，城市發展不平衡。

針對中國城市發展問題，也就出現了對中國城市發展道路的爭論。而爭論的焦點在於，是自由放任大城市的發展，還是控制大城市而鼓勵中小城市發展。一些學者認為小城鎮的發展是解決中國農村剩餘勞動力的主要手段，在小城鎮發展中應該促進鄉鎮企業發展，以鄉鎮企業的發展壯大來帶動農村的經濟發展，採用一種遍地開花的方式來壯大中國城市體系。還有另外一派觀點與之相對應，這派觀點認為「就地城鎮化」的方式不符合以聚集經濟為指導的空間經濟發展，會造成資源浪費和增長乏力等問題。應該鼓勵人口向大中城市流動，增加聚集收益，而具體的措施就是放鬆對人口流動的限制，採取一種自由

的人口流動管理方式。兩派觀點都有一定道理，只是側重點不同，前者關注勞動力的吸納問題；後者關注勞動力的生產效率問題，因此前者是城市化發展的前期問題的解決方式，而後者則是城市化發展後期的解決途徑。

但隨著人們對可持續發展問題的重視，城市資源的可持續性、宜居性以及生態環境友好性成為城市發展的一個重要方向。城市在協調發展的基礎上對城市規模以及規模控製有了更為科學的管理手段。中國重新調整了城市規模的分類，2014年，國務院對原有城市規模劃分標準進行了調整，明確了新的城市規模劃分準則。此次以城區常住人口為口徑，將城市規模劃分為5類7檔，其中第1類為小城市，將城區常住人口為50萬人以下的城市稱為小城市；將城區常住人口在20萬人以下的城市稱為Ⅱ型小城市；將城區人口規模為20萬～50萬人的城市稱為Ⅰ型小城市。第2類為中等城市，該類城市的城區常住人口為50萬～100萬人。第3類為大城市，該類城市的城區常住人口為100萬～500萬人。其中城區常住人口為100萬～300萬人的城市被稱為Ⅱ型大城市；而人口為300萬～500萬人的城市被稱為Ⅰ型大城市。第4類為特大城市，該類城市的城區常住人口為500萬～1,000萬人。而最後一類為超大城市，是指城區常住人口規模超過1,000萬人的城市。中國超大城市有北京市、上海市、天津市、重慶市、廣州市和深圳市6個城市。

另外，在2014年的戶籍改革意見中明確了對特大城市的規模控製思想，即全面放開小城市和小城鎮的落戶政策，對中等城市落戶限制也要逐漸、有序地放開；而大城市的落戶要利用科學的方法進行合理地引導和設計；至於特大城市的人口，國家採取嚴格的落戶政策來限制人口的流入。對4類不同規模城市落戶政策的規定表明中國更加注重城市規模的分類管理與控製。

三、中國國內典型城市規模治理經驗

在資源承載力約束下，中國部分城市實際人口規模已經嚴重超過了資源可承載的最優規模。在經濟可持續發展浪潮的影響下，對規模過度城市的治理已刻不容緩，而中國典型規模過度城市——北京市也在大力開展規模控製並採取治理行動，本節就將以中國首都北京市為例，分析中國最優城市規模治理經驗。

1. 北京市城市基本情況

北京市是中華人民共和國首都、直轄市、國家中心城市、超大城市，是全國政治、文化、外交、科創中心，也是全國政治機構、行政管理最高機構的所在地。北京市人口眾多。據北京市統計局、國家統計局北京調查總隊於2016

年1月聯合發布的數據可知，北京市行政區劃面積為16,411平方千米，其2015年年末常住人口為2,170餘萬人，比2014年年末增加18.9萬人。其中，常住外來人口822.6萬人，占常住人口的比重為37.9%。根據2013年的數據進行測算，北京市最優城市規模為1,500萬~1,800萬人，但2013年其人口規模超過2,100萬人，屬於規模過度城市。

過度的人口規模不僅帶來交通擁堵、房價高、居民生活緊張等「城市病」，更會由於人口規模的過度膨脹導致資源的過度使用，形成資源危機。如能源過度使用和建築揚塵而形成的霧霾天氣，成為影響居民身體健康的重要危害。而水資源同樣困擾北京的發展，按照國際標準，人均水資源在500立方米以下為極度缺水；而如果人均水資源在300立方米以下，將會危及人類基本生存生活底線；而北京人均水資源量不到100立方米，缺水問題非常嚴重。隨著北京市城市規模的不斷擴張，經濟發展對資源的需求越來越高，水資源稀缺問題十分嚴峻。

針對這些問題，近幾年北京市通過各種措施來應對城市過度規模帶來的問題，主要採取經濟手段和行政手段雙管齊下來控製城市規模。

2. 北京市規模控製的經濟措施

北京市城市規模控製的經濟措施主要有兩點。

一是在城市內部大力發展能源消耗少、資源利用少的高新技術產業。北京市積極引導高新技術產業落戶，形成了以中關村為代表的高新技術聚集區。中關村具有多個「國家首例」的名片，它不僅是中國第一個國家級的高新技術開發區，也是首個自主創新示範區和人才特區，為中國經濟發展機制和社會管理體制的創新提供了平臺，被譽為「中國的硅谷」，為北京市高新技術發展注入動力。據北京市統計局、國家統計局北京調查總隊2016年2月15日聯合發布的暨「十二五」時期統計公報數據可知，2015年北京市高技術產業實現增加值5,180.8億元，增長9.3%；占地區生產總值的比重為22.6%，比2014年提高0.4個百分點。信息產業實現增加值3,508億元，增長10.6%；占地區生產總值的比重為15.3%，比2014年提高0.4個百分點。生產性服務業實現增加值12,160.3億元，增長8.6%；占地區生產總值的比重為52.9%，比2014年提高0.4個百分點。而文化產業也是北京市產業升級轉型的代表，近年來已有民間文化藝術力量和資本不斷匯集，形成像「798藝術區」「炫特藝術區」這樣的文化藝術地標型街區。2015年北京市文化創意產業實現增加值3,072.3億元，比2014年增長8.7%；占地區生產總值的比重為13.4%，比2014年提高0.2個百分點。2015年北京實現地區生產總值近23,000億元，其中，第一

產業增加值為140.2億元,下降9.6%;第二產業增加值為4,526.4億元,增長3.3%;第三產業增加值為18,302億元,增長8.1%。北京市產業結構比降到0.25,是中國產業結構比最低的城市。北京市高新技術產業、文化產業的發展有利於降低資源利用率,擴大城市最優規模。

二是在區域間尋求區域協同發展,疏導產業和人口向區外發展,實現京津冀協同發展。京津冀協同發展是新一代領導人為了解決首都城市規模擴大,縮小與周邊城市間差距以及構建城市群協同發展新路徑的有益嘗試,通過3個地區的資源協調,形成區域優勢互補並推動整個地區的持續發展。

京津冀協同發展的提出,就是要打破由於管理體制和發展機制帶來的人口與資源流動的障礙,促進區域間的交流與合作。其中要重點加強科技創新、文化教育、醫療衛生與旅遊等的跨區域合作交流,推進多種形式的經濟與貿易合作。京津冀協同發展對北京市的城市規模的控製提出了具體目標,該計劃預計在2017年能夠率先將北京的非首都功能進行疏解,並在交通一體化建設、產業協同、生態環境保護等方面取得區域突破,成為深化改革、實現創新驅動的排頭兵。到2020年,北京市的城市規模應該控製在2,300萬人以內,並有效緩解城市規模過大帶來的環境污染、資源緊缺、房價高等問題[①]。京津冀協同發展實際是鼓勵城市圈協同發展,在縮小區域差異的同時有效疏解過多的城市人口,形成城市圈互利共贏的局面。

3. 北京市規模控製的行政措施

北京市控製人口規模的行政措施主要涉及兩點。一是在城市內部通過落戶政策等措施控製人口進入。在最新的戶籍制度改革意見中,明確提出了嚴格控製大城市人口規模。2015年,國家發改委等11個部門下發《關於開展國家新型城鎮化綜合試點工作的通知》及《國家新型城鎮化綜合試點方案》,將北京、通州等62個城市(鎮)列為國家新型城鎮化綜合試點地區。北京市也公布了積分落戶政策,通過設置較高的積分標準和條件,提高城市落戶「門檻」,在吸引人才進入的同時,控製人口過度增長。二是在宏觀層面,主要通過疏解非首都功能來降低人口壓力。疏解非首都功能是京津冀協同發展的內容之一。根據規劃,一般性製造業、區域性物流基地、區域性批發市場、部分教育醫療等公共服務機構以及部分行政性、事業性服務機構都將遷出北京市區。隨著這些產業和機構的外遷,相關就業人口及其家庭成員也將隨之遷出北京,

---

① 佚名. 2020年北京人口控製在2,300萬人[EB/OL]. [2015-03-06]. http://news.sohu.com/20150306/n409426333.shtml.

從而縮小城市規模。而今位屬中國河北省，地處北京、天津、保定腹地的雄安新區正式落地，也為北京疏解非首都功能，實現京津冀協同發展提供了良好支撐。

第二節　國外城市規模治理經驗

中國城市發展進程較為緩慢，城市規模治理經驗不足，通過對國外城市規模治理經驗的梳理和學習，可以為中國城市規模治理提供有益的借鑑。本書主要選取發達國家中的日本、美國、英國及德國的城市規模治理經驗，以及發展中國家中的墨西哥和印度的城市發展教訓進行梳理和分析。

一、日本城市規模治理經驗

日本地小人多、資源匱乏，且城市人口規模巨大，其城市治理對中國有重要的借鑑意義。在第二次世界大戰中，日本經濟被嚴重毀壞，但在自身產業發展和其他國家的幫助下，日本快速崛起，成為世界經濟最發達的國家之一。其首都東京與多摩地方、伊豆群島、小笠原群島等地區共同組成日本一級行政區——東京都，占地面積為 2,162 平方千米，在 2013 年承擔了 1,350 萬人口的生活與工作，東京都市圈總人口更是高達 3,700 萬人①，是目前全球最大的都市區和都會區之一。

第二次世界大戰結束後，日本迅速進入經濟恢復期，城市也逐漸恢復並發展，但是隨著人口的增加，城市空間中人口的過度聚集使得城市土地資源緊缺，社會資源無法滿足日益增長的人口需要，城市房價上漲，城市環境迅速惡化。

針對這些問題，日本通過立法的方式來進行有效治理，針對土地稀缺和濫用問題。日本於 1968 年頒布《新城市規劃法》，對防治城市的亂開發和促進城市的平衡協調發展起到了積極的作用。1974 年制定的《國土利用計劃法》，再一次強化了對土地交易的管理，並針對大量土地的閒置現象制定了土地休養制度。針對 20 世紀 80 年代城市土地價格飆升現象，政府制定了限制土地投機的種種措施，包括貸款總量限制政策，還創設了監視區域制度，對土地利用不合

---

① 佚名. 東京簡介：亞洲第一大城市 曾舉辦 1964 年夏季奧運會 [EB/OL]. [2013-09-08]. http://sports.sina.com.cn/o/2013-09-08/04526769589.shtml.

理的地區實施了必要的監視或監督。1987 和 1988 年，日本政府分別推出《緊急土地對策要綱》和《綜合土地對策要綱》，並以此為基礎於 1989 年提出土地基本法案，確定了公共活動優先原則、適度和有計劃的土地利用原則、投機交易活動抑制原則和土地開發利益與責任一致等原則。1990 年，日本政府又提出《綜合土地政策推進要綱》，以推動和配合土地法的實施。為了促進未利用土地或低利用土地的有效利用，日本確定了包括土地輪休制度、農地利用制度、借地制度等土地管理制度，並且在地價的管理和控製方面形成了一個比較完整的價格管理體系。

針對住房問題，日本政府在 1966 年出抬了《城市住宅計劃法》，規定每隔 5 年制訂一個住宅建設計劃，其中必須明確規定住宅建設要達成的目標。為了推行上述住宅政策，除了《公營住宅法》外，又制定了《住宅地區改良法》《住宅金融公庫法》等其他法律，從而在住房管理方面形成了比較完善的法律體系。通過這樣的五年計劃的不斷實施，日本的住房情況逐步好轉。

對於環境保護，日本政府於 1958 年公布了《公共用水域水質保護法》《工廠排水限制法》；於 1962 年制定了《煤蒸限制法》；於 1967 年出抬了《公害對策基本法》，在一系列法律法規的保障下，日本的公共環境保護走上了法制化軌道。

在交通方面，日本主要採取兩種方式來改善交通問題。一是通過制定合理的交通發展規劃來改善城市交通條件。如針對東京都市圈的《東京都交通體系長期發展規劃》使該地區構建了一個多層空間、高效、立體的區域交通網路。二是通過加強基礎設施建設和轉變交通運輸方式來改善城市交通條件。在城市交通建設中，日本採取了電氣化、地鐵化、開闢新線路、增發列車等一系列措施來提高都市交通運輸能力。但是這些措施除了提高城市交通便利程度外，也導致城市空間不斷擴大，使得人口的通勤成本較高。

針對區域非均衡問題，為了解決大城市問題，協調區域發展，日本先後實施了 5 次全國綜合開發規劃，為戰後日本經濟發展所創造的奇跡提供了宏觀支持。另外，為了緩解東京龐大的人口規模的壓力，日本政府規劃了東京都市圈來增強城市承載能力。從 20 世紀 50 年代後期開始，相繼制定了首都圈整備規劃、近畿圈整備規劃和中部圈層開發整備規劃，3 大都市圈的規劃於每 10 年左右修訂 1 次。首都圈的空間結構表現為圍繞中心區的環狀佈局形式，既疏解中心區的功能，又加強了都市圈內各個地區的聯繫。

二、歐美國家城市規模治理經驗

歐美國家城市化起步早，城市在經歷快速擴張後逐漸形成較為成熟的城市

體系。本節主要選擇美國、英國以及德國作為歐美國家代表,對其城市發展及城市規模治理情況進行梳理。

1. 美國城市發展及規模治理經驗

美國的陸地面積在世界排名中僅次於俄羅斯、加拿大和中國,如今已經從一個農業殖民地國家躍身成為全球經濟發展水平最高的國家之一,城鎮化率也超過了80%。但在1790年,美國只有大約5%的人口居住在城鎮,城鎮的規模總量和數量都較小[1],其發展、技術進步與全球經濟格局變化密切相關。隨著海洋運輸技術的改進和發展,美國與歐洲的貿易往來日益密切,這就首先促進了大西洋沿岸一些城鎮,如費城、波士頓、紐約等城市的產生和發展。而得益於世界其他地區交通運輸條件的改善,這些城市的人口規模和地理空間出現不同程度的擴張。

貫通東西的伊利大運河的通航,使得紐約城與五大湖區域的便捷聯繫成為可能,大大節省了交通運輸時間,降低了交通運輸成本,加強了東部與中西部地區的聯繫,港口城市的影響範圍也因此擴大了,進而促進了中西部地區如密爾沃基、底特律等城市的蓬勃發展。而蒸汽機的運用使得鐵路運輸崛起,相關的統計資料表明,19世紀50年代,美國鋪設的鐵路里程高達3萬千米以上。橫貫東西南北的鐵路系統建設加強了東部與中西部的聯繫,進一步促進了中西部以及東北部的城市化發展。在上述因素的刺激下,1920年美國的城鎮化率比1840年提高40.6個百分點,已經達到了51.2%[2]。

1920年以後,尤其是第一次經濟危機的發生,傳統的大城市發展速度減緩,美國的城鎮化逐漸顯現出企業和人口向郊區遷移的「郊區化」特徵。美國人口普查局的相關統計數據顯示,1950—1960年,美國郊區人口年均增速高達4.7%,比大都市區和中心城市分別高出2.1個百分點和2.5個百分點。第二次世界大戰結束後,隨著高速公路建設、信息網路和電話通信的發展以及引導大城市人口分流的、政府推進的「示範城鎮」計劃的實施,使得人口和產業向城市外圍或郊區遷移的發展態勢進一步強化,在中心城市周邊出現了眾多的中小城市和城鎮,在推動城鎮化郊區化發展的同時,也逐漸形成了若干大

---

[1] 國家統計局. 國外城鎮化發展經驗對湖南省的啟示 [EB/OL]. [2002-03-25]. http://www.hntj.gov.cn/tjfx/jczx_3462/2002jczxbg/201507/t20150717_466335.html.

[2] 朱壽清. 美國19世紀鐵路建設的特點及影響 [J]. 昆明學院學報, 2010, 32 (2): 75-79.

都市區或城市群①，推動了城市多中心結構的形成。

美國通過交通設施建設，增強區域之間的聯繫，實現了城市與城市之間相互促進、相互溝通、共同成長的城市發展模式，為實現均衡的城市規模與體系打下了基礎。完善的基礎設施以及自由的人口流動政策使得人們的工作、生活範圍擴大，為形成均衡的城市-城鎮體系奠定了基礎。

2. 英國城市發展及規模治理經驗

英國是第一次工業革命的發源地，也是最早進入城市化進程的國家。18世紀70年代中期，以紡織機和蒸汽機的發明利用為代表的工業革命在英國拉開序幕，使人口快速集中，推動了城市的興起和發展。這一階段，在傳統城市蓬勃發展的同時，一大批自然資源較為富足、交通條件便利的專業性城市也逐漸興起，使工業和人口不斷集中。相關數據表明，1801年至1870年，英國西北部工業集中地區和南部的倫敦及其郊區人口分別增長了2.58倍和2.11倍，而西南部的非工業集中地區的人口增長不到1倍。人口的集中使得城市快速發展，據資料統計，這一時期內伯明翰、曼徹斯特、利茲、利物浦等新興工業城市的人口都有大規模的增加。

在大城市快速擴張的同時，英國的城市群建設也開始興起，到20世紀初，英國已經基本上形成了6大城市群，即人口規模為686.5萬人的大倫敦城市群，人口規模為211.7萬人的蘭開夏東南城市群，人口規模為148.3萬人的西米德蘭城市群，人口規模為152.4萬人的西約克城市群，人口規模為103萬人的莫西地帶城市群和人口規模為67.8萬人的泰因地帶的城市群。這6大城市群的人口總計占全國城市人口總量的52.8%②。

城市群的發展，奠定了英國成熟的城市體系基礎。根據世界銀行的數據，2012年英國的城鎮化率水平為79.8%，比1901年僅提高了2.8個百分點。英國在一百多年前便基本完成了城市化進程。在衛星城等城市運動的影響下，英國的城市發展表現出分散發展趨勢。衛星城的建設有效地緩解了城市人口過度集中的問題，如大倫敦（Greater London）則是包含英國首都倫敦與其周圍的衛星城鎮所組成的都會區，該都會區擁有倫敦市（City of London）與32個倫

---

① 目前，美國共有三大城市群：一是作為全球最大的生產基地、商貿中心和金融中心的東北部大西洋沿岸城市群，包括紐約、波士頓、華盛頓、費城、巴爾的摩等共40個10萬人以上的城市；二是五大湖南岸城市群，是著名的製造業產業帶，包括芝加哥、底特律、克利夫蘭、匹茲堡等18個人口100萬人以上的大城市；三是太平洋沿岸城市群，包括舊金山、洛杉磯、聖地亞哥等城市。

② 簡新華，何志揚，黃錕. 中國城鎮化與特色城鎮化道路[M]. 濟南：山東人民出版社，2010：95.

敦自治市（London Boroughs），共 33 個次級行政區。在 1,579 平方千米的土地上共同承擔 860 萬人口[①]，比中國首都北京 2,000 多萬人的人口承載壓力明顯更小。

除了衛星城市建設，英國是首個制定《城市規劃法》，首個推行社會保障體制，首個建立「田園城市」的國家。其城鄉一體化的建設思想，使其在城市建設中注重縮小城鄉差別並加強農村基礎設施建設，使得城鄉發展差異較小，人口流動基本穩定。

3. 德國城市發展及規模治理經驗

德國與英國相比，其工業化、城鎮化起步較晚，但其發展較為迅速並快速構建起了健康有序的城市發展體系。隨著工業化的推進，柏林、上西西里、多特蒙德、艾森等城市憑藉其得天獨厚的資源優勢，再加上便利的交通條件，實現了人口和產業的集中，從傳統的手工業中心變成了工商業新興城市。與此同時，隨著企業、人口的大量集中，城市空間變得緊張、擁擠起來，進而使它們的地理空間又沿著交通線路逐漸向外延伸。這種城市人口和空間的雙重、快速擴張的現象，推動了德國城市的發展。

但少數城市的快速膨脹並不能解決日益增長的城市化需求，這為小城市的發展提供了空間。據相關資料統計，1965 年到 1985 年，德國僅僅增加了一個擁有 50 萬人以上人口的城市，而擁有 10 萬~50 萬人和 5 萬~10 萬人的城市個數分別增加了 6 個和 32 個，擁有 1 萬~5 萬人的小城鎮更是增加了 458 座[②]。2010 年，在德國的 2,065 個大中小城市中，擁有百萬人以上的城市只有 3 個，擁有 10 萬人以上的也只有 80 個，而擁有 2,000 人至 10 萬人的小城鎮在全國廣泛分佈，大約包含了德國近 6 成的人口。這說明，該階段德國的城市-集鎮體系呈現分散化發展的態勢，中小型的城市和集鎮成為引導城市人口流動的重要載體，大中小城市與集鎮協調發展的結構體系逐漸完善。

4. 小結

歐美國家城市發展起步較早，通常能夠通過政府合理的規劃以及完善的基礎設施建設來增強城市與城市之間的交流，從而增強城市間的均衡性。另外，加強社會事業建設同樣是形成均衡城市體系的重要基礎，人們不會因為生活不便、教育不便等問題而選擇向社會資源更豐富的城市集中。最後，城市群建設、衛星城建設或城市-城鎮體系建設，是歐美城市疏解城市規模失衡的重要

[①] 佚名. 數據稱倫敦人口突破 860 萬 創 70 餘年來最高紀錄 [EB/OL]. [2015-02-03]. http://www.chinanews.com/gj/2015/02-03/7028606.shtml.

[②] 靳玉言. 國外城鎮化比較研究與經驗啟示 [M]. 北京：國家行政學院出版社，2013：37.

手段，通過城市群的互動溝通，可以促進區域的發展，同時減輕本區域內的資源承載壓力。

三、發展中國家城市規模治理經驗

這裡主要介紹以墨西哥和印度為代表的發展中國家的城市發展歷程。這些國家在城市發展中未能有效地應對城市規模擴大和人口過度聚集帶來的問題，而形成了城市中心的低窪地段。使得在城市間結構不平衡基礎上，還加劇了城市內部的不平衡，為其他城市的發展和規模治理提供了很好的經驗教訓。

1. 墨西哥城市發展教訓

墨西哥是拉丁美洲地區經濟規模最大的國家。2013年人口總量達到了1.2億左右，城鎮人口占總人口的比例為78.69%，城市化率較高。但在城市發展過程中，城市產業發展卻相對滯後。1990—2003年服務業的就業比重雖然上升至57.7%，但這些就業人員主要集中在諸如零售業、餐飲業等傳統服務業中，現代服務業的就業比重非常小，而且工業的發展相對滯後，就業人員的比重也在25%左右[①]。城市工業基礎薄弱，難以支撐城市進一步的發展。

由於城市產業基礎薄弱，產業層次較低，進入城市的人口難以找到合適的就業機會，或在收入較低的傳統行業工作，收入低下。再加上較高的住房成本，只能聚居在棚戶區域，貧民窟在墨西哥的各大城鎮中長期存在，這嚴重制約了城鎮化的質量提升。再加上城市管理落後，導致城市環境污染問題嚴重，交通擁堵。相關數據顯示，2010年僅墨西哥城就有150萬人居住在貧民窟內，2011年墨西哥城在美國IBM公司發布的全球交通痛苦指數的城市排名中位居榜首，而且2012年美洲發展銀行的研究也顯示墨西哥擁有房屋的人口比重僅占34%。

2. 印度城市發展教訓

印度城市發展同樣面臨城市發展不足的問題，2013年，印度總人口為12.5億人，是僅次於中國的世界第二人口大國，但非農人口比例僅為32%，城市化進程較為滯後。大城市的人口不斷增加，而中小城市人口停滯不前，甚至出現人口減少的情況[②]。2013年，印度非農人口為4億人左右，根據統計，新德里與孟買已經躋身全球7個規模最大的城市之列。孟買大都會地區約擁有1,970萬人；而新德里都會區在2011年便超過2,200萬人，大城市人口過度集

---

① 新玉言. 國外城鎮化比較研究與經驗啟示 [M]. 北京：國家行政學院出版社，2013：91.
② 田雪原. 人口大國城市化之路 [M]. 北京：中國人口出版社，1998：135.

中問題突出①。

另外，產業結構與城市人口的不匹配同樣是造成印度城市內部分化的重要因素。根據印度 2011 年的人口普查資料顯示，城市人口產業發展直接忽略了勞動密集型或資源密集型產業的發展，而是以信息技術、計算機和金融等現代服務業為主，進入城市的農民卻因為教育水平和勞動技能低下不能被這些行業所吸納，只能選擇非正規部門的職業或者被迫待業或失業，進一步加劇了城市內部和城鄉間的貧富差距②。而且，在城市發展中，印度也沒有對城市交通、教育、環境保護、住房保障等基礎設施或社會服務提供足夠的支持，這對城市的良性發展起到了嚴重的阻礙作用。

第三節　中國城市規模治理的特殊性

雖然國外城市發展的經驗與教訓對中國城市健康發展具有重要的借鑑意義，但分析國外城市發展背景可以發現，中國在政治體制、市場體制、資源稟賦以及區域分割方面都與國外有較大差距，需要認識到中國城市發展的特殊性，才能制定有針對性的城市治理措施。中國與其他國家特別是西方發達國家在城市發展方面相比，主要在資源稀缺、區域行政分割、城鄉二元的社會體制以及二元的戶籍制度等方面存在差異。

一、城市資源稀缺

與歐洲國家相比，中國雖然地大物博，但人口眾多、人均資源稀缺、土地資源質量參差不齊，難以投入大量資源進行均等化市政設施建設。歐洲國家地域面積雖小，但人口基數也較小，氣候宜人，資源豐富，可以在全國範圍內展開大規模的基礎設施建設和公共服務供給，實現基礎設施一體化和城鄉公共服務均等化。

如美國的陸地面積與中國相差不多，但人口卻只有中國的 1/4 左右，人均資源量十分豐富。再加上歐美地區經濟起步早，城市建設起步早，其經濟水平遠高於中國經濟水平，相應的資源可得性遠大於中國。因此，在資源稟賦上，中國與國外發達國家差距較大。

---

① 佚名. 新德里成全球第二大城市 [EB/OL]. [2013-09-16]. http://ccwb.yunnan.cn/html/2013-09/16/content_754329.htm? div=-1.

② 宋志輝. 試析印度的城市化對農村減貧的影響 [J]. 南亞研究季刊，2012 (3)：47-51.

二、城市行政分割

中國長久以來受到分地而治的思想影響，地區間市場分割情況嚴重，許多學者對該問題進行了深入的研究，並對行政分割的動因進行了分析。學術界主要從兩個方面來分析中國行政分割的原因。一是從經濟發展的角度展開（沈立人，戴元晨，1990[①]；銀溫泉，才婉茹，2001[②]；陶然，2009[③]）。二是從政治晉升的角度來展開（周黎安，2004；周黎安，2007；皮建才，2008[④]）。雖然研究角度不同，但是學界普遍認為中國行政分割帶來的市場分割問題十分突出，影響區域合作體系的建立。

行政區劃下地方政府財權、事權與地區經濟發展密切相關，而政府為了自身政績也希望在區域發展中占得先機，導致中國區域行政分割嚴重，地區間對外相互競爭，對內相互排斥，難以形成區域間的有效溝通，無法形成有效的區域合作，更無法形成協調的區域城市體系。

三、二元土地制度

土地制度有廣義和狹義的概念之分。廣義的土地制度是指包括一切土地問題的制度，是人們在一定社會經濟條件下，因土地的歸屬和利用問題而產生的所有土地關係的總稱。廣義的土地制度包括土地所有制度、土地使用制度、土地規劃制度、土地保護制度、土地徵用制度、土地稅收制度和土地管理制度等。而本書主要針對狹義的土地制度，即對土地所有制度進行討論。

1982 年修訂的《中華人民共和國憲法》規定，城市土地以及礦藏、水流、海域、森林、山嶺、草原、荒地、灘塗等自然資源屬於國家所有；除法律規定屬於國家所有以外的農村和城市郊區土地、宅基地和自留地、自留山，以及法律規定歸集體所有的土地、森林、山嶺、草原、荒地、灘塗屬於集體所有，從此確立了中國城市土地國有制和農村土地集體所有制並存的二元土地制度。

在城鄉分制的影響下，土地市場處於城鄉分割狀態。農村集體土地以村社為邊界，不能進行正規交易，農地流轉屬於無市場價格的非正規交易，主要由

[①] 沈立人，戴元晨. 中國「諸侯經濟」的形成及其弊端和根源 [J]. 經濟研究，1990 (3)：12-19.
[②] 銀溫泉，才婉茹. 中國地方市場分割的成因和治理 [J]. 經濟研究，2001 (6)：3-12.
[③] 陶然，陸曦，蘇福兵，等. 地區競爭格局演變下的中國轉軌：財政激勵和發展模式反思 [J]. 經濟研究，2009 (7)：21-33.
[④] 皮建才. 中國地方政府間競爭下的區域市場整合 [J]. 經濟研究，2008 (3)：115-124.

政府進行統一徵收。而城市土地由地方政府獨家壟斷、轉讓與回收；土地交易為賣方壟斷下的買方競爭①。

而在城市化進程中，只能通過政府徵收農用地的方式，將農業用地轉變為城市的建設用地，這一過程導致土地增值收益在城鄉之間分配嚴重不公，政府通過土地溢價獲取土地出讓收益，而失地農民卻難以得到應有的補償。

城市土地的高溢價與農村土地的非正規交易形成鮮明對比，並使得城市有更多的資金和資源進行市政建設和生活配套設施建設；而農村地區卻因經濟發展水平落後、資金短缺，難以獲得同等的社會服務，使得城鄉差距擴大，呈現出此消彼長的態勢。

四、二元戶籍制度

與國外自由的人口流動不同，中國二元戶籍制度的實施嚴重限制了人口的自由流動。二元戶籍制度是指從法律意義上劃分農業戶口和非農戶口的戶籍制度，這一做法源於新中國成立之初。戶籍制度一誕生，就帶有濃重的命令經濟色彩，並為之確立了一套完善的管理制度，在戶籍制度實行之初就以法律形式嚴格限制農民進入城市。近年來，隨著戶籍制度改革的不斷深入，人口流動限制也逐漸減弱，但二元戶籍制度仍然是影響中國人口流動和城市發展的重要影響因素。

其影響主要表現在兩個方面。一是城鄉轉換的困難。農業戶籍與非農戶籍之間的差別，除了表現為人口的身分差別外，不同戶籍類型的背後還捆綁著不同的權利，如農業戶口享有農村土地使用的權利，而非農戶口享有城市便利醫療服務、教育資源、社會保障等福利。因此，戶籍所代表的人口福利的差別將限制人口流動以及農業人口向非農人口轉變。二是區域流動的困難，戶籍制度是為了實施屬地管理的一種措施，因此不同區域戶籍所代表的權利和義務不同，這就使得一些地區的戶籍「含金量」較高，而另一些地區戶籍「含金量」較低，一些地區戶籍人口能享受到更好的就業、教育、醫療、社保等權利，而非本地戶籍的流動人口則無法享受到這一權利。這使得城市間公共服務和社會保障不均等現象突出，嚴重影響城市和諧發展。

---

① 劉守英. 中國城鄉二元土地制度的特徵、問題與改革 [EB/OL]. [2014-06-23]. http://www.zgxcfx.com/Article/71214.html.

第四節　本章小結

　　本章對中國城市發展脈絡進行了梳理。中國城市發展起步較晚，在發展過程中波折不斷，中國城市發展政策也從限制大城市發展、促進城市協調發展向鼓勵中小城市發展、大城市適當發展以及控製特大城市發展轉變。但隨著城市化進程的推進，部分城市仍然面臨規模不斷擴大的態勢。本書以北京市規模治理為例，分析了中國城市治理的經驗。北京市的規模治理主要從經濟手段和行政手段兩方面展開：在經濟上，對內提高城市產業發展水平，轉變經濟增長方式，減少資源利用；對外注重區域協調，實施區域協同發展，引導產業和人口轉移。在行政手段上，對內主要通過限制落戶的方式對人口流入進行控製；對外主要通過疏解非首都功能的方式，將一些產業和機構向區外搬遷，強力疏導城市人口，控製城市人口規模。

　　本章選取了日本、美國、英國、墨西哥等國家的城市發展與治理經驗作為借鑑。日本在超大規模城市的治理中經驗豐富，而歐美國家通過強力的資源調配、完善的基礎設施建設構建城市集群，從而平衡城市規模問題。而墨西哥和印度等國家則由於產業機構與城市發展不匹配、城市建設落後以及管理滯後等問題，使得人口在少數城市集中，造成城市規模擴大、環境污染、交通擁堵等問題，更形成了以貧民窟為代表的城市「低窪」地帶。

　　國外城市發展與治理經驗為中國提供了很好的借鑑，但還是需要認清中國與其他國家在政治、經濟、社會以及資源稟賦上的差異，從而辨別中國城市發展的特殊性。中國人均自然資源稀缺、城市間分割嚴重以及二元的土地制度與戶籍制度都會影響城市發展和人口流動，這些問題是中國城市發展的特有問題，需要引起重視並在城市規模治理中加以考慮。

第十章　城市最優規模實踐道路選擇

對國內外城市發展及規模治理情況進行梳理後，就需要結合中國特殊的城市發展背景和發展特點，選擇出適應中國國情的城市最優規模實踐道路。在宏觀管理中，需要結合城市資源承載力規劃城市發展，並以產業發展為基礎，使城市規模優化。在微觀管理中，要在人口管理、資源管理以及社會管理上提高管理水平。在城市群發展中，要拓寬城市規模治理範圍，促使城市間協調發展。本章內容的基本結構如圖 10-1 所示。

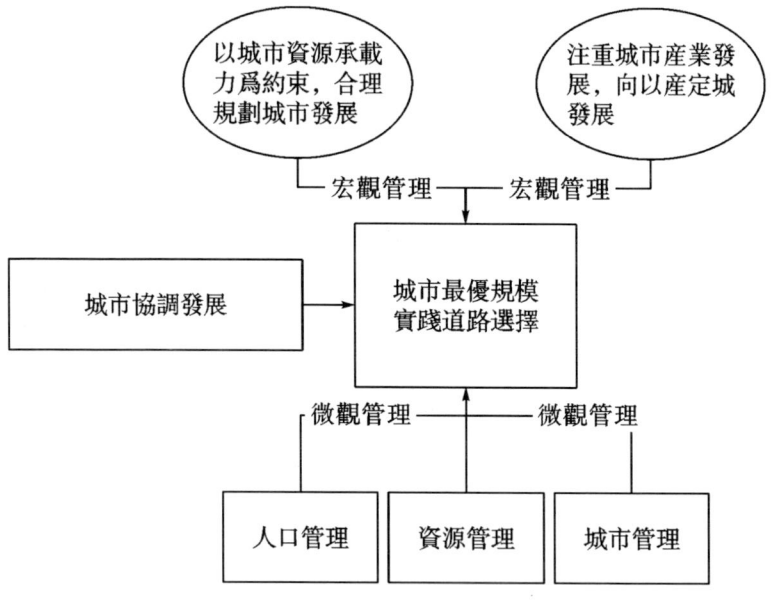

圖 10-1　城市最優規模實踐道路選擇研究結構示意圖

第一節　提高城市宏觀管理水平，轉變城市發展觀念

城市宏觀管理水平的提高，實際上是轉變過去傳統的城市發展觀念，由只注重經濟發展和人口聚集的城市發展模式向依據城市資源承載力的可持續城市發展模式轉變，利用產業發展調節人口規模，由「以人定城」向「以資源承載力定城」「以產定城」轉變。

一、以城市資源承載力為約束，合理規劃城市發展

在過去的城市發展中，對城市資源承載力的關注較少，導致中國城市資源過度消耗現象嚴重。在未來的發展中應首先轉變城市發展觀念，將城市資源承載力思想運用到城市規劃當中，並根據城市資源特點協調城市發展關係。

1. 轉變城市發展觀念，注重城市資源承載力的影響

中國在過去的城市發展中，對城市資源承載力的關注較少。一是因為受到中國經濟發展水平的限制。中國在近代遭遇了列強的侵略、戰火的肆虐，在新中國成立以後，經濟才得以逐漸恢復；特別是改革開放以後，才獲得了經濟快速發展的寶貴時機。因此，在城市發展中，更多是關注城市的聚集收益，以經濟要素的聚集和人口規模的擴大作為城市發展的重要標誌。二是因為受到西方城市發展思想的影響，未對資源承載力進行理論研究。西方城市發展中，資源承載力約束較弱，因此即使在發展中出現了城市環境問題，也僅是從生態環境方面進行改良和修復，未對城市規模與資源消耗的關係進行分析。因此，西方城市在發展中也未對城市的資源承載力問題進行深入研究；而中國的城市發展理論受到西方城市發展理論的影響較多，也未對城市中的資源約束進行深入分析。

但現實卻是，中國城市發展面臨較強的資源約束，自然資源的過度消耗以及經濟、社會資源的分佈不均衡問題已經嚴重阻礙了城市可持續發展。而經過三十多年的經濟累積，中國在生產方式轉變的基礎上也要轉變城市發展觀念，以城市可持續發展作為發展目標，以城市資源承載力作為發展基礎，結合中國城市發展實際情況，構建具有中國特色的城市發展路徑與理論。必須要認識到城市最優規模不僅僅由聚集經濟的收益決定，更與城市資源承載力相關，兩者共同決定城市聚集規模及發展方式。

2. 結合城市資源承載力，合理規劃城市規模

城市規劃是對未來城市發展的綜合性部署。中國在以往的城市規劃中，更

多地關注城市基礎設施和產業的規劃，而對城市資源的可承載能力關注較少。在未來的城市規劃中，要結合城市資源承載力的約束，合理規劃城市規模，對城市發展進行引導。

在城市規劃中考慮城市資源承載力問題，需要注意城市資源承載力的可變性與規劃的科學性。城市資源承載力是人口資源利用方式與資源可得性的相互關係的體現，因此城市資源承載力會隨著經濟的發展、資源利用方式的改變而變化。簡而言之，城市資源承載力是一個短期固定但長期可變的城市發展概念。而城市規劃是對城市未來發展的一個科學的引導，具有發展性和長期性。因此，在城市資源承載力和城市規劃中，應注意兩者的協調問題。本書認為，在城市規劃當期可以對城市目前的城市最優產出規模與城市最優規模進行測算，並確定當前城市最優的發展規模以及當前實際規模與最優城市規模的差距。

而將城市產業發展、基礎設施建設等進行常規規劃後，可以對城市資源的利用效率和資源的存量進行科學的預測，在此預測的基礎上再利用城市資源承載力的核算體系對目標期城市資源承載力進行測算。要根據測算結果以及當前實際人口規模與最優規模的差距，確定城市發展的目標規模。

3. 運用城市規劃協調城市間的發展問題

城市規劃不僅是城市內部的規劃更是城市關係的規劃。城市作為區域發展中最重要的節點，城市間的協調發展也是關係區域發展的重要因素。在過去的規劃中對城市協調的關注較少，對城市間資源協調的關注則更是鳳毛麟角。因此，在未來的城市規劃中，除了將資源承載力運用到城市內部的規劃中，還應該將資源承載力思想運用到城市間的協調發展上，要根據不同城市的資源承載力特點，定位城市發展方向，從資源和經濟發展上協調城市發展問題。

二、注重城市資源承載力與產業發展的協調關係

1. 根據城市資源承載力，確定城市產業發展方向

從上述研究可知，城市的產業結構對城市的最優產出規模與城市資源承載力產生重要影響，並最終決定城市最優規模。因此，城市規模的發展從表面上看是人口的聚集，而根本上體現的卻是產業的聚集；城市最優規模的形成也是由產業發展的聚集效率與資源利用效率來推動。

因此，中國應該拓寬城市規模治理思路，將單純的人口控製思想轉為以產業引導為主的城市調控思想。具體的做法是首先分析本城市的資源承載力，從自身資源承載力的優勢與短板入手進行有針對性的產業和人口調整。如北京市

水資源缺乏，但人口聚集動能高、教育資源豐富，可以通過發展高新技術產業、生產性服務業來提高城市資源利用率；同時將一些資源密集型產業進行有序的撤出，減少資源使用，提高城市效率。而資源承載力相對豐富但人口規模較小的城市，則可以承接部分產業，吸引人口進入，增加城市規模，提高聚集收益。在此過程中，要汲取印度、墨西哥等國家的城市發展教訓，產業發展一定要考慮當地勞動力的供給能力，不能大躍進式地發展一些當地勞動力無法供給的產業，導致用工荒和失業潮同時存在。要發展具有前瞻性的產業，並且不斷提高勞動力的素質，以產業發展引領勞動力素質的提高，同時以人力資本的提高作為產業發展的基礎，形成產業發展與人力資本發展的良性循環。

2. 利用產業調整，縮小城市實際規模與最優規模差距

從前文的研究可知，城市實際規模與最優規模的差異主要表現為兩種形式。一種形式是城市實際規模小於最優規模的情況。這種情況在中國行政級別最高的 36 個城市中雖然較少，但仍然存在。針對這一情況，就需要通過積極承接其他規模過度的大城市的產業轉移，特別是一些存在一定市場需求的製造業，以吸引人口進入，擴大城市規模，並提高聚集收益。另一種形式則是中國較為普遍的城市實際規模大於最優規模的情況。造成這一情況的原因有兩個。第一個原因是城市實際規模超過了城市最優產出規模。這種情況下，可以通過大力發展附加值高的生產性服務業，提高第三產業比重，利用提高產業結構比的方式來擴大最優產出規模，從而形成城市最優規模，縮小兩者間的差距。第二個原因是城市實際規模超過了城市資源承載力規模。這種情況下，除了通過產業升級、提高資源利用效率外，還可以將資源耗費較高的產業從城市剝離出去，使其向衛星城或周邊小城鎮轉移，在減少資源消耗的同時，縮小城市實際人口規模。

第二節 提高城市微觀管理水平，協調人口與資源的關係

城市人口規模失衡的另一個重要原因是城市微觀管理的失衡，具體表現為人口管理水平滯後、資源管理僵化以及城市公共管理水平落後等問題。為了對城市人口與資源關係進行協調就需要提高城市人口管理水平、城市資源管理水平和城市公共管理水平。

一、提高城市人口管理水平

為了有效緩解中國城市規模失衡問題，就需要促進最優規模城市進一步發

展，控製過度規模城市人口以及鼓勵人口向過小城市流動。這一系列措施都有賴於中國城市管理措施的合理有效的實施。而人口管理主要從人口動態管理、戶籍改革、完善社會保障以及實現社會服務均等化這幾個方面展開。

1. 利用現代科技手段，實施人口動態管理

不管是過去實施的暫住證等級管理制度還是戶籍改革中的居住證登記制度，都是對人口實施管理的方法。中國在過去的管理過程中，對人口管理過於機械和滯後，對人口的流出地與流入地實行單獨管理，將人口的流動過程割裂開來，未對人口進行動態的、實時的管理，對城市中的人口管理也較為被動。使得城市人口管理費時、費力，並且效果欠佳。

隨著科學技術的進步，物聯網、雲計算等技術手段的興起為人口的動態管理提供了技術支持。在未來的人口管理中，需要借助先進的技術手段，對城市人口進行動態管理，不僅要瞭解人口的空間狀態，更要瞭解其經濟活動、基本情況等，從而瞭解城市人口的基本情況、勞動力基本情況以及人口流入和流出的基本情況。對城市人口進行分類管理，以便於開展實時的、有針對性的柔性人口管理。

2. 引導人口有序流動

從前文的研究可以發現，中國既存在過度規模城市又存在過小規模城市，人口的不均衡性就需要引導人口有序流動。孫三百等人[1]在研究中也發現人口在流動過程中會存在不理性現象，需要通過「有形之手」進行引導，因此可以有序地控製過度規模城市，吸引人口向過小規模城市流動。

引導人口流動主要通過兩種方式來進行。一是通過政府手段來引導，這是中國城市規模控製的傳統手段。在人口控製方面，主要從限制落戶、實行差別化的社會保障和公共服務等方面展開，但這些手段並不能真正引導城市規模向最優化發展，反而造成了城市內部不平衡的加劇以及其他社會問題。同樣，在吸引人口流動方面也以開放的落戶條件等為主，並不能真正吸引人口流入。因此，政府應該轉變人口引導方式，在控製過度規模城市人口的同時，大力發展其他可載城市，通過提高其他可載城市的經濟發展水平、公共服務水平以及宜居性，吸引人口進入。二是政府與產業引導共同作用。過度規模城市與過小規模城市都應該轉變產業發展模式。過度規模城市應該進一步提高具有高附加值的第三產業的比重，主動將低附加值的製造業和部分第三產業向區外轉移。而

---

[1] 孫三百，黃薇，洪俊杰，等. 城市規模、幸福感與移民空間優化 [J]. 經濟研究，2014（1）：97-111.

過小規模城市就應該主動承接相關產業，要通過產業引導並實施優惠的落戶政策，以產業和市場吸引人才進入。

3. 破除戶籍桎梏

二元戶籍制度不僅將城市和農村割裂，也將城市與城市割裂開來。戶籍的城鄉差別使得城市與農村在社會保障、基礎設施、公共服務方面存在差別。而戶籍的地域差別也使城市與城市之間在社會保障和公共服務等方面存在不同。通過戶籍制度改革，打通城市和鄉村間、城市與城市間人口流動的渠道，使得農村人口和其他地區城市戶籍人口進得來，本地城市戶籍人口出得去。

進得來是指農村戶籍人口以及其他地區城市戶籍人口可以在非戶籍地區享受平等的公民權利，特別是在過小規模城市中，應使得農村戶籍和其他地區城市戶籍人口能夠享受與本地戶籍人口相同的社會保障、公共服務、教育與醫療資源，能夠安心工作和生活。出得去是指破除戶籍背後不均衡的戶籍權益後，本地戶籍人口特別是過度規模城市人口可以根據自身偏好選擇到其他地區或城市享受無差別的福利和保障。將只進不出的「剛性」城市規模發展轉變為可進可出的「柔性」城市規模模式。

二、提高城市資源管理水平

城市資源承載力雖是城市發展的重要保障，但城市承載力也會隨著經濟發展方式、資源利用方式、資源可得性的改變而發生變化。因此，實施有效的城市資源管理也能夠增強城市資源承載力。在未來的城市資源管理中應該注重利用現代技術對資源進行動態監管；在城市生產和生活中應全面提倡資源節約，而不是僅在資源稀缺地區才重視宣傳。另外需要通過生產生活方式的改善，改變資源利用方式並完善資源定價機制，以價格機制體現資源稀缺程度，以市場機制決定資源利用方式。

1. 全面實施資源動態監管並隨時發布資源動態

中國已經具備了對城市自然資源及自然環境的實時監控能力，如水資源監控、土地資源監控以及空氣質量監控等。但是還存在監管不細緻、監管信息利用不充分以及監管信息發布不及時等問題。

全面實施資源動態監管是要對各項資源特別是自然資源進行動態、細緻的監控，並利用資源動態信息進行數據分析，瞭解城市資源的利用情況。如對土地資源應該做到對農業用地、林業用地、草地、建築用地、水域用地等進行分類動態監管，並且能夠隨時瞭解何時、何地土地因為什麼原因發生性質的改變或遭到破壞。通過這些數據，分析城市發展中什麼樣的積極因素和消極因素會

影響土地資源的承載力,並對其進行有針對性的管理。

對水資源和能源等的管理同樣要做全面、細緻的動態分析。地下水水位、地表水水位、城市生產生活用水實時用量以及水質狀況等都要做到實時掌握。而關於能源,要做到本地輸出、輸入的化石燃料數據要精準,使用的煤炭、石油、天然氣、電能的總量和用途也要明確。要根據數據分析城市水資源的存量及消耗、能源的用量及用途,提高資源利用效率。最後還應該及時發布城市資源的利用情況和監管情況,讓城市資源管理公開化、透明化。

2. 全面提倡資源節約

中國資源匱乏問題由來已久,粗放的資源利用方式又增加了城市資源承載力的脆弱性。對城市資源的保護以及合理利用刻不容緩。而城市居民作為城市最基本的細胞,應該樹立起資源節約利用的意識。中國已經開始在宣傳和提倡資源節約方面取得了一定成就,但是還存在一些問題:資源浪費問題依然嚴重;對資源枯竭的潛在危機認識不足;部分地區城市居民對當地資源短缺問題也缺乏認識,如一些南方城市居民或靠海城市居民對水資源的節約意識不強。

產生這些問題的原因主要有兩個。一是國家對資源利用的宣傳和引導力度不夠。城市管理應該通過多種渠道,如電影、電視、平面媒體以及廣播等方式傳播資源節約意識,通過製作具有本地鮮明特色和有針對性的資源利用圖景來向當地居民展示資源節約的好處,而不是僅僅用世界範圍內或全國範圍內的資源節約圖景,增加城市居民的參與感和融入感。要多用貼近城市生活的方式提倡資源利用方式,加大宣傳力度,實時更新宣傳內容。另外,還需要對資源過度消耗的典型生活和生產活動進行披露和處罰,樹立城市居民和企業的節約用水意識。二是對資源過度利用帶來的資源與環境危機披露不夠。特別是一些南方資源條件較好的地區,對資源的過度消耗和稀缺程度披露不夠或披露不到位。如杭州市2013年的人均水資源佔有量低於全國平均水平,僅為世界人均水資源量的21%[1];青島市年降水量僅為664.4毫米,是個嚴重缺水的城市,人均年佔有水資源量為376立方米,僅為全國人均水平的13.9%[2]。這些數據雖然都可以從水資源統計公報或氣象局發布的數據中得到,但是民眾的認知度不夠,需要通過多種渠道向民眾傳達城市資源的基本情況以及資源枯竭的潛在危機。讓公眾瞭解其生活的城市的資源基本情況以及資源過度消耗帶來的生存

---

[1] 史潔. 杭州系水質性缺水城市用水量已接近紅線 [EB/OL]. [2014-09-16]. http://www.zj.xinhuanet.com/dfnews/2014-09/16/c_1112495766.htm.

[2] 佚名. 青島市年降水量僅為664.4毫米屬嚴重缺水城市 [EB/OL]. [2015-05-17]. http://minsheng.qingdaonews.com/content/2015-05/17/content_11060276.htm.

危機，樹立公眾的節約用水意識。

3. 改變資源利用方式

改變資源利用方式是提高城市資源承載力最有效的途徑，因為在一般情況下，城市的自然資源禀賦都難以在短時間內改變。而改變資源利用方式可以提高資源利用效率，增加經濟資源與社會資源供給，從而提高城市資源承載力。改變資源利用方式主要是改善生產方式。目前，中國正處在轉變經濟發展方式的關鍵期，而城市作為經濟發展的引擎，應該引領經濟發展方式的改變。特別是城市實際人口過度的城市，更應該創新經濟發展方式，優化產業結構，發展附加值高的生產性服務業，利用先進的科學手段改善生產技術，提高資源利用效率。對於可循環利用的資源如水資源等，也應該增強其資源循環利用的能力，減少資源浪費。

4. 完善資源定價機制

在市場經濟作用下，價格機制是反映資源稀缺程度以及進行資源分配的有效機制。但現實生活中，由於資源的自然壟斷與國家屬性，使得資源價格難以反映資源真實的價值以及稀缺程度。在城市資源利用中，應該發揮市場作用，完善資源定價機制。

完善資源定價機制應該從以下兩個方面入手：

一是完善資源補償定價機制。以水資源為例，水資源的源頭以及使用往往跨區域。上海市過境的水資源主要為長江的入海水以及太湖流域的水資源；長江流域橫跨青海、西藏、四川、雲南、重慶、湖北、湖南、江西、安徽、江蘇、上海11個地區；太湖則橫跨江蘇和浙江兩省。水資源的過境和保護都需要不同地區合作並共同承擔責任，但是目前對於資源利用，權益和責任是分離的，使得部分地區資源利用成本和實際成本不匹配，也使資源價格扭曲。因此，應該加緊研究資源補償機制，使城市使用成本與資源供給的實際成本相匹配，體現資源實際價值。

二是完善城市資源使用價格機制。目前，許多城市已經開展了階梯電價、階梯水價等定價措施，利用分類定價和超額累進的方式實現資源使用的合理定價。這應該在全國範圍內的城市全面展開，對每戶家庭在資源收費的同時註明資源的使用情況，並為其提供合理的資源利用方案。另外，還應該在能源、土地資源以及其他城市資源方面展開資源定價活動，反映不同資源的稀缺程度，促使資源的合理利用。

三、提高城市公共管理水平

雖然在之前提出了多種協調城市規模失衡問題的建議，但是城市規模的過

度膨脹並非一日之功，控製過度規模城市擴張以及增加過小規模城市人口在短期內也無法完成。如何管理規模過度城市是目前最為普遍和棘手的問題。面對由於城市規模過度膨脹而帶來的環境污染、交通擁堵以及城市病問題，提高城市公共管理水平是非常有必要的。在管理過度規模城市時，應該注重利用法制手段進行城市管理，提高城市交通管理水平以及城市環境管理水平。

1. 提高城市管理法治水平

提高城市法治水平是讓城市管理有章可循，有法可依，杜絕城市管理隨意化、主觀化的有效手段。關於城市管理的法治化建設，日本的城市治理為中國城市治理提供了寶貴的經驗借鑑。日本在城市快速發展時期，為了保護城市土地資源的合理開發，先後頒布了《新城市規劃法》《國土利用計劃法》《緊急土地對策要綱》以及《綜合土地對策要綱》等法規，對城市土地的開發和交易進行了明確的規定，遏制了城市快速擴張期土地的盲目開發與濫用，提高了土地的利用效率。然而中國城市資源的保護卻顯得捉襟見肘，以水資源保護為例，中國雖然頒布了《中華人民共和國水法》《中華人民共和國水土保持法》《中華人民共和國水污染防治法》《取水許可制度實施辦法》《中華人民共和國河道管理條例》等法律法規來保護水資源，但是在城市執法過程中隨意性較大，責任主體不明確，水污染現象頻繁，並未真正發揮各項法律法規的效力。

因此，在城市管理的法制化建設中應該注重兩個方面的工作。一是對管理內容的法制建設，針對城市管理中出現的問題，要及時利用法制化的手段進行規範和明確。在制定後還要實時關注城市管理中的新問題、新變化，進行及時的更新和完善，讓城市的法制化管理與城市發展攜手並進。二是對管理手段的法制化建設。只對城市管理的內容進行明確是不夠的，還需要對城市管理的手段進行明確，這中間包括對城市管理權利以及責任的明確，城市管理者應該遵循相關法律法規，執行城市管理的職責。要對城市管理中應有的程序、管理手段進行明確，而對城市管理中的失職現象、濫用職權現象也應該進行明確規定，規範城市管理手段。

2. 提高城市交通管理水平

交通是城市的重要脈絡，交通擁堵會導致城市「經絡不暢」，造成城市資源浪費和城市效率低下，而交通擁堵也是困擾中國過度規模城市的重要問題。提高城市交通管理水平對提升城市效率，緩解城市病以及空氣污染[1]具有重要

---

[1] 2013 年，國家環境保護部污染防治司副司長汪鍵在杭州舉辦的「緩解交通擁堵、改善空氣質量經濟政策國際研討會」中提出，在暢通和擁堵兩個不同的狀態下，機動車排放的尾氣量有很大差別。數據顯示，汽車在怠速狀態下，PM2.5 的排放是順暢行駛時的 5 倍以上。

意義。過度規模城市的交通管理，應該從兩個維度來開展。

一是著眼城市長遠發展，制定城市交通規劃。考慮到城市的職能定位以及城市發展潛力應該制定超前的城市交通規劃。中國過去城市發展目光較為短淺，部分城市道路狹窄，軌道交通、地鐵等先進交通設施未被納入城市交通規劃內，導致城市發展到一定規模便出現出行不便、交通擁擠等問題，而後期再對道路進行拓展或是增加立體的交通網路往往又耗費巨大，嚴重影響城市居民生活。因此，在規劃前期就應該考慮城市未來發展圖景，設置較為發達的城市交通網路，為城市內部以及城市間的聯通打下基礎。

二是加強基礎交通設施建設，在建立城市內部發達的交通網路的同時，提升與周邊城市的交通連接能力。中國規模過度城市往往具有較好的經濟發展基礎，經濟資源豐富，對人口的吸引力強，導致人口規模過度。但城市交通擁堵嚴重影響城市居民的幸福指數和生產效率。因此可以在城市發展中適當加強城市交通設施建設，提高公共交通運載能力和便利性，鼓勵城市人口採用公共交通方式出行。同時要加強與周邊城市的交通連接能力，這不僅可以促進城市間的溝通，也能防止城市人口的過度聚集，讓人們可以通過便利的交通條件到臨近的城市生活或工作，實現人口的靈活配置。最後可以利用先進的技術手段提高城市交通管理的靈活性。城市中的交通擁堵具有一定的規律性和週期性，可以利用先進的技術手段如物聯網、流量監測技術對城市交通工具的流量、流向進行監控，並制訂合理的交通管理方案，增強交通管理的靈活性和針對性，提升交通管理效率。

3. 提高城市環境管理水平

環境污染是城市過度規模的又一重要表現。治理城市環境污染也是城市管理的重要內容之一。治理城市環境的主要措施有兩點。一是制定城市環境污染的法規，日本為了治理東京的環境污染，頒布了《東京都環境管理規劃》，使東京的垃圾產量增速得到控製，也讓環境保護與管理深入人心。中國城市也應該針對城市不同的環境問題制定相應的法律法規，不僅使環境保護和管理有法可循，更能使城市居民瞭解環境保護的嚴肅性和重要性，增強城市居民的環境保護意識。二是提高環境執法者的執法力度和管理水平。雖然新《中華人民共和國環境保護法》賦予環境保護部門更多的權力，但仍然存在執法權力不足的問題，即使發現環境破壞問題也很難開展行之有效的環境保護執法。另外還應該提高執法部門的管理水平，由環境問題的事後管理向環境問題的事中、事前管理轉變，防患於未然，杜絕城市環境污染現象的產生。

第三節 提高城市間的協調發展水平

城市間規模的不平衡除了由於各城市間經濟發展、區位條件以及資源優勢不同外，另一個重要原因是城市市場分割嚴重，城市間競爭激烈，難以形成統一、協調的合作機制。因此為了協調城市的非平衡發展就需要完善城市體系，在城市經濟發展、城市功能以及城市資源方面實現協調發展。

一、完善城市體系

城市體系是在一定區域範圍內，以中心城市為核心的各種不同性質、規模和類型的城市相互聯繫、相互作用的城市群體組織，是一定地域範圍內，相互關聯的，發揮各種職能作用的，不同等級城鎮的空間佈局總況。城市體系是包含了不同規模城市協調發展的總體。而完善城市體系需要在城市間形成明確的職能分工，使城市規模協調以及地域分佈均衡。但目前中國城市體系尚不成熟，城市都採用「大而全，小而全」的發展方式，沒有形成明確的職能分工。部分城市極化效應突出，而另一些城市聚集效力不足，存在過度規模城市與過小規模城市並存的現象，城市規模不平衡。而由於中國地理環境複雜，城市的地域分佈呈現出南多北少、東強西弱的分佈情況。

在宏觀上應該完善城市體系建設。中國目前城市體系建設以城市群建設為主，已形成長三角城市群、珠三角城市群、京津冀城市群等11個國家級城市群，遍布中國東部、中部以及西南地區，形成了較為完善的城市體系建設。其中長三角城市群以上海、杭州、寧波與南京等城市為基礎形成城市集群。珠三角城市群以廣州、深圳、香港、澳門等城市為中心發展城市集群。京津冀城市群以北京、天津、石家莊等城市形成產業集群。中原城市群以鄭州等城市為中心發展城市集群。長江中遊城市群以武漢市、長沙市等城市為中心發展城市集群。哈長城市群以哈爾濱市、長春市為中心發展城市集群。成渝城市群以成都市和重慶市為中心發展城市集群。遼中南城市群以瀋陽、大連等城市為中心發展城市集群。山東半島城市群則以濟南、青島等城市為中心發展城市集群。海峽西岸城市群以福州市、廈門市為中心發展城市集群。關中城市群以西安市為中心發展城市集群。可以發現，這11個城市群的大部分中心城市規模已經超過了城市最優規模。因此在城市群建設過程中應注重將人口向其他城市引導，協調城市群的內部規模。

二、加強城市間的經濟協調

中國經濟發展除了區域差異，城市差異也較為明顯，而城市間的經濟差異又是造成城市規模不平衡的主要因素。要實現城市間的經濟協調就需要實現城市間市場的互通以及產業佈局的協調。

要實現城市市場互通就需要破除由於行政區劃帶來的城市與城市的隔離。目前國家層面的城市群規劃已初具規模，但城市間的經濟合作還不緊密，甚至會出現相互競爭的狀態。在最優規模思想的指導下，應該根據城市的最優產出規模以及資源承載力短板來確定自身經濟發展重點，與其他城市的關係應由經濟競爭向經濟互補轉化，針對規模已經超過最優規模的城市應該盡量將一些不適宜本城市的產業轉移到其他城市去，將一些本城市不能生產或生產效率低的產品市場向其他城市開放，實現經濟協調發展。

三、加強城市間的職能協調

城市職能與城市功能不同，城市功能是指城市在經濟社會發展中所起到的作用，傾向於城市內部的有機運作，如生產功能、服務功能、管理功能、協調功能、集散功能、創新功能等。但城市職能則是指城市在區域發展中的功能定位，強調城市間的作用。如城市群中，部分城市偏向經濟職能，部分城市偏向社會職能，而部分城市又以政治職能為主。因此，城市職能主要是指城市在城市群中發揮的經濟、社會與政治功能。如北京市是全國政治中心、文化中心、國際交往中心、科技創新中心，因此北京市在京津冀城市群乃至全國的城市發展中的定位為以社會職能和政治職能為主的有選擇性地發揮經濟職能的城市。而上海市在新一輪城市總體規劃中，在 2020 年將基本建成「四個中心」和社會主義現代化國際大都市的基礎上，提出了 2040 年努力建設成為具有全球資源配置能力、較強國際競爭力和影響力的全球性城市[1]。上海主要履行經濟職能，且其經濟職能除了能輻射整個長三角城市群外，還能對全國乃至世界其他城市產生影響。還有一些城市如重慶市、西安市等，則具有地區經濟職能和政治職能。

城市群建設中，不同城市應該注重不同職能的發揮，一些城市應注重經濟職能的發揮，而一些城市則應注重政治職能或社會職能的發揮。雖然中國城市

---

[1] 佚名.上海城市新定位：2040 年建成全球城市 [EB/OL]. [2014-06-24]. http://news.xinhuanet.com/city/2014-06/24/c_126662585.htm.

經濟、社會與政治發展往往難以區分；但城市發展應有側重，不能重蹈過去「大而全，小而全」的發展方式，導致城市間出現惡性競爭。在城市群的層面上應該按照城市的資源承載力、城市發展特色對不同城市的角色進行定位，並嚴格按照城市職能定位進行發展，實現城市職能的協調。

四、加強城市間的資源協調

在城市資源承載力中，除了土地資源無法在區域間流動外，自然資源中的水資源、能源以及經濟與社會資源在理論上都能在城市之間流動。城市規模的失衡在一定程度上表明城市資源的失衡，因此可以通過區域間的資源協調來平衡城市間資源的供需缺口。

在自然資源方面，城市間可以通過「取長補短」的方式來彌補資源缺口，如全國範圍內的「南水北調」「西電東輸」項目都是採用這一方式來實現自然資源的配置，但是在配置過程中需要注意對資源進行合理定價，對資源輸出地進行合理的補償。另外，自然資源的協調需要在不危害「取長」地區以及全國的自然資源可得性和可持續性的前提下，才能採取這一方式。在經濟與社會資源方面，城市應該在明確自身發展定位以及自身在城市群中的作用後，將非職能定位所需要的資源主動向對應的資源需求城市進行傳遞，實現資源在城市群中的自由流動，提高資源利用效率並協調城市發展。

第四節　本章小結

在上一章對國內外城市發展及治理情況進行梳理後，本章著重針對中國城市規模的不均衡問題，選擇出適應中國國情的城市最優規模實踐道路。中國城市規模失衡現象嚴重，過度規模城市與過小規模城市並存。針對這一問題，需要從城市規劃、產業發展、人口管理、城市協調、資源管理等方面入手。

在過去的城市發展中，由於受到城市發展階段的限制以及西方城市發展思想的影響，中國對城市資源承載力的關注較少，導致中國城市資源過度消耗現象嚴重，城市持續發展能力堪憂。而經過三十多年的經濟累積，中國在轉變生產方式的基礎上也要轉變城市發展觀念，以城市可持續發展作為發展目標，以城市資源承載力作為發展基礎，結合中國城市發展實際情況，構建具有中國特色的城市最優規模發展理論與實踐道路。要根據城市資源承載力確定城市最優規模並以此作為城市規劃的依據。而城市規劃作為城市未來發展的構想，不能

僅限於城市內部的規劃，還應該對城市間的協調問題進行合理預測並規劃城市互動的合理路徑。

除了實現城市規劃，城市的產業發展才是確定城市規模的決定性因素，中國應該拓寬城市規模調節思路，將單純的人口控製轉為以產業引導為主的城市調控思想。要以城市資源承載力來確定城市產業發展取捨，並引導城市人口聚集。針對規模不平衡問題也需要通過產業的升級、產業外遷以及產業承接來調節人口規模。而產業調整的基礎在於城市間的協調發展，要在城市群建設的大背景下，完善城市體系。

而利用產業調節城市規模的同時還應該提高城市人口管理的水平。首先是利用現代的技術手段建立動態的人口管理體系，不僅要瞭解人口的空間狀態，更要瞭解其經濟活動、基本情況等，從而瞭解城市人口的基本情況，對城市進行人口分類管理，以便於開展實時的、有針對性的柔性人口管理提供條件。有了人口管理的工具就需要利用政府「有形之手」和市場「無形之手」對人口進行合理引導，政府可以通過便利的公共服務、均等的社會保障等調節人口流動；而利用產業調整對勞動力進行選擇同樣可以對人口進行調節。其次，破除戶籍制度的限制，讓城市人口「進的來、出的去」也是調節人口的有效方法。

城市最優規模很大程度上由城市資源承載力決定，因此對城市資源進行有效管理對城市發展具有重要意義。中國已經具備了對城市自然資源及自然環境的實時監控能力，但還要進一步提高資源監管效率，全面實施資源動態監管，對各項資源特別是自然資源進行動態、細緻的監控，並利用資源動態信息進行數據分析，瞭解城市資源的利用情況，採用高效的資源利用方案。除了政府的資源管理，對城市居民資源節約意識的培養也十分重要，需要加強資源節約利用的宣傳力度，特別是對一些資源稀缺問題不特別突出的城市也要加大宣傳力度。對資源過度利用帶來的資源與環境危機要及時披露，讓公眾瞭解其生活的城市的資源基本情況以及資源過度消耗帶來的生存危機，樹立節約的意識。另外，在資源管理方面還應該在生活和生產方式上改變資源利用方式，利用先進的科學手段改善生產技術，提高資源利用效率。對於可循環利用的資源如水資源等，也應該增強其資源循環利用的能力，減少資源浪費。同時在城市資源利用中，應該通過完善資源補償定價機制和完善城市資源使用價格機制發揮市場作用，利用價格機制反映資源的稀缺程度從而對資源進行合理分配。

針對普遍存在的過度規模城市問題，應該提高城市管理水平。一是要提高城市法治水平，讓城市管理有章可循、有法可依，杜絕城市管理隨意化、主觀化，對城市管理內容和手段進行法制化建設。二是提高城市的交通管理水平。

不僅要著眼城市長遠發展，制定具有前瞻性的城市交通規劃；還要加強基礎交通設施建設，在建立城市內部發達的交通網路的同時，提升與周邊城市的交通連接能力。在管理中利用先進的技術手段提高城市交通管理的靈活性，提升交通管理效率。三是要對過度規模城市的典型環境問題進行管理，制定專門針對城市環境管理的法律法規，不僅使環境保護和管理有法可循，更能使城市居民瞭解環境保護的嚴肅性和重要性，樹立城市居民的環境保護意識。同時，還要提高環境執法者的管理水平和執法力度。要由環境問題的事後管理向環境問題的事中、事前管理轉變，要防患於未然，杜絕本可避免的城市環境污染現象。

第十一章　結語

本書結合中國城市發展的實際情況將城市資源承載力融入到城市最優規模研究中，尋求資源規模約束下的城市最優規模，並對中國 36 個行政級別最高的城市進行了定量分析和評價，為城市最優規模的發展和路徑選擇提供了意見和建議。在研究過程中，將城市最優規模的研究進一步深化，得出了一些具有理論基礎和實證基礎的結論和建議；但是由於作者的研究能力和數據可得性有限，還有一些問題需要進一步研究，在本章將對其作一個簡單的介紹。

第一節　研究總結

本書運用文獻研究、數量分析、規範分析與實證分析相結合的方式以及定性研究與定量研究相結合的方式對資源承載力約束下的城市最優規模的基礎理論、分析框架、形成機制、測算方法、基礎評價以及治理路徑等內容展開分析，得到以下基本結論。

一、城市發展應考慮資源承載力

在過去的城市發展中，由於受到城市發展階段的限制以及西方城市發展思想的影響，中國對城市資源承載力的關注較少，導致中國城市資源過度消耗現象嚴重，城市持續發展能力堪憂。而經過三十多年的經濟累積，中國目前已經有能力從過去只注重經濟發展量的增長向注重質的增長轉變。而在生產方式轉變的基礎上也要轉變城市發展觀念，以城市資源承載力作為發展基礎，構建城市可持續發展路徑。

城市資源承載力是在特定生產方式、生活方式以及貿易條件下，以及城市在不損害後代發展權利的前提下所能提供的自然資源、經濟資源以及社會資源

能夠維持的城市最大人口數量。考慮城市資源承載力，不是指僅以城市資源承載力為標準，來判斷城市發展規模，而是依然要結合城市生產效率，以資源承載力約束下的城市效率最大化為標準來確定城市發展規模與路徑，也就是追求城市在質和量上的和諧發展。

城市資源承載力也會隨著生產方式的改變、資源可得性的改變而改變。這表明轉變經濟發展方式同樣會影響城市資源的承載能力。因此，在發展過程中，應該不斷改進生產方式，提高資源利用率，增強城市的資源承載力。總體而言，在城市發展中考慮城市資源承載力不僅僅要在事前的城市規劃中考慮城市資源承載力，在城市發展過程中也要考慮提高城市資源承載力。

二、城市資源承載力應考慮自然－經濟－社會系統因素

城市資源承載力是研究城市發展與城市資源間在可持續發展路徑下的互動關係。已有的研究提出了許多相關概念，如城市綜合承載力、城市環境承載力、城市生態承載力等。這些概念與城市資源承載力有一定聯繫但又存在差異。如城市生態承載力強調的是城市與自然生態系統的互動關係，以生態系統的和諧性為目標，沒有將生態系統中的自然資源納入生產系統進行經濟學分析，更沒有考慮其他資源的利用和影響。而城市環境承載力強調環境系統的可持續性，但這類定義中對環境概念界定的範圍過大，都是以環境系統的良性運作為目標，而資源只是影響環境的因素而已，未考慮資源對於社會系統和經濟系統的影響。與之相反，城市綜合承載力則更多地以自然資源以外的「軟」要素為主，使得綜合承載力的高低更偏向於經濟發展的高低，對與環境和資源相關的「硬約束」關注較少。

關於城市承載力的已有的研究都未對城市資源承載力進行客觀的概括和研究，研究內容較為單一，可操作性不高，在研究中對資源的概括力不強。通過對已有研究的梳理和對城市現實發展路徑的分析，本書認為城市資源承載力應該是包括自然資源、經濟資源、社會資源的共同影響和作用的綜合性資源承載力。其中自然資源是基礎，是經濟發展與社會發展的物質載體；經濟資源是表徵，除了影響資源承載力的發展，其價值尺度更是衡量資源稀缺程度的重要參考；而社會資源是資源承載力的重要組成部分，與自然資源的基礎性作用不同，社會資源對衡量城市承載力起到補充性作用。在考慮資源承載力時，應該將城市的自然資源、經濟資源與社會資源共同納入資源承載力體系進行分析。

三、城市規模擴張應有合理邊界

在以經濟「總量」增長為目標的傳統發展模式中，城市增長也以經濟總

量增加、規模擴大為目標。但是這樣的城市發展模式造成部分城市資源消耗嚴重，環境污染與城市擁堵等問題突出；還使得中國城市間差距擴大，城市體系失衡以及割裂嚴重。在生態文明建設的要求下，反思和重新構建城市發展模式迫在眉睫。

在城市資源承載力的約束下，城市在規模擴張中應存在合理邊界，這個邊界不應單單考慮資源承載力，也要考慮城市的生產效率，以求在資源承載力約束下達到生產效率最大化。這就涉及城市最優規模的確定問題，當城市資源承載力超過城市最優產出規模時，城市最優規模為城市最優產出規模；當城市資源承載力小於城市最優產出規模時，城市最優規模為城市資源承載力約束下的人口規模。因此，城市發展應該以城市最優產出規模和城市資源承載力中的較小值來確定城市發展邊界。

四、中國城市規模失衡現象嚴重

通過對中國36個行政級別最高的城市的最優城市規模進行測算，並與其實際規模進行比較，可發現中國城市規模失衡現象嚴重。這種失衡體現在兩個方面。一是城市間規模的失衡，表現為過度規模城市與過小規模城市並存的現象。雖然過度規模城市十分普遍，但在中國東、中、西部地區也都存在過小規模城市。二是城市內部規模失衡，表現為部分城市實際規模遠超過城市最優規模，36個城市中，有19個城市人口規模超過了城市最優規模，城市規模過度現象普遍。其中東部地區有海口市、福州市、上海市、北京市、天津市等9個城市，東部地區省會城市、直轄市及副省級城市中有超過一半的城市處於規模過度狀態。中部地區包括太原市、合肥市、鄭州市3個城市；西部地區包括銀川市、西寧市、成都市、重慶市等7個，也有超過一半的省會城市、直轄市及副省級城市存在規模過度現象。城市規模的過度會導致城市資源過度消耗，城市生產效率下降。

而造成城市規模失衡的原因主要有三點：一是自然資源的非均衡、經濟資源分配不均衡、社會資源失衡、社會管理滯後以及地理環境等問題。中國自然資源總量豐富，但人均存量較低，而且資源分佈也不均衡，導致一些地方相對豐盈，另一些地方卻極度匱乏。二是中國城市經濟發展水平差距較大，如2013年，人均生產總值最高的深圳市達到13.6萬元每人，人均生產總值最低的南寧市人均生產總值僅為4萬元每人，城市間相差3.4倍。東部地區城市人均生產總值普遍高於中部與西部地區城市。而經濟水平的高低往往決定城市就業環境的優劣、市場的大小以及對投資活動的吸引程度，導致城市吸引力的不

同。三是在經濟資源的影響下，社會資源的分佈也存在失衡。城市中吸引人口聚集的社會資源主要分為兩類：一類是行政性社會資源，如開放的經濟政策、購房政策、政策管理水平以及完善的社會保障等；另一類為民生性社會資源，包括與居民生活息息相關的教育資源、醫療資源、文化資源等。社會資源在城市間的分配失衡現象嚴重。最後在城市管理上，由於宏觀人口管理以及微觀城市管理的雙重作用使得城市規模分佈不均，導致城市之間規模差距越來越大。

五、多方面開展城市規模治理工作

城市規模的失衡已經成為縮小區域差異，提升城市環境質量、人民生活質量、城市競爭力，建設和諧宜居、富有活力、具有特色的現代化城市的重要障礙，需要花大力氣並全方位地對城市規模的失衡進行治理。

在借鑑國內外城市規模治理經驗的基礎上，要結合中國城市發展實際，從以下幾個方面對城市規模失衡問題進行治理：

首先，在宏觀管理上，在城市規劃和發展計劃安排中考慮城市資源承載力的約束，並根據自身資源稟賦，實行產業興城、以產定城的發展方式。在城市規劃中，要以城市可持續發展作為發展目標，以城市資源承載力作為發展基礎，結合中國城市發展實際情況，構建具有中國特色的城市發展路徑與理論，並且運用城市規劃協調城市間的發展問題。而在產業發展中，應該拓寬城市規模調節思路，將單純的人口控製思想轉變為以產業引導為主的城市調控思想。分析本城市的資源承載力，從自身資源承載力的優勢與短板入手進行有針對性的產業和人口調整。產業發展一定要考慮當地勞動力的供給能力，不能大躍進式地發展一些當地勞動力無法供給的產業，導致用工荒和失業潮同時存在的現象出現。

其次，在微觀管理方面要加強城市的人口管理、資源管理和城市公共管理。在人口管理方面，應注重控製過度規模城市人口以及鼓勵人口向過小城市流動。這有賴於中國城市管理措施的合理有效的實施。而人口管理主要從人口動態管理、戶籍改革、完善社會保障制度以及實現社會服務均等化等方面展開。在資源管理方面，應注重利用現代技術對資源進行動態監管；要在城市生產和生活中全面提倡資源節約，而不是僅在資源稀缺地區才重視宣傳。另外需要通過生產生活方式的改善，改變資源利用方式並完善資源定價機制，以價格機制體現資源稀缺程度，以市場機制決定資源利用方式。在城市公共管理方面，應該利用法制手段進行城市管理，提高城市交通管理水平以及城市環境管理水平。

最後，還應該注重城市的協調發展。城市群戰略是實現中國區域發展的重要依據，但城市間的差異會影響這一戰略的實施。城市間規模不平衡的原因是各城市經濟發展水平、區位條件以及資源優勢不同，以及城市市場分割嚴重，城市間競爭激烈，難以形成統一、協調的合作機制。因此為了協調城市的非平衡發展就需要完善城市體系，在城市經濟、城市功能以及城市資源方面實現協調發展。

第二節 研究展望

城市的可持續發展下的最優規模研究是一個十分重要且十分複雜的問題。本書從理論和實踐上對資源承載力約束下的最優城市規模問題進行了論證並得到一些有意義的結論。但由於研究能力有限以及數據可得性有限，在部分問題上還有繼續深入討論的空間，這也是筆者在未來的研究中需要繼續探討和深化的重要內容。

一、城市空間規模與人口規模的協調性研究

城市的發展過程實際上是城市空間規模與城市人口規模共同擴張的過程。在一般情況下，相比於城市空間規模，人口規模的代表性更強。城市空間規模的研究主要集中在城市蔓延以及城市規劃方面，注重對城市的地理空間進行管理，而對經濟、社會以及資源的涉及較少。人口規模是城市發展中的主體，人的生產生活都會對城市的空間、生態以及社會與經濟造成影響。人口規模的大小關係到城市發展的經濟高效性、社會的宜居性以及生態的可持續性。研究城市人口規模更能代表城市真實的空間以及自然容量，而且與人類生活的聯繫也更加密切。而中國也通常將人口規模作為衡量城市規模的決定性指標，並利用人口規模作為城市規模劃分的依據。本書以人口規模作為研究城市規模的主體。

另外，在中國城市發展現實中，城市空間擴張問題也不容忽視。在二元土地管理制度以及「就地城鎮化」政策的影響下，中國城市空間擴張迅速，出現「土地城鎮化」快於「人口城鎮化」的問題，城鎮蔓延導致農村地區向城鎮地區轉變，城市呈現出「攤大餅」式的快速膨脹[1]。城市空間規模也在不斷

---

[1] 丁任重，何悅. 城鎮蔓延與滯留型城鎮化人口 [J]. 中國人口·資源與環境，2016（4）：30-39.

擴張。

但是城市最優規模的一大特徵為城市空間與人口達到相對穩定的狀態,與目前城市空間的快速擴張是相背離的。但在本書中,主要關注城市人口規模,對這一現象的描述和研究還不充分。在未來的研究中,應加強對空間規模和人口規模的有機結合,分析二者協調發展的規律與路徑。

二、城市最優規模的變化規律有待進一步考證

由於受數據可得性的限制,本書未對城市最優規模的動態變化進行詳盡的分析。根據外部衝擊對城市資源承載力影響的研究結果可以發現,城市最優規模並不是一成不變的,而是隨著經濟的發展和生產方式的改變而改變。因此城市最優規模隨時間和經濟發展水平在不斷變化,可以根據已有的城市發展數據對其變化規律進行測算和模擬。

但是由於城市數據獲得較為困難,城市數據在統計過程中又存在統計口徑不一致的問題,如對一些城市統計了城市活動人口即城市常住人口,而對另一些城市只統計了城市戶籍人口,使得收集規範的數據存在困難,從而導致對城市最優規模計算的動態性模擬不足,對城市最優規模的變化規律分析不夠透澈。在未來的研究中,應該通過廣泛的數據渠道,逐步收集城市不同時段的數據,對城市最優規模的變化進行動態評估,從而瞭解城市最優規模的變化規律。

三、城市間規模治理與協調路徑

根據國內外城市發展經驗,城市群是城市發展的高級形式,中國已經陸續出抬了多項支持城市群發展建設的規劃和綱要,包括批准國家級城市群的建設規劃以及制定《長江中遊城市群發展規劃》《哈長城市群發展規劃》等。城市群建設成為協調區域發展和拉動國家經濟發展的重要動力,但城市群的建設要求城市之間實現協同發展,這就要求城市之間在資源、經濟、社會以及城市規模上協調發展。

本書主要考慮的是個體城市的資源承載力約束以及城市自身生產效率,著重對單個城市的最優規模進行研究,未對城市群的合理體系,以及與某些城市地理上相近的其他城市在自然資源互通、經濟資源交流和社會資源共享方面展開研究。然而在城市發展的現實中,城市之間在自然資源、經濟合作與社會資源共享方面具有緊密聯繫。在未來的研究中,應緊跟城市發展潮流,對城市之間的協調發展以及合理的城市體系建設展開進一步的討論。

參考文獻

[1] Dixit A K, Stiglitz J E. Monopolistic competition and optimum product diversity [J]. American Economic Review, 1975 (6): 297-308.

[2] Black D, Henderson V. Urban evolution in the USA [J]. Journal of Economic Geography, 2003 (11): 343-373.

[3] Calino G A. Manufacturing agglomeration economies as return to scale: a production approach [J]. Papers of the Regional Science Association, 1982, 50: 95-108.

[4] Downs A. New visions for metropolitan america [M]. Washington, D. C: the brookings institution and lincoln institution of land policy, 1994.

[5] Mills E S. An aggregative model of resource allocation in a metropolitan area [J]. American Economic Review, 1967, 57: 197-210.

[6] Evans A W. A pure theory of city size in an industrial economy [J]. Urban Studies, 1972 (9): 49-77.

[7] Everett S Lee. A theory of migration [J]. Demography, 1966, 3 (1): 47-57.

[8] Fikret B, Johan C, Carl F. Navigating social ecological systems: building resilience for complexity and change [M]. New York: Cambridge University Press, 2003.

[9] Myrdal G. Economic theory and underdeveloped region [M]. London: Duckworth, 1957.

[10] Guttnann Jean. Megalopolis: the urbanized northeastern seaboard of the united states [M]. New York: Twentieth Century Fund, 1961.

[11] Helsley R, Strange W. Matching and agglomeration economies in a system of cities [J]. Journal of Urban Economics, 1990 (20): 189-212.

[12] Mirrlees J A. The optimum town [J]. Swedish Journal of Economics, 1972: 114-135.

[13] Miyao T, Shapiro P. Dynamics of rural-urban migration in a developing economy [J]. Environment and Planning, 1979 (11): 1157-1163.

[14] Richardson H W. Optimality in city size, systems of cities and urban policy: a sceptic's view [J]. Urban Studies, 1972, 1: 29-48.

[15] Sleeser M. Enhancement of carrying capacity options [M]. London: The Resource Use Institute, 1990.

[16] Schneider D. The carrying capacity concept as a planning tool [M]. Chicago: American Planning Association, 1978.

[17] Tolley G, Gardner J, P Graves. Urban growth policy in a market economy [M]. New York: Academic Press, 1979.

[18] Wackernagel M, Rees W E. Perceptual and structural barriers to investing in natural capital: economics from an ecological footprint perspective [J]. Ecological Economics, 1997, 20: 3-24.

[19] Yang X, Hogbin G. The optimal hierarchy [J]. China Economic Review, 1990 (2): 125-140.

[20] 安虎森, 鄒璇. 最優城市規模選擇與農產品貿易成本 [J]. 財經研究, 2008 (7): 77-78.

[21] 包正君, 趙和生. 基於生態足跡模型的城市適度人口規模研究——以南京為例 [J]. 華中科技大學學報（城市科學版）, 2009 (6): 84-89.

[22] 陳海波, 劉旸旸. 江蘇省城市資源環境承載力的空間差異 [J], 2013 (3): 33-37.

[23] 鄧偉. 山區資源環境承載力研究現狀與關鍵問題 [J]. 地理研究, 2010 (6): 959-969.

[24] 鄧靜, 孟慶民. 新城市發展理論評述 [J]. 城市發展研究, 2001 (1): 1-8.

[25] 丁任重, 何悅. 馬克思的生態經濟理論與中國經濟發展方式的轉變 [J]. 當代經濟研究, 2014 (9): 5-14.

[26] 丁任重, 何悅. 城鎮蔓延與滯留型城鎮化人口 [J]. 中國人口·資源與環境, 2016 (4): 30-39.

[27] 丁任重, 劉攀. 中國省際生態占用與承載力分析：1978—2007 [J]. 經濟學動態, 2009 (11): 54-60.

[28] 馮海燕, 張昕, 李光永, 等. 北京市水資源承載力系統動力學模擬 [J]. 中國農業大學學報, 2006, 11 (6): 106-110.

[29] 胡兆量. 中國區域發展導論 [M]. 北京: 北京大學出版社, 1999.

[30] 金悅, 陸兆華, 檀菲菲, 等. 典型資源型城市生態承載力評價——以唐山市為例 [J]. 生態學報, 2015 (7): 4853-4859.

[31] 高紅麗, 涂建軍, 楊樂. 城市綜合承載力評價研究——以成渝經濟區為例 [J]. 西南大學學報 (自然科學版), 2010 (10): 48-49.

[32] 高吉喜. 可持續發展理論探索——生態承載力理論、方法與應用 [M]. 北京: 中國環境科學出版社, 2001.

[33] 郭文英. 城市環境承載力與可持續發展 [J]. 青海環境, 2007 (9): 132-134.

[34] 簡新華, 何志揚, 黃錕. 中國城鎮化與特色城鎮化道路 [M]. 濟南: 山東人民出版社, 2010.

[35] 靳瑋, 徐琳瑜, 楊志峰. 城市適度人口規模的多目標決策方法及應用 [J]. 環境科學學報, 2010 (2): 438-443.

[36] 藍丁丁, 章素瓊, 陳志強. 城市土地資源承載力初步研究: 以福州市為例 [J]. 沈陽師範大學學報 (自然科學版) 2007, 25 (2): 252-256.

[37] 李標. 中國集約型城鎮化及其綜合評價研究 [D]. 成都: 西南財經大學, 2014.

[38] 李健, 楊丹丹, 高楊. 基於狀態空間法的天津市環境承載力 [J]. 乾旱區資源與環境, 2014 (11): 25-30.

[39] 李發榮, 劉菊梅, 仝紀龍, 等. 基於突變級數法的中國西部城市環境承載力研究 [J]. 環境工程, 2010: 338-342.

[40] 李亞, 葉文, 南凌, 等. 昭通盆地土地承載力與城市建設適宜性研究 [J]. 雲南師範大學學報, 1999, 19 (6): 60-70.

[41] 李翔, 許兆義, 孟偉. 城市生態承載力研究 [J]. 中國安全科學學報, 2005 (2): 3-7.

[42] 劉慧敏. 長江三角洲城市群綜合承載力的時空分異研究 [J]. 中國軟科學, 2011 (10): 114-122.

[43] 劉建興, 顧曉薇, 李廣軍, 等. 中國經濟發展與生態足跡的關係研究 [J]. 資源科學, 2005 (9): 33-39.

[44] 劉潔, 蘇楊, 魏方欣. 基於區域人口承載力的超大城市人口規模調控研究 [J]. 中國軟科學, 2013 (10): 147-156.

[45] 劉宇輝. 中國1961—2001年人地協調度演變分析——基於生態足跡模型的研究［J］. 經濟地理, 2005（3）：219-235.

[46] 旅盛芳, 欽佩, 陸宏芳. 生態系統能值分析［M］. 北京：化學工業出版社, 2002.

[47] 馬克思, 資本論：第三卷［M］. 北京：人民出版社, 1972.

[48] 馬克思, 資本論：第一卷［M］. 北京：人民出版社, 1972.

[49] 馬克思, 恩格斯. 馬克思恩格斯文集：第1卷［M］. 北京：人民出版社, 2009.

[50] 馬樹才, 宋麗敏. 中國城市規模發展水平分析與比較研究［J］. 統計研究, 2003（7）：30-34.

[51] 毛漢英, 余丹林. 環渤海地區區域承載力研究［J］. 地理學報, 2001, 56（3）：363-371.

[52] 保羅·薩繆爾森. 經濟學［M］. 北京：人民郵電出版社, 2013.

[53] 秦成, 王紅旗, 田雅楠, 等. 資源環境承載力評價指標研究［J］. 中國人口·資源與環境, 2011（12）：335-338.

[54] 齊明珠, 李月. 北京市城市發展與生態赤字的國內外比較研究［J］. 北京社會科學, 2013（3）：128-134.

[55] 沈立人, 戴元晨. 中國「諸侯經濟」的形成及其弊端和根源［J］. 經濟研究, 1990（3）：12-19.

[56] 施開放, 刁承泰, 孫秀鋒, 等. 基於耕地生態足跡的重慶市耕地生態承載力供需平衡研究［J］. 生態學報, 2013（3）：1872-1880.

[57] 石憶邵, 尹昌應, 王賀封, 等. 城市綜合承載力的研究進展及展望［J］. 地理研究, 2013, 32（1）：133-145.

[58] 宋志輝. 試析印度的城市化對農村減貧的影響［J］. 南亞研究季刊, 2012（3）：47-51.

[59] 孫浦陽, 武力超. 城市的最優發展規模：基於宜居視角的研究［J］. 上海經濟研究, 2010（7）：31-40.

[60] 孫三百, 黃薇, 洪俊杰, 等. 城市規模、幸福感與移民空間優化［J］. 經濟研究, 2014（1）：97-111.

[61] 譚文墾, 石憶邵, 孫莉. 關於城市綜合承載能力若干理論問題的認識［J］. 中國人口·資源與環境, 2008（1）：40-44.

[62] 陶然, 陸曦, 蘇福兵, 等. 地區競爭格局演變下的中國轉軌：財政激勵和發展模式反思［J］. 經濟研究, 2009（7）：21-33.

[63] 田雪原. 人口大國城市化之路 [M]. 北京：中國人口出版社，1998.

[64] 童玉芬. 北京市水資源人口承載力的動態模擬與分析 [J]. 中國人口·資源與環境，2010（9）：42-47.

[65] 王中根，夏軍. 區域生態環境承載力的量化方法研究 [J]. 長江職工大學學報，1999，16（4）：9-12.

[66] 王家驥，姚小紅，李京榮. 黑河流域生態承載力估測 [J]. 環境科學研究，2000，13（2）：44-48.

[67] 王家庭，張俊韜. 中國城市蔓延測度：基於35個大中城市面板數據的實證研究 [J]. 經濟學家，2010（10）：56-63.

[68] 王俊，李佐軍. 擁擠效應、經濟增長與最優城市規模 [J]. 中國人口·資源與環境，2014（7）：45-51.

[69] 王小魯，夏小林. 優化城市規模推動經濟增長 [J]. 經濟研究，1999（9）：62-66.

[70] 王志章，趙貞，譚霞. 從田園城市到知識城市：國外城市發展理論管窺 [J]. 城市發展研究，2010：25-30.

[71] 聞潔. 湖北化石燃料土地生態足跡動態分析 [J]. 合作經濟與科技，2007（7）：24-25.

[72] 郗厚雪. 墨西哥城市化、城市病治理及對中國的啟示 [J]. 中國城市研究，2012（1）：56-59.

[73] 夏軍，張永勇，王中根，等. 城市化地區水資源承載力研究 [J]. 水利學報，2006，12（6）：1482-1488.

[74] 謝鴻宇，王羚酈，陳賢生. 生態足跡評價模型的改進與應用 [M]. 北京：化學工業出版社，2008.

[75] 新玉言. 國外城鎮化比較研究與經驗啟示 [M]. 北京：國家行政學院出版社，2013.

[76] 熊建新，陳端昌，謝雪梅. 基於狀態空間法的洞庭湖區生態承載力綜合評價研究 [J]. 經濟地理，2012（11）：138-142.

[77] 徐勇戈，任敏，劉果果. 新公共管理對於中國城市管理的應用思路分析 [J]. 理論導刊，2001（1）：55-57.

[78] 徐琳瑜，楊志峰，李巍. 城市生態系統承載力理論與評價方法 [J]. 生態學報，2005（4）：771-777.

[79] 徐驍，趙富強，李東序. 城市綜合承載力評價研究——基於三角模糊層次分析法 [J]. 當代經濟，2012（2）：1.

[80] 薛鳳旋. 中國城市與城市發展理論的歷史 [J]. 地理學報, 2002 (11): 723-730.

[81] 楊亮, 呂耀, 鄭華玉. 城市土地承載力研究進展 [J]. 地理科學進展, 2010 (5): 76-82.

[82] 楊洪曉, 吳波, 張金屯, 等. 森林生態系統的固碳功能和碳儲量研究進展 [J]. 北京師範大學學報 (自然科學版), 2005 (4): 172-177.

[83] 葉裕民. 解讀「城市綜合承載能力」[J]. 前線, 2007 (4): 27-28.

[84] 銀溫泉, 才婉茹. 中國地方市場分割的成因和治理 [J]. 經濟研究, 2001 (6): 3-12.

[85] 馬歇爾. 經濟學原理: 上卷 [M]. 朱志泰, 陳良璧, 譯. 北京: 商務印書館, 2010.

[86] 巴頓. 城市經濟學理論和政策 [M]. 北京: 商務印書館.

[87] 喻海燕. 中國主權財富基金對外投資風險評估——基於三角模糊層次分析法 (TFAHP) 的研究 [J]. 廈門大學學報 (哲學社會科學版), 2015 (1): 110-118.

[88] 張建軍, 趙新華, 李國金, 等, 城市水資源承載力多目標分析模型及其應用研究 [J]. 安徽農業科學, 2005, 33 (11): 2112-2114.

[89] 張琳琳, 岳文澤, 範蓓蕾. 中國大城市蔓延的測度研究——以杭州市為例 [J]. 地理科學, 2014 (4): 384-400.

[90] 張臻漢. 資源集約與城市化的最優規模 [J]. 經濟與管理研究, 2012 (7): 79-85.

[91] 張帆, 王新心. 城市適度人口規模研究 [J]. 中國環境管理幹部學院學報, 2001 (2): 24-30.

[92] 張蕊, 王楠, 馮鑫鑫. 城市規模、經濟發展與公共支出效率 [J]. 軟科學, 2014 (2): 11-15.

[93] 趙清, 張珞平, 陳宗團, 等. 生態城市理論研究述評 [J]. 生態經濟, 2007 (5): 7-9.

[94] 趙慧英. 北京市水資源與人口規模關係探析 [J]. 中國城市經濟, 2008 (4): 50-52.

[95] 趙軍凱, 李九發, 戴志軍, 等. 基於熵模型的城市水資源承載力研究——以開封市為例 [J]. 資源科學學報, 2009 (11): 53-55.

[96] 鄭健, 關寧, 楊成梅. 干旱區綠洲城市大氣環境承載力分析及預測——以烏魯木齊市為例 [J]. 西北師範大學學報 (自然科學版), 2015 (6):

110-114.

[97] 周一星. 城市地理學 [M]. 北京：商務印書館，1999.

[98] 褚崗，米文寶，朱麗君，等. 銀川市生態赤字分析 [J]. 城市問題，2008（10）：39-42.

[99] 朱農，王冰. 三峽庫區奉節縣土地承載力與移民安置 [J]. 長江流域資源與環境，1996（5）：210-214.

[100] 朱壽清. 美國19世紀鐵路建設的特點及影響 [J]. 昆明學院學報，2010，32（2）：75-79.

[101] 佚名. 最新全球最宜居城市排名 墨爾本奪冠北京第72名 [EB/OL]. [2011-08-31]. http://www.chinanews.com/gj/2011/08-31/3295094.shtml.

[102] 佚名. 2015年中國十佳宜居城市排行榜 [EB/OL]. [2015-6-25]. http://www.askci.com/news/data/2015/06/25/17659vzft.shtml.

[103] 佚名. 深圳土地資源亮「家底」部分地區2020年前無地可增 [EB/OL]. [2014-09-30]. http://www.iszed.com/xinwen/yw/2014-09-30/31175.html.

[104] 佚名. 京津冀「十三五」規劃印發實施，系首個「十三五」跨省市規劃 [EB/OL]. [2016-02-09]. http://www.thepaper.cn/newsDetail_forward_1430834.

[105] 佚名. 發改委印發哈長城市群發展規劃，確定9城功能定位 [EB/OL]. [2016-03-11]. http://finance.ifeng.com/a/20160311/14264680_0.shtml.

[106] 胥會雲. 上海城市新定位：2040年建成全球城市 [EB/OL]. [2014-06-24]. http://news.xinhuanet.com/city/2014-06/24/c_126662585.htm.

[107] 史潔. 杭州屬水質性缺水城市，用水量已接近紅線 [EB/OL]. [2014-09-16]. http://www.zj.xinhuanet.com/dfnews/2014-09/16/c_1112495766.htm.

後　記

　　本書主要以我的博士學位論文《基於資源承載力的城市最優規模研究》為基礎。本書的完成有賴於我博士生涯的累積，也離不開工作過後的繼續探索。如今，本書也即將定稿，回首本書的寫作過程，我更深刻地感受到本書的完成離不開恩師的關懷、同學的幫助、親朋和領導的支持，有太多的感謝需要表達。

　　首先要感謝我的恩師丁任重教授。我在本科的一次課堂上，第一次領略了丁老師的風采，他拿著最新的報紙為我們這些懵懂的大學生分析社會時事，憑藉深厚的理論素養為我們分析經濟大事。在他給我們上的第一堂課裡，我便被他敏捷的思維、前瞻的視野以及深厚的理論素養所折服。幸運的是我順利地成為他指導的學生，他無私的關懷和幫助讓我感受到他待人上的寬厚與做事上的認真、負責，使我終生受益。在他的鼓勵下，我毅然走上了讀博的道路。他時刻關注中國城市的資源承載情況，對現階段的城市發展方式也有諸多思考，引領我開展這方面研究。如今本書即將定稿，這少不了他在學術上對我的指導和在生活上對我的關懷，再次感謝恩師的指導和幫助！

　　感謝我的老師徐承紅教授和陳健生教授。兩位教授以其淵博的學識和對學術知識不斷追求的精神深深地感染了我，在日常的學術討論中，他們總能從最前沿的角度提出獨到的學術見解，讓我在本書的寫作過程中能夠實時追蹤到學科發展前沿。感謝我的同門師兄師弟、師姐師妹以及我的其他同學們，在本書的寫作過程中，無論是專業問題還是寫作問題，你們都無私地幫助我，正是有你們陪伴和支持，才讓此書能夠順利完成。

　　本書的完成還要感謝為我提供研究思路與借鑑的學者和專家們，正是他們前期的學術成果和研究思路為本書的完成打下了堅實的基礎，感謝各位專家在百忙之中審閱本書內容並提出中肯的意見和建議，正是各位專家的鼓勵和指導，讓我能完善本書內容，並最終寫作成書。感謝本書的編輯何春梅老師，正

是她的耐心和幫助，才讓我順利完成本書的寫作，並最終定稿出版。

　　本書的完成，看似好像是我對城市資源承載力研究的一個總結，其實是引領我進入下一階段研究的開端。城市資源承載力的研究會隨著城市的發展不斷變化、發展，還有許多有意義、有趣的問題等待我們去探索。在本書的寫作過程中，我收穫頗豐，這些收穫也將伴隨我終身。而「經世濟民，孜孜以求」的精神也將不斷督促我在人生的道路上，不忘初心，努力前行！

何　悅

國家圖書館出版品預行編目(CIP)資料

中國城市最優規模：定義、形成及測算 / 何悅著. -- 第一版.
-- 臺北市：崧博出版：崧樺文化發行, 2018.09
　面　；　公分

ISBN 978-957-735-461-7(平裝)

1. 都市經濟學 2. 中國

552.2　　　　　107015185

書　　名：中國城市最優規模:定義、形成及測算

作　　者：何悅 著

發行人：黃振庭

出版者：崧博出版事業有限公司

發行者：崧燁文化事業有限公司

E-mail：sonbookservice@gmail.com

粉絲頁　　　　　　網　址：

地　　址：台北市中正區重慶南路一段六十一號八樓 815 室
8F.-815, No.61, Sec. 1, Chongqing S. Rd., Zhongzheng Dist., Taipei City 100, Taiwan (R.O.C.)

電　話：(02)2370-3310　傳　真：(02) 2370-3210

總經銷：紅螞蟻圖書有限公司

地　　址：台北市內湖區舊宗路二段 121 巷 19 號

電　話:02-2795-3656　傳真:02-2795-4100　網址：

印　刷：京峯彩色印刷有限公司（京峰數位）

　　本書版權為西南財經大學出版社所有授權崧博出版事業有限公司獨家發行電子書及繁體書繁體版。若有其他相關權利及授權需求請與本公司聯繫。

定價：400 元

發行日期：2018 年 9 月第一版

◎ 本書以POD印製發行